U0585132

*LINCOLN*

# 林肯传

## LINCOLN

（德）埃米尔·路德维希◎著

文武◎译

吉林出版集团股份有限公司
全国百佳图书出版单位

**图书在版编目（CIP）数据**

林肯传 /（德）埃米尔·路德维希著；文武译.—长春：吉林出版集团
股份有限公司，2011.9（2019.5重印）

ISBN 978-7-5463-6798-9

Ⅰ.①林… Ⅱ.①埃… ②文… Ⅲ.①林肯，A.（1809～1865）—传记
Ⅳ.①K837.127=41

中国版本图书馆CIP数据核字（2011）第182215号

# 林肯传
LINKEN ZHUAN

**著　者**：（德）埃米尔·路德维希
**译　者**：文　武
**责任编辑**：矫黎晗
**封面设计**：书心瞬意
**出　版**：吉林出版集团股份有限公司
**发　行**：吉林出版集团社科图书有限公司
**电　话**：0431-81629725
**印　刷**：北京德富泰印务有限公司
**开　本**：880mm×1230mm　　1/32
**字　数**：220千字
**印　张**：8
**版　次**：2011年9月第1版
**印　次**：2019年5月第3次印刷
**书　号**：ISBN 978-7-5463-6798-9
**定　价**：30.00元

如发现印装质量问题，影响阅读，请与印刷厂联系调换。022-58708299

# 目录

CONTENTS

第一章　流浪者

# 一、木匠后裔

冷风呼啸着掠过旷原上的木屋。狂风骤雨吹打着木屋旁的一大片森林，就连粗壮的枝干也被暴风摇曳得吱吱作响。但住在木屋里的人却对此置若罔闻，此刻，对于辛苦劳作了一整天的一家人来说，美美地睡一觉就算是对他们最大的慰藉了！

一家人中，唯独一个4岁的小男孩儿还醒着，因为他被一块狂风吹落的屋顶上的石块惊醒了。石块顺着烟囱滚落到了他和姐姐睡觉的床上，他俩睡在用干草装的褥子上面。他可以看到姐姐的手，姐姐的一只耳朵和黑黑的头发，他把脚跟姐姐的脚挨在一起来取暖。火炉里依稀地射出一些光亮，他可以借此看清楚屋子里面的景象。

他看到床下不远的地方有什么东西在闪闪发亮，就像母亲曾经说过的天堂里能发出金子一样光芒的东西。其实，那只是水桶里的水反射出的光，那是母亲傍晚的时候在小河边挑回的一桶水。墙上也有一件闪闪发光的东西，那是父亲砍树用的斧头。大人不允许孩子们随便碰它，因为这把斧头非常锋利，一下子就能划破手指。父亲睡在斧头下边的不远处，他睡得很香，母亲就睡在他的旁边。

此情此景，男孩儿的思绪不由自主地飞到了熟睡的母亲那里。他回想起以前睡在母亲怀里的情形，那是多么温暖啊。又想到再也不能睡在母亲身边了，他感觉似乎更冷了。他特别希望能多跟母亲在一起，可不知为什么，父亲不允许他那么做。时间久了，这种想法也逐渐被淡忘了。他用力地朝自己这边拉了拉被姐姐萨拉卷在身上的被子，顿时感觉暖和了不少，不一会儿，便又进入了梦乡。

一觉醒来，妈妈已经把炉火烧得很旺了，熊熊燃烧的火焰驱赶着屋子里的寒气。萨拉还没有醒，母亲站在火炉旁往牛奶里对开水——男孩儿知道，前几天家里的3头母牛死了一头，母亲是不得已才这么做的。这个时候，父亲肯定已经去牛棚干活了。男孩儿只是静静地看着母亲，因为母亲在忙碌的时候是不会跟他搭话的。

　　男孩儿像做游戏一样，慢吞吞地把衣裤和鞋袜一件一件地套在身上，衣服都是用鹿皮缝制的。鹿皮是父亲从猎杀的成年鹿身上剥下来的，需要再削掉一层才能让它变软，然后母亲再把它们缝制成衣服。除了鹿皮衣服外，他们根本没有其他能穿的东西。

　　他慢慢地走到火炉旁，仰起头问母亲："妈妈，哪天是星期天？"母亲笑了，她知道孩子是想吃面包了，因为只有星期天的时候她才会烤一些面包。她伸手从孩子们够不到的架子上拿下来一块面包，用刀切了一大片递给了男孩儿。男孩儿拿着面包跑到桌子旁边，小心翼翼地把面包往牛奶里蘸了几下，他不舍得大口吃掉，就一小口、一小口地吃了起来。母亲看着自己可怜的孩子，忍不住弯下腰吻了吻小男孩儿，表情很是忧郁。男孩儿注意到了母亲的表情，母亲为什么这么忧郁呢？懂事的男孩儿并没有问，因为他知道母亲经受不起这一问。

　　每天中午的时候，孩子们只要听到猎狗的叫声，就会高兴地跑到广场上去迎接打猎归来的父亲。父亲身材高大，皮肤黝黑，脸上蓄着胡须。他原本是个木匠，经常为别人做一些桌椅之类的家什。但比起做木匠，他更喜欢做猎人。回到屋里，父亲坐在火炉旁，大口地吃着母亲早就准备好的饭菜。男孩儿忽然觉得，似乎妈妈要做的家务比父亲出去打猎还要辛苦。

# 二、心浮气躁的父亲

男孩儿 5 岁的时候，他们举家迁到美国的东北部。那里植被繁茂，土壤肥沃，非常适合居住。他们把新房子建在了一条小河的河边。当夏天来临的时候，他们的生活会变得容易很多。夜晚不会挨冻，树林里有很多猎物，是可以果腹的美食。在他们的木屋前面不远，有一条大马路。这条马路连接着路易斯维尔和纳什维尔两座城市，孩子们可以在这条马路上看到很多新奇的事物。马路上的大小车辆络绎不绝，有的时候会有好几辆车一起驶过，车上坐着一家老小，驶向日落的方向；有的时候还会有一些骑着马驮着玉米袋子的人从这里经过；还有一些人提着装满东西的箱子朝着相反的方向走着。偶尔也会有几名士兵从这里路过，父亲说他们可能是刚从前线回来的。

孩子们是不能在大马路上玩得太久的，他们的母亲会把他们喊回去，割院子里的杂草或者去采蘑菇和草莓。母亲会把这些东西晒成干，以备冬天之需。当男孩儿六七岁的时候，父亲就把他带到农田里去了，不是去田里玩耍，而是要认认真真地帮父亲播种。这些工作都是辛苦活儿，就像锯木头一样，但都必须要学会。萨拉在家里帮母亲挤牛奶，晚上的时候再纺一些线。到了星期天的时候，他们全家人会坐在木屋的前面，听母亲用美妙的歌喉为他们唱一些好听的歌谣，有时候还会给他们讲一些《圣经》里面的故事。每当他默默地注视着皮肤蜡黄、身体瘦弱的母亲时，都会被她暗灰色的眼睛里散发出的忧郁眼神所打动。他的心里似乎明白了，为什么母亲总喜欢为他们唱缓慢而哀伤的歌谣。

有一天，母亲带他去了附近的一座庄园，她在那里给人家做针线活。整幢房子都属于一位庄园主，房子的厨房甚至比他们的小木屋还要宽敞很多。楼上还有两个房间，里面摆着极为讲究的大床——他父亲为庄园主做的。为什么父亲和母亲要为别人做苦工呢？因为这样可以赚钱，有了钱他们就可以买一匹马。庄园主为什么那么有钱？因为他们非常富有。为什么他们非常富有？男孩儿百思不得其解。

孩子的好奇心驱使他不断地观察着周围的人和事。过了不长时间，他姨婆一家也搬来这里住了。男孩儿特别喜欢斯帕罗姨婆，她是个活泼开朗的女人，做事勤快，身体结实，头发灰白，但看起来比母亲要健康得多。她见多识广，年轻的时候去过很多地方，还经历过美国人与英国人的战争。所以她会经常给孩子们讲一些令孩子们无比惊奇的事情。她识字，会读《圣经》，还能流利地写字，根本不像是在农田或者花园里干活的人。

孩子们总是很好奇父母的童年是怎么度过的，母亲只说，她的祖先是从很远的地方搬过来的。孩子们问起斯帕罗姨婆的身世的时候，妈妈总是寥寥几句敷衍他们。父亲倒是很喜欢给孩子们讲他年轻时候的事情。那天他讲到了印第安人的事情。父亲说，他的老家在遥远的弗吉尼亚州，跟母亲一样，都是从北方迁过来的，从来没有去过南方。当他跟男孩儿差不多大的时候，印第安人和白人爆发了一次大规模的冲突。有一天，他跟他的父亲和叔父在树林里的一座小木屋附近干活，突然听到一声枪响，他的父亲应声倒下。叔父吓得赶紧跑回家去求救，只有他愣愣地看着他的老父亲断了气。他的父亲是被一个印第安人打死的，那个印第安人从丛林中跑出来，想要把被吓呆了的小男孩儿拽走。他哭喊着，边求救边反抗。好在这时叔父带着人赶了回来，他们用猎枪朝着印第安人射击，父亲趁着混乱，安全地跑回了小木屋。

孩子们都认为父亲故事讲得生动有趣。但可惜他目不识丁。母亲说能读会写是件好事，父亲却对此嗤之以鼻。他认为会种地、会伐木、会打猎，还会做家具就足够了，读书识字又有什么用呢？我要是识字多好啊，要能像姨婆那样会写字就更好了，男孩儿暗自思忖着。经过父母的多次研究和商量，男孩儿终于可以上学了。但学校离他们的小木屋足足有 4 英里的距离，要是赶上下雨天，就像光着脚走路一样难受，因为他的靴子漏水。他的学校也只是一间比他家的房子大一点的木屋，窗户和壁炉透出的光照在污秽的地板上。老师是当地的一个爱尔兰人，他让学生们轮流传看课本，教他们字母和读音，并让学生们反复地练习。读书识字原来就是这样的，男孩儿心想：还要多久才能像姨婆一样，能够熟练地写字呢？

这年夏天，父亲用他手里锋利无比的斧头砍倒了很多粗壮的大树。不长时间，父亲就制作出了一个木筏，接着又滚来了 10 大桶威士忌，都装在了木筏上。近来一段时间，母亲经常唉声叹气，现在孩子们似乎知道了母亲整天叹气的原因。原来父亲卖掉了木屋周围的农场和土地，得到了 10 大桶威士忌和 20 美元的现金。他要到印第安纳州去，据说那里土地更肥沃，赚钱的机会也更多。但谁又知道，在充满未知的北方，等待他们的会是什么呢？

过了不长时间，父亲回来了。他兴奋地拍着母亲的肩膀，说笑着给孩子们讲他此行的一些经历，并且信心满满地说，印第安纳州简直就是天堂。此时，正值多雨的秋季，于是，他们把瓶罐、锅碗、工具、衣服和行李统统打包，分别放在两匹马上。母亲和姐姐骑一匹马，父亲和男孩儿骑另外一匹马。他们也踏上了那条无数人走过的大马路，开始了漫漫征程。晚上的时候，母亲和孩子们睡在临时搭建的帐篷里，而父亲要在一旁守夜，提防野兽或者坏人的偷袭。经过了大概 5 天的辛苦颠簸，他们终于到达了父亲口中的天堂。

# 三、母亲去世

他们打算把新房建在鸽子河旁，因为这里要比肯塔基州宽敞明亮很多。父亲伐了很多大树，盖了一栋比以前的小木屋大很多的房子。更让孩子兴奋的是，父亲还在屋脊的下面建了一间小阁楼。树林里有足够多的猎物，所以父亲每次都能满载而归。他们的新农场在一座小山丘的上面，土壤很肥沃，四周长满了绿油油的小树和小草。已经8岁的男孩儿亚伯拉罕·林肯独自住在阁楼上面，虽然每天要踩着父亲用树枝做的梯子爬上爬下，但对于小家伙来说这也是一件很有趣的事情。

男孩儿的外祖父，老斯帕罗一家也都搬到了印第安纳州。还带来了他们的养子，今年已经18岁的丹尼·汉克斯。他们也在河边的不远处安了家。这些人都很容易相处，这让小亚伯拉罕很高兴。在这个人烟稀少的地方，经常会有野兽出没，生活在这里的人们必须要格外地小心。他们要想在这里种植一些作物就必须先开荒，砍伐掉一些树木，清除杂草，然后就可以在土地上种植玉米或者一些其他的农作物了。大人干活时，孩子们也必须帮忙，尤其像小亚伯拉罕这样长得很结实的小伙子，春天要帮忙播种，秋天还要收割粮食。平时他也要帮母亲做很多事：用锤子把玉米打成细粉、喂猪、挤牛奶、砍柴、挑水。渐渐地，男孩儿几乎可以代替母亲完成所有家务了。

转眼间，他们已经在这里生活了两年。那是一个满目金黄的10月，在外面放养的牲畜突然间病倒了很多，不知道是吃坏了什么东西，还是因为气候过于潮湿。很快，家里的其他牲口似乎都被传染了！马都站不起来了；羊也都瘫软在圈里；牛奶也没人敢再喝，都白白地倒掉了。人也没能幸免于难，到处都能看到瘫软无力、不断呻吟的人。这时，住在35英里以外的一位医生成了人们的救命稻草。尽管医生使出浑身解数医治这些病人，但收效甚微，人们经受着肉体和精神上的双重折磨。这次的瘟疫实在是太凶猛了，几乎摧毁了人们追求美好生活的信心。人们平静的生活秩序都被打乱了，没有人再干活了，更没有人去照顾牲畜。终于，终日劳作的母亲也病倒了，并且情况很糟糕。

可怜的母亲本就弱不禁风，又因为食物缺乏使她营养不良，患上了严重的肺结核，这种病在当时被人们看做绝症。9岁的小亚伯拉罕默默地站在母亲的病床前，他能做的也只有这些了。从第一个邻居去世开始，本行是木匠的父亲就要负责为死去的人做棺材。斧头撞击铁钉和木板发出的声音，刺激着每个人的耳膜，更刺痛了每个人痛苦的心。满脸胡须的父亲含着泪量了量母亲的身材，男孩儿知道父亲是要给母亲做棺材了。

直到母亲入殓下葬，他们回到空荡荡的屋子的时候，男孩儿才感觉到无限的寂寞。他发觉父亲似乎从来都没有喜欢过自己，更想起了父亲的斥责和耳光。相反，所有关怀和爱抚都来自于温柔的母亲。以前，母亲有心事的时候，常常会目不转睛地注视着越长越像自己的男孩儿，这会让男孩儿的心头陡增一丝暖意和归属感。但以后再也不会有这种事情发生了，这让男孩儿的内心悲痛万分，也更加怀念起母亲在自己身边时的点滴时光。

一年后的一天，父亲突然说要进城一段时间，要很长时间才能回来。孩子们还听说父亲很可能会给他们带回来一位继母，不知是他亲口说的还是他表弟说的。这个消息对于一个10岁的孩子来说无疑是个"噩耗"。在此后将近两周的时间里，男孩儿都很忐忑和不安，因为讲述继母丑恶嘴脸的故事，他听得实在太多了。

年底的一天傍晚，父亲突然赶着一辆4匹马拉的马车回来了。几匹马都喂得膘肥体壮，马车也装饰得非常豪华。隐约能够看到车上坐着几个人。两个孩子的脑袋都在高速地运转着，都在发挥自己最大的想象，猜测继母究竟是个什么样的人。这时，一位身材修长、举止优雅的女人从车上走了下来，她满头卷发，看上去很容易接近。男孩儿跟姐姐趴在院子的栅栏上向外张望着，看来这就是他们的继母了。车上还有3个小脑袋正在好奇地朝院子里看来，父亲此时显得很尴尬。他把他的两个孩子带到马车前，给那几个人介绍道："这是我女儿萨拉和她的弟弟亚伯拉罕，"转而又介绍这3个新来的孩子，"他们是约翰、马蒂尔德和萨拉。"父亲从马车上搬下来几个装满东西的箱子和篮子，还带回了一些常用的家什，包括一个抛过光的衣柜和几张在林肯眼中的真正的床。

虽然不确定继母到底识不识字，但她非常崇尚知识。她坚持要把孩子们都送到学校里去读书。这很合小林肯的心意，他早就想到充满知识的书籍里一探究竟了。尤其当他听了牧师、测量员和律师们的谈话之后，他对知识的渴望更加强烈了。而父亲却一心想把他培养成一名地道的木匠。不仅如此，每当继母提起读书识字的事情时，父亲还会跟以前一样一笑了之。因为他觉得即使自己大字不识一个，现在混得也很好。父亲虽然乐观开朗，但他的世界观却建立在生活之上，难免会有些目光短浅。一头小牛就能值6美元，书本又值几个钱呢？在满目荒凉的西部，斧头之于笔杆就犹如泰山之于鸿毛。

林肯早就已经学会用斧头砍树了，他长得也要比同龄人高大一些，所以原本要由父亲来完成的一些重活也可以交给他来完成了。打猎也成了他的一门必修课，父亲反复地教他使用猎枪的方法。一次，一只火鸡出现在猎枪的射程范围内，林肯举着猎枪瞄了一会儿，一发中的。他们赶紧跑过去想要抓住垂死挣扎的猎物，可就在看见猎物的一刹那，来自于灵魂深处的恐惧和罪恶感充斥了他的内心。他平生第一次发现，人类竟然可以依靠某种外界力量来驾驭其他生灵的生死，他甚至开始讨厌星期天烤火鸡的味道了。他把猎枪塞到父亲手中，一言不发地转身离开了。父亲不解地看着他离去的背影，怎么也想不明白，有一手好枪法的儿子为什么不愿意打猎呢？要知道，高大结实的身体和百发百中的枪法是多少猎人梦寐以求的啊！

# 四、四体不勤的书痴

骑马到磨坊去是林肯当时最喜欢做的事情。不管什么时候去，那里都排满了等待使用磨盘的人。他们好像都很清闲，仿佛来这里的目的就是为了聊天。当然，林肯和其他孩子们也可以从他们的聊天中听到很多有趣的事情或者有用的知识。

孩子们听说父亲的兄弟们日子过得都很富足，每个人都有一座大庄园，但他们却很少跟林肯家联系。他从丹尼表哥那里听来了很多这方面的消息。当他回到自己的小阁楼里面时，会在脑中不断地思考这些事情的前因后果。丹尼还告诉他，他的继母其实是父亲以前的一个雇主的侄女，这说明父亲以前曾经长期受雇于人。他还听说父亲当年就想要娶现在的继母萨拉为妻，但萨拉选择了当时家境殷实的阔少爷约翰，而父亲则娶了林肯的亲生母亲。当他们的原配都去世后，他俩才结合在了一起。

家里平添了好几口人，所以食物就显得异常紧张。有一回，父亲在餐桌边上做饭前祷告和谢恩，林肯看着自己碗里的土豆，用充满调侃的口气说道："这就是神对我们最大的恩赐？"林肯对于他所遇见的每一件事，都有着自己独到的见解。

他似乎就是为了学习而生，他想要吸取各种事情的经验，了解每个人的性格特点，特别是自己的脾气秉性。虽然他见到什么书就读什么书，但读的书还是不多，因为他读书的时间非常有限。白天根本没有时间，只有傍晚的时候才能读一会儿。夏日的时候，天黑得比较晚，他会在屋外仔细地阅读任何一本他遇见的书。到了晚上，就只能借助燃烧殆尽的火堆继续读一会儿。有时候他正看到兴头上，火堆灭了，他还要小心翼翼地尽量再把火堆吹着。家里面虽然有继母做的蜡烛，但那东西也很珍贵，只有到了星期天或者节日的时候才会点燃几支，根本不可能让他用来做在别人看来毫无用处的事情。大人们更不会明白，整天用手托着下巴的男孩儿到底在看什么。

　　无人问津的西部，偶尔也会传来一些新鲜的事物和思想。林肯发现，他了解到的知识似乎连冰山一角都算不上。但《天路历程》给了他第一次自我反省的机会；鲁滨逊的故事让他学会了执著和坚强；而《圣经》则会更多地让他想起小时候妈妈给他讲的故事。朋友们的书，他也不会放过。《伊索寓言》的讽刺与幽默让他对人性的弱点有了更深刻的认识，也对他的情商产生了深远的影响。《华盛顿传》和《富兰克林的一生》更多地讲述了主人公战争时期的经历，他发现父亲讲的故事跟书上的历史故事还是有很多出入的。有的时候，人们会从城里捎一些东西回来，大多数东西都会用报纸包裹，这正是林肯想要的。他会迫不及待地阅读上面的新闻和消息，有时还能告诉大人们报纸上是如何评论他们经常讨论的话题的。

　　经过日积月累，林肯懂得的知识已经很丰富了，但他的社交范围却很窄。好在他已经可以单独骑马去俄亥俄河了，河边时常会聚集很多人，因为总会有很多船只停靠在那里。各种各样的小船和木筏停在这里或者驶向远方，一些人洋洋得意地划着装满猪肉和面粉的小船，而新型的蒸汽船和铁皮船上轰鸣的机器紧紧地吸引着林肯的眼球。大部分的船只都是要远航出海的，船夫们说，密西西比河的尽头就是大海了。所有想做些小生意的人都必须走这条路，南方很需要他们这里的一些农副产品。他在河边知道了很多大事小情，有时遇见一些阅历丰富的人，他肯定会上去攀谈几句，顺便问一些他一直都不太明白的问题。

# 五、神秘的生母

　　林肯在 16 岁的时候，就已经成为了当地小有名气的伐木者。到了 17 岁，他的身高就已经达到了 6 英尺 4 英寸（193 厘米）。这时，他来到了第三所学校就读。几个月的时间里，他学习了一点古式的礼仪，又重新学习了一些读、写、算的知识。虽然，从小到大林肯在学校里学习的时间不超过 1 年，但他却能用粗糙干裂的大手写出漂亮的文字。大部分的时间，他都在跟锯、刨子、缰绳还有斧头做伴。当农夫们想要砍伐一棵参天大树的时候，一定会喊上林肯，因为他的力气实在太大了。父亲经常带他出去给别人干活，并且答应每天给他 25 美分的报酬，但要先存在父亲那里。

　　林肯有时候还有一个令人费解的举动，他常常会因为想到某些事情，突然间地放声大笑，没有人知道他为什么会这样，除了他的继母。那个精明干练的女人曾经说过，林肯是个从不撒谎的孩子。在匆匆而过的 17 年里，他遭遇了很多不公平的对待，但他在借助自己强大的意志力战胜了所有困难的同时，还帮助很多人渡过了难关。当地方法庭开庭审判的时候，他肯定会到现场认真地旁听，他要看看法院会不会绞死一个杀死黑人的白人，或者是以什么样的理由处死一名黑人。他总是对被白人驱逐和压迫的印第安人充满同情，但他知道必须仔细地思考一下，这种同情到底有没有道理。为了更好地了解法律，他借了一本关于法律的书《印第安纳州修正法》，这也是他第一次踏入法律的领域。在一次庭审辩论时，他发现了一位专业知识了得、口才绝佳的律师，他的演讲几乎征服了在场的所有人。林肯暗自下定决心，自己将来也要成为这样的人。

林肯17岁时,大他两岁的萨拉已经到了该出嫁的年龄。一直以来,林肯都对自己的身世很感兴趣。他很喜欢翻看家里的所有证件,这也让他发现了一个惊人的秘密。他和姐姐的生母名字叫做南希·汉克斯,但外祖父却姓斯帕罗。当他向姨婆问起这件事的时候,姨婆总是闪烁其词。最后,他终于知道了事情的真相:外祖母其实只是母亲的姨婆,而那个和蔼可亲,能读会写的斯帕罗姨婆才是他真正的外祖母。大人们究竟在隐瞒什么? 他常常向大人们刨根问底,终于,他知道了答案。

　　他敬爱的亲生母亲,其实是林肯亲生外祖母汉克斯的私生女。汉克斯也因此被家里赶了出来,走投无路的她只能将孩子过继给当时无儿无女的姐姐,后来汉克斯的姐姐嫁给了她现在的丈夫斯帕罗,又生了几个孩子。如此说来,他的亲外祖父也另有其人。

　　虽然继母对自己不错,但毕竟不是自己的亲生母亲,就连外祖母都不是真的外祖母,还有什么事情是可信的呢? 不过这些事情都要暂时地放一放了,因为姐姐马上就要嫁到格里斯比家了,他要参与新婚贺喜歌的创作。但林肯发现,自命不凡的格里斯比家族,对他们的准儿媳并不是很在意。姐姐在婚后的第二年,就因为难产去世了。据说是由于平日里操劳过度,身体虚弱不堪所致。这件事情已经足以让林肯悲愤不已。母亲早已离去,现在姐姐也撒手人寰了,父亲一直对他不冷不热,而混乱的亲戚关系更是把他搞得焦头烂额。难道上天对每个人都是公平的吗? 有钱人可以随意压榨穷人为他们做工赚钱;有钱人还可以随便欺凌自己的儿媳,让她当牛做马。难道这个社会就应该是这个样子的吗?

　　格里斯比要同时为两个儿子举行婚礼。但让林肯接受不了的是,他们并没有邀请他去喝喜酒。这不禁让林肯怒火中烧,报复的念头在他心中油然而生。他串通了几位邻居,打算跟他们一起为格里斯比家送上一份"新婚大礼"。他们在新郎新娘还没有入洞房之前,把两位新娘互换了房间。后果可想而知，醉醺醺的两位新郎入错了洞房。后来，他们的母亲发现事情有点不太对，赶忙跑到罗本的房间喊道："我的天啊，罗本，你床上的人不是你的妻子！"

为此，林肯还特意撰写了一篇文章，名叫《罗本笑谈记》，还不忘放在格里斯比家门口一份。他的文章使用了《圣经》的体裁，流利的行文使得那篇文章风行了很长一段时间。不费吹灰之力，这件事情就在几个村子里面传开了。林肯也因此一炮而红，时隔多年，那篇文章还在印第安纳州广为流传，甚至有人说它比《圣经》还耐人寻味。

# 六、初见奴市

林肯似乎又向光明迈进了一步。他在一条乡间小路上遇到了一辆抛锚的车子，车上坐着一位妇人和她的两个女儿。他决定帮助她们，但一时半会儿恐怕修不好，就把她们请到了自己的家里。进屋后她们就开始收拾行李、做饭，仿佛要在这住上一段日子一般。后来，他把这个故事讲给了他的朋友：

"那母女三人随身带了几本书，闲暇的时候还会给我们读故事听。有趣的是，这竟然是我第一次听别人给我读故事。我发现我喜欢上了那位妇人其中的一个女儿，当她们离开很长时间以后，我还对她念念不忘。有一天，我躺在屋顶晒太阳的时候，写下了一个故事。我想象自己骑着父亲的高头大马，一路狂奔地追赶她们的车子，最后终于追上了。她们看到我都非常惊讶，我跟我喜欢的那个女孩儿交谈了很久，并成功地劝她跟我双双私奔。我们在马背上紧紧相拥，在草原上信马由缰地驰骋着。经过几个小时的颠簸，我们遇到了一个村庄，并决定在此过夜。但第二天醒来时却发现，这个村庄竟然是女孩儿家所在的村庄。我们再一次启程，到了第三天居然发生了同样的事情。这让我明白了，很多事情都要勇敢地去面对，一味地逃避是没有用的。最终，我说服了女孩儿的父亲，他答应把女儿嫁给我……我一直很想把这个梦记录下来，但那终究只是个故事，写下来也无济于事。"

这段故事也让我们走进了林肯怀揣梦想、激情灵动的内心世界。

世界在不知不觉中发生着积极的变化，这正是年轻人梦寐以求的。年轻的林肯用他结实有力的臂膀和轻松娴熟的划船技巧征服了俄亥俄河。一位俄亥俄商人决定雇用林肯为他往新奥尔良运送一批货物，他连想都没想就答应了，因为对于一个长期徘徊在村庄和树林之间的年轻人来说，这真是一次难得的见世面的机会。他们在大大的木筏上装满了猪肉、面粉、火腿和玉米，商人打算把这些东西卖给南方人，再顺便带一些棉花、烟草和糖回来。

很快，他们便航行到了伊利诺伊州的开罗，这里也是俄亥俄河汇入密西西比河的地方。浑浊发黄的密西西比河河水滚滚南去，河面宽广的地方根本看不见对面的河岸。越往南走，河面变得越宽阔，天气也越来越热了。晚上在船头乘凉时，这个骨子里透着诗人气质的年轻水手在心中默默地感叹：这就是生活吗？到达目的地时他才发现，未知的世界实在是太大了，也有太多他没见过的东西了。岸边停靠着成千上万大大小小的船只，其中还有他在俄亥俄河根本看不到的吃水很深的海船。货舱里北方运来的面粉和猪肉堆积如山；来来往往的船只和熙熙攘攘的人群都笼罩在浓烈的烟雾中。码头上摆放整齐的一包一包的东西是什么呢？天啊，这些东西就是人们经常念叨、所有美国人都为之倾倒的棉花吧。这么多年来，林肯只有一条斜纹布裤子和一件棉质外套，金贵得很，不进城根本不舍得穿。

他们迅速地把木筏上的货物搬到岸上，林肯借机在城市的大街上开开眼界。各种肤色的人在大街上川流不息，有衣着奇特的欧洲人，还有用扇子掩面而笑、衣着华丽的妇女。他们看上去都很快乐，眼神里都充满了希望和对生活的享受。那奴隶们呢？他们又过着什么样的生活呢？布告栏里一则广告吸引了林肯的注意力，上面写道：长期高价收购各类黑奴，并备有奴隶专用的地窖和厨房。紧接着是另外一则悬赏广告：寻找逃跑的一名混血奴隶塞姆，浅色头发、蓝眼睛、皮肤微红，人们常会把他当做白种人。

几天后，他们就载着那些计划要带回去的东西逆流北上了。3个月后，他们又回到了阔别已久的家乡，林肯不仅见识了外面的世界，口袋里也多了24美元。

# 七、挥别故居

回到家里后，他发现家乡也有很多的变化。住在伊利诺伊州的亲戚们来信说，那里才是名副其实的天堂，土地无比肥美，想发财的人一定要到那里去。他们可能觉得要聚集更多的常住居民才能得到更多的利益，所以把那里说得天花乱坠。不过，他们的目的达到了，很多在印第安纳州做生意失败的商人禁不住他们的诱惑，集体搬迁去了迪凯特。

林肯家也有一个亲戚住在那里，他的父亲又是一个不安于现状的人，总是希望通过不断的尝试来寻找发财的机会。他不顾那里疟疾横行的传言，以125美元的价格卖了他们现在的农场，同时也将林肯继母在肯塔基州的一处田产变卖了123美元，把全部家当都装上车子，带着剩下的14头牲口就起程了。

一路跋山涉水，他们终于到了迪凯特。亲戚们热情地迎接了他们，并给他们安排了临时的住处。21岁的大块头林肯，成了修建木屋的主力。傍晚的时候，他赶着牛车把木头拉到一片空地上，然后再用斧头把木头劈成自己想要的模样。他要先做一个栅栏，把要盖房子的地方圈起来，他的力气显然比他的父亲还大。谁也不会想到，林肯凭借一己之力就盖起了一座跟以前一样的木屋。当然，他不光自己动手，还指挥别人如何把木屋建造好。他还跟他的表兄约翰·汉克斯一起开垦了 10 英亩土地，并且都用栅栏围上了。

　　一年冬天，林肯在小河里划木筏运送一些东西。可在途中小船却不幸翻船了，林肯拼命地游上河岸，又走了很长时间才找到一户人家。一位曾经做过法官的好心的庄园主，收留了脚已经冻僵了的林肯，他花了将近两周的时间才把脚伤养好。这段时间里，他帮这位好心人做一些力所能及的家务活，还利用闲暇时间看完了《伊利诺伊州法典》，这已经是他读过的第二部法典了。

　　林肯还是一个做事从不拖泥带水的人，读报纸是他最喜欢做的事情，他最关注的是有关法律法规的版块。他会把报纸上每一期的这部分内容都剪下来，汇集在一起，当地区法庭开庭的时候就过去旁听，以便比较一下他研读的法律跟现实中的法律原则有哪些出入。父亲、母亲和姐姐的人生境遇让他悟出了一些道理：一个人，不管到什么时候都应该自强自立，没有一座靠山可以依靠一辈子。在这个现实的世界中，理论知识和实际行动缺一不可，同时，他也在心中构建出了一幅法律世界的蓝图。多年来，他一直追寻的不就是正义吗？

　　单纯地讲故事已经满足不了林肯了，他开始尝试在村子里进行讲演。那时，很多农夫都在反对国会立法院最新出台的河道整改办法。林肯对这条河非常熟悉，他在这条河里翻过船，落过水，还救过落水的人，也曾经在这条河上航行了 1000 多英里，直到大海的入口。他深知，这条河道必须整改，不然这条河以后肯定会祸及百姓。一天晚上，大家自发地聚在一起，准备讨论一下这个问题。林肯的表兄推荐他去反驳那些反对整改的意见，他镇定自若地跳到简易的讲台上，口吐珠玑，从容不迫地驳倒了所有反对者。他发表意见的样子，极像一个演说家，但人们觉得他似乎还是在讲故事。

然而，让他声名鹊起的是他的力量而并非智慧。一位名叫奥福特的当地的商人，听说了这个大个子的一些英勇果敢的事迹和之前去新奥尔良的成功经历，决定雇用他向南方运送一批货物，几乎是上次货物的两倍。林肯作了一艘比上次的木筏要大很多的平底船，穿上一套他一直不舍得穿的行装，准备出发了。所谓的行装无非就是一件背心、一件粗布外套、一条斜纹布裤子和一双生牛皮靴子。他挥手告别了凝聚着自己心血的木屋，也是他生命中最后一座木屋。他自己也不会想到，这一走他几乎再也没有回来过。

春意盎然，万物都充满生机。已经23岁的林肯要做的就是结束自己的农民生涯。

# 八、奴隶制的罪恶

可能是奥福特比较贪心，把小船装得满满登登，他们跌跌撞撞地出发了。没多久就遇到了险情。他们必须穿过狭窄的河道里的一个闸门，但过到一半的时候，闸门钩住了船底，负重太多的船身失去了平衡。船头高高地翘了起来，而船尾则没入了水中，船上的货物几乎都要掉进水里了。很快，岸边就聚集了一大群附近纽撒勒村的居民，但所有人都无计可施。危难之中，还是林肯急中生智。他马上叫来一条小船，划到他们的船边。先把货船上的货物都转移到小船上，再把货船上的大木桶都滚到船头，这样就可以增加船头的重量；然后又在船尾凿了一个洞，好让船里的水尽快地排出去。这样一来，他们就顺利地通过了那个闸门。没过多久，林肯的名字就响彻了纽撒勒村。几乎没有人不知道那个大个子是怎样化险为夷的，但故事的主人公却毫不知情，就更不会对他有什么影响了。一路上，林肯小心地驾驶着小船顺流直下，很快便第二次来到了新奥尔良。林肯卸完货的第一件事，就是到他一直念念不忘的奴隶交易市场去看一看。

他的前面站着一个衣着不堪、满脸悲愤的奴隶。一个拿鞭子的人指着一个赤裸上身的黑奴，示意让他身后的那些奴隶们都到大厅里面来。奴隶们都戴着脚镣，如若哪个奴隶走得太慢或者太快，一定会遭到奴隶贩子或者他们助手的谩骂和鞭打。一个身材消瘦的女奴吸引了很多买奴者的目光。她看上去还是个花样年华的少女，面容也还不错，脚上也戴着脚镣，但居然也赤裸着上身。奴隶贩子把她叫到前面来，要让那些奴隶主们好好看看，嘴里还大声地喊道："看这个女奴多漂亮啊，买她还是很值得的！"这时，有几个动了心的奴隶主就过去跟他砍价了。

眼前的景象让林肯不寒而栗，那个半裸的少女刺痛了他身体里的每一个细胞。可能这对于一个北方人来说，根本就是一件少见多怪的事，但第一次看见少女身体的林肯却对此感到无比耻辱与羞愧。这件事无疑碰触到了他身体里最敏感的那根神经。他联想到了自己和父母的身世，甚至怀疑起自己的外祖父会不会也是一位让人憎恶的奴隶主。他受到了极大的伤害，内心升腾出无限的对于那些半裸奴隶们的同情，同时也掺杂着对那些惨无人道的奴隶贩子们刻骨铭心的痛恨。

来到这里，第一件让他惊讶的事是：为什么同样是人，有的人就可以对别人发号施令，而有的人就必须无条件地听命于人呢？同样都是上帝的儿女，又有谁能证明黑人必须为白人当牛做马呢？

"即使给黑人自由，他们没有土地也没有金钱，又能做些什么呢？我们的特别制度就是上天给黑人量身定制的。"南方的奴隶主们如是说。他们管这种压迫黑人的"特别制度"叫做"奴隶制"。

一直以来，这些无耻的奴隶主们的无耻理由总是萦绕在林肯的耳边。他试着跟牧师、教师以及一些官员们谈论"奴隶制"的问题，但他们都对这个问题不以为然，好像跟奴隶主们穿一条裤子一样。他们说：

"黑人的祖先们为了争抢某些利益互相残杀，就像杀死猴子一样。后来是我们阻止了他们的纷争，帮助他们医治疾病，教他们做人的道理。一旦恢复他们的自由，他们就会跟他们的祖先落得同一个下场的。而北方人只不过嘴里喊着要解放奴隶，实际上只是想用这种方法来减少奴隶运动的发生，到最后不还是把奴隶卖到南方来了吗？另外，黑人们对于给他们自由都不屑一顾。如果我们给一个老黑奴获得自由的机会，他会跪下来求我们继续收留他的。因为离了农场主他们根本得不到任何食物，包括盐、肉、鱼和糖，他们连闻都闻不到！"

林肯对这些说法满是疑惑，他不敢相信这些说法都是事实。他是多么想深入到奴隶的生活中去，看一看那些社会最底层的人们究竟是怎么生活的啊！

# 九、鸿鹄之志

林肯跟随一艘轮船，沿密西西比河逆流而上的时候，他的身份又变成了一位锅炉工。那是一个 6 月，林肯从蒸笼般的锅炉房里走到甲板上时，他看到了一些喝着啤酒、谈笑风生的旅客。这种巨大的差异让他联想到了特殊阶级跟奴隶阶级的差别，又延伸到了其他制度与奴隶制度的区别。共同经历过险境的奥福特，对这个驾驶平底船的大个子船夫印象非常好。他打算在纽撒勒开一家商店，想请林肯过去帮忙。在这之前，林肯抽空回了一趟老家，跟父亲道别之后，林肯就再也没有回去过了。没有马也没有船，他只能徒步穿过广袤无垠的草原，到一个陌生的地方去寻找光明。

过了好久，奥福特才姗姗而来。人是来了，商店还不见踪影。他们必须从头开始，盖房子，做货架和柜台，所有的事情都要他们亲自动手，好在这些都难不住这个有木匠背景的全能工。货物运到之后，他把它们整齐地码放在货架上。万事俱备，只差开张了。林肯找来一块像样的木板，在上面刻上"登顿·奥福特"作为商店的招牌。从此，这个力大如牛的大块头变成了一位售货员，每天站在柜台里面称咖啡、卖铁钉……

没过多久，镇上的人几乎都认识他了，因为奥福特经常在别人面前夸奖林肯的勇猛。在林肯看来，这跟当年那个奴隶贩子夸奖赤裸上身的女奴性质差不多。"他力大如牛，能跑能举，甚至连杰克·阿姆斯特朗都不一定是他的对手！"他提到的那个人，是当地公认的最有名、最强壮的摔跤手，林肯看过他的比赛。在那里，喝酒和看摔跤比赛是人们最常见的娱乐方式，人们都希望看到高手之间的较量，一场强强对话就这样不期而至。摔跤不光要有力气，还要有技巧。比赛开始没多久，林肯就占据了上风。杰克虽然力气很大，但林肯非常灵巧，杰克总也抓不住他。没过几个回合，杰克就被重重地摔在了地上。观众一片叫好声，但也有不满的声音，认为林肯的打法不符合摔跤的规矩。"他并没有违规，这次我被打败了！"只见战败者从地上爬起来，走到林肯面前诚恳地伸出了右手。他们握过手之后，成为了一辈子的朋友。

做售货员的日子过得还比较惬意。店铺宽敞明亮，阳光也很充足。货架上整齐地摆放着很多人们生活的必需品。柜台下面的箱子和木桶里面还有很多存货，林肯把小店打理得井井有条。店里没人的时候，他经常会拿一摞书当枕头，躺在柜台上舒舒服服地看。看得兴起时，他还会把书中的内容大声地朗读出来，经常会被来店里买东西的人们嘲笑一番。时间一长，大家都知道了林肯有这样的习惯，也就习以为常了。有顾客来买东西时，他会马上放下书，从柜台上跳下来，手脚麻利地帮顾客找到他们需要的东西。如果顾客花了很长时间细心地挑选商品，肯定会发现林肯早就坐在椅子上津津有味地读书了。他烟酒不沾，虽然身体强壮但从不出去寻衅滋事，连小孩子都喜欢跟他玩。非常重要的一点是，人们都很喜欢他的诚实，都管他叫"真诚的亚伯拉罕"。

有一天，一个从这里路过的顾客，无意中跟林肯提到自己家里有一本《英语文法》，林肯竟然赶了6英里的路，把这本书借了回来。这是他生平第一次接触到自己母语的文法，显得兴奋异常。朋友们都知道他喜欢看书，所以很多朋友都会帮他借一些他想看的书。他还很喜欢到当地的一所学校去，跟那里的老师们谈论一些问题，他们在交换意见的时候，会让林肯知道一些他以前从未听过的知识。他就是用这种方法来使自己不断地进步，更多地了解这个世界。他的一位朋友还建议他去伊利诺伊州的政界闯一闯，因为那个新开发的小地方正值用人之际，实在是没有几个能人。林肯还有些犹豫不决，但他的朋友却给了他前进的动力和莫大的帮助。

他的这位名叫詹姆斯·罗特雷吉的朋友，也是一个不简单的家伙。他是最早移民到这里的人，奥福特租用的磨坊就是他一手创办的。此外，他还开了一家酒店，林肯几乎每天晚上都要过去坐坐。在那里，他发现了一位长相清秀、身材修长、褐色头发的妙龄少女，她每天都在店里绣着什么东西。但可惜的是，这位年方十八的姑娘安娜早已名花有主了。也许正是因为这样的遗憾，令这位羞于与女孩子接触的小伙儿更加为之心驰神往。但这一切又只能停留在想象之间，因为最终他还是要面对残酷的事实。

林肯心里非常清楚，拥有大把土地和金钱的罗特雷吉，是不会轻易把女儿嫁给一个像他这样一贫如洗的家伙的。他的准女婿是一位来自纽约的腰缠万贯的年轻人，据说他在西部赚了很多钱，又从未来岳父手里得到了很多土地，现在已经有12000美元的身家了。再看看自己，只是一个长相平平的大个子，喜欢读书，却非常害怕跟女孩儿接触。要不是托奥福特的福，来到这个让他生活发生巨大变化的地方，又怎么会有遇见这么漂亮的女孩儿的机会呢？

后来，他决定到政界去闯一闯。而他卑微的出身也成了一把双刃剑，对他有所裨益，也有所妨害。参加选举的很多人都认识他。有些人看到他会暗自庆幸；有些人还会互相说起发生在林肯身上的一些趣事；更有甚者把他是如何被人尊敬，如何博学多才说得神乎其神。当时的选举非常简单，这位 23 岁的年轻人需要自己为自己拉选票。那段时间，他的手里经常会拿着一本书，穿梭于各个村庄之间。他会用朴实的作风和友善的态度对待每一个人。所有人都不会想到，这个看似农民的家伙会在选举中出人头地。

西部的人们都喜欢在酒馆里谈论一些关于政治的话题，而善于演说的林肯却一言不发。他只喜欢对那些他知道的事情和跟人们的生活息息相关的事情发表意见和看法，比如河道治理和维修公路的问题。在跟别人说话或者发表演说的时候，他会很细心地观察所有听众的动作和神态。至于他是属于哪个党派的，这在当时并不十分重要。他和他的父亲以及表兄一样，是一位民主党派人士。但他却非常佩服辉格党领导人亨利·克莱演讲时滔滔不绝的口才，也很欣赏丹尼尔·韦伯斯特讲话时缜密的思维逻辑。

23 岁那年，他用几句言简意赅的结语完成了他人生中第一次竞选演说。他说："我的政治主张就像是一位老妇跳的舞蹈一样，简单而甜蜜。我赞成建立国家银行，赞成州际制度的整改和征收保护税。这就是我的意见和政治原则。无论最后我有没有当选，都会由衷地感谢今天在座的每一位。"这篇演讲稿是林肯自己撰写的，但他对自己的文法不是很有信心，就找了一位朋友帮他修改润色了一番。他的演讲稿里还有这样几句话：

"我出生在一个穷困潦倒的家庭之中，并且之后的很多年一直如此。我一点也不富有，也没有地位显赫的亲戚或者朋友能够推荐我。我能否当选直接取决于广大独立自由的选民们。如若大家信任我并推举我当选，我定将永志不忘，并且一定会竭尽全力地去回报大家对我的期望。但如果大家认为有其他更好更适合的人选，我也无话可说，因为失败的痛苦和别人的嘲笑对我来说早已是家常便饭……"

这段坦诚的演讲辞，不仅表现出了对其出身卑微的不卑不亢，也很好地说明了当时民主选举的性质和特点。相信记录演讲稿的人也会发现，这位饱经风霜的年轻人，骨子里充满了对成功的渴望和作为一个自力更生的贫穷奋斗者的尊严。


# 十、单恋之苦


印第安人的著名领袖"黑鹰"与白人发生了一些战争冲突，因为他想收回30年前由于某些原因被白人政府占据的土地。战火迅速地由边境向内地蔓延，就连纽撒勒的正常生活也受到了严重的侵扰。店铺都被迫关门了，再度失业的林肯也没有听到任何关于竞选结果的消息。再这么下去，要是没被选举上，就连入伍当兵的机会都没有了。再说，跟印第安人的战争肯定不会持续很长时间，等到得胜归来的时候，自己的军功说不定还能为竞选增加一些筹码。于是，他加入了1600人的志愿兵队伍，并有幸被推举为中队长。这是他第一次在民主选举中获得成功，他永远都不会忘记。在粮饷不足，军备也不是很充分的情况下，他们就开向战场了。他们沿着弯曲泥泞的河岸，一路艰辛地穿过草原。边境上恶劣的生存环境并没有把他们打垮，只是一路走来，他们几乎都没有遇到什么敌人。

又过了一个月，部队就自行宣布解散了。但在这一段时间的军旅生涯中，林肯也收获了一些宝贵的经验：他经历了人生的第一次角斗失败，被一位军官摔倒在地。但后来他又战胜了那位军官，他的力量绝对是最让他赖以自豪的，人高马大的林肯一直对自己的实力充满信心。

万幸的是，林肯既没有受伤更没有阵亡，但也没有立下军功。他做的唯一一件有意义的事情就是救了一个印第安人。当时，他们在一片树林里发现了那个迷路的印第安老人，士兵们想要杀死他。林肯从来没有手刃过一个敌人，反倒在自己人的枪口下救了一个敌人。可能多年之后，人们对这场战争的记忆只会停留在宅心仁厚的林肯身上。

　　当他回到纽撒勒时，村子里的人们大多没有注意到这个刚从战场上回来的人。当时的政治时局也很不稳定，他支持的党派没有取得人民的信任，他的第一次竞选就这样以失败告终了。然而在纽撒勒地区，300张有效选票当中，选林肯的竟然有277张之多。虽然这次竞选失败了，但是大家对林肯的肯定还是让他感觉到很欣慰。

　　现在，他不得不面对的是生存的问题。他跟另外一个合伙人借钱买下了之前奥福特的小商店。他们给商店换了一个名字——"柏瑞·林肯"。然而他的合伙人柏瑞并不是一个地道的生意人，而是一个嗜酒如命的酒鬼。整天泡在酒精里的他，根本无暇照顾小店的生意，所以照顾生意的担子就全都落到林肯的肩头了。

　　林肯感兴趣的是顾客们的言谈举止以及他们谈论的话题，至于他们到底买不买东西则似乎与他无关。小店就在这种经营状况下苟延残喘地存在着，而且关门歇业的时候居多。因为让一个酒鬼跟一个整天骑马到处走的邮差经营商店，本身就是一个笑话。

　　可能是由于林肯会写信的缘故，写信加送信成为了他主要的收入来源。4年的邮差生涯，让他学到了也懂得了更多。人们对这个能读会写的人给予了足够的信任。与此同时，他仍然孜孜不倦地徜徉在书籍的海洋之中。他不会放过任何一条报纸上的消息，甚至有的时候还会向陌生的路人借一些他以前没有看过的书籍。林肯阅读了大量关于历史的书籍。在那些书里，他又了解到了曾经有多少伟大的国家领袖都为反对奴隶制作出了极大的贡献。像华盛顿、亚当斯、杰斐逊、麦迪逊、富兰克林以及汉密尔顿等这些美国历史上杰出的人物，都曾试图用不同的方式来推翻奴隶制。甚至他们之中，有的人以前还是拥有很多奴隶的奴隶主。

然而，精神食粮根本不能维持生计。他开的小店也一步一步地走向衰落，以至于到最后，店里的东西都被用来抵债了。即使这样，他们的外债仍然还有 1100 美元之多。这时候，那个整日醉眼朦胧的柏瑞早已经脚底抹油，溜之大吉了！这些债务自然就都落在了林肯一个人身上。好在邮差的工作还足以让他维持正常的生活，但那么大一笔债务什么时候才能还清呢？

他有一个朋友，在距离纽撒勒 20 英里远的斯普林菲尔德做测量员。那个朋友曾经告诉过林肯，像他这么博学多才的人，在大城市靠脑子就能赚比出苦力多好几倍的钱。于是，他来到了斯普林菲尔德，并在一所学校里学习了一些数学知识，同时还初步掌握了一些简单仪器的使用方法。6 个星期以后，他以土地测量员的身份被委派回纽撒勒工作。这份工作让他整天忙得不可开交，因为当时的土地交易已经很活跃了。完成一天的测量工作就可以赚到 3 美元，另外还能得到 50 美分的绘图费。当然，他也没有放弃邮递员的工作，因为这两份工作有的时候可以同时进行。

安娜·罗特雷吉时常会向林肯询问，是否有自己的信件。她说她的未婚夫到纽约做生意去了，并且告诉她等那边安顿好了就回来娶她过门。但他却很长时间都不回一封信，偶尔回一封信，似乎也是对她不冷不热。信上说，他的父亲在前一段时间不幸去世了，所以他要在那边处理一些事情，可能还要过一段时间才能回来跟她结婚。没过多久，镇上的人们就开始风传，说她的未婚夫约翰·麦克尼尔是个负心汉，根本就不打算回来跟她结婚了。并且人们都劝说这位漂亮的姑娘找一个诚实稳重的男人结婚。这时，一位新的追求者也适时地出现了，他是林肯的一位朋友，名字叫做赫尔，朋友们都叫他"小山"。

对此，林肯的内心却充满了莫名的不安与纠结。此时的他，对于女人的害羞和恐惧也愈演愈烈，甚至达到了极致。上天赋予了他这种忧郁腼腆的性格，使得他特别羞于与女人接触。本来就寂寞而忧愁的内心，又压上了焦虑的重担，但那丝毫也阻止不了发自内心深处的神秘的希冀与渴望。当他得知自己钟爱的女孩儿已经获得了自由的时候，他反倒陷入了无限的困扰与纠结中。他并没有急于向安娜发起进攻。这时，小镇上又流传说，那个叫做麦克尼尔的家伙用的是假名，他的原名叫做"麦克纳姆"，他就是一个十足的大骗子。其实林肯早就对这个家伙有所了解，因为林肯曾经测量过一片在他名下的土地，而当时他用的也是一个假名，为的就是以绝后患。林肯一直闭口不谈，也是为了不让别人觉得自己是在诽谤自己的情敌，但他觉得现在应该让安娜了解事情的真相了，以免她受到更大的伤害。

可怜的安娜还被蒙在鼓里，当她知道了事情的真相之后，更是束手无策，不知道该怎么面对这突如其来的事实。她还是犹豫不决地牵挂着那个远在纽约的麦克尼尔，因为老罗特雷吉的旅店已经濒临倒闭，他还指望那个有钱的准女婿能够帮他渡过危机呢！从此以后，安娜就不得不做一些服侍顾客、洗衣做饭的粗活累活了。但两个追求者却始终没有放弃对她的追求，一个是家境殷实但整日无所事事的赫尔，另一个则是家徒四壁但诚实勤恳的林肯。


# 十一、导师杰斐逊


伊利诺伊州两年一次的立法院竞选如期而至，林肯想进入政界的想法一直都没有转变，他决定再次参选。一些教徒指责他是个没有信仰的无神论者，他则把自己的信仰总结为：真诚勤恳，乐于助人，尊老爱幼，善待动物。这一次，他终于成功地进入了政界，成为了州议会的议员，并且从 25 岁那一年起，直到 32 岁，成功地连任了 8 年。在他从政的这些年中，他从不参与议会内部的勾心斗角和阴谋诡计，把精力都放在了解决实际问题和钻研党派的基本理论基础上。那时，他的党派领袖是克莱，而他的偶像和榜样则是杰斐逊。

喜欢比较、遇事镇定的林肯，很欣赏和钦佩亨利·克莱这位非常著名的大政治家。因为这位年逾六旬的老政客，有着客观全面看待问题的眼光。他总会将所有的因素都联系在一起，综合地去分析和看待一个问题或者现象。克莱是杰斐逊的拥护者，也是一个彻头彻尾的民主共和党支持者。当杰斐逊与世长辞的时候，林肯已经成年了，那些因此而痛苦悲伤的人们，此后便开始追随亨利·克莱的脚步。

与华盛顿相比，更加吸引林肯的是杰斐逊。林肯说话时，非常喜欢引用杰斐逊的一些语录来表达自己的想法，强调自己的观点。其中就包含这样一段经典的语录："我们应该相信和把握这样一条真理，即人人生而平等。上天赋予每个人的权利都是不可剥夺的，包括生存的权利、自由的权利以及追求快乐的权利等。为了能够更好地享有这些权利，我们建立了政府；所以不经过人民的同意，政府没有任何理由剥夺人民的任何权利。"

奴隶制的问题已经成为当时日益突出的社会矛盾，南方一次又一次地陷进深渊，这几乎已经成为关乎国家繁荣统一的大事。林肯就这个问题，曾经翻阅了很多历史书籍。他了解到，当年"五月花"号轮船载着 19 名黑人漂洋过海来到这里，他们带着矛盾的心情满怀欣喜，但等待他们的却是多年以来白人与黑人的兵戎相见，水火不容。

在合众国建立之初，美国的版图上只有 6 个蓄奴州，而现在居然已经发展到了 14 个。其主要原因就是：人们希望把 1803 年从法国人手中买来的广袤的路易斯安那，划分成几个新的州府。那大片的土地也刺激着奴隶制的继续横行，奴隶制的疯狂扩张已经成为摆在杰斐逊等人面前的事实，内战一触即发。杰斐逊发出感慨道："这个严重问题的出现，就像是黑夜里敲响的警钟，让我充满了恐惧。"最终，为了维护合众国的稳定和发展，克莱向密苏里州作出了妥协和让步，并通过了《密苏里妥协案》：路易斯安那北纬36°30′以北的所有地区，都禁止施行奴隶制，但密苏里州除外。这也就相当于又新建了一个蓄奴州。这些事情都发生在1820年到1821年之间。

这个事件发生后的15年中，奴隶制的问题日趋严重。因为在这些年里，西部由于很多国外力量的介入而迅速崛起，也进一步加强了北方派的实力。北部的代表也借机向内阁建议提高进出口保护税率的额度，这一下就点燃了南方派胸中压抑已久的怒火，南方各州纷纷发出反抗的呼声。南卡罗来纳的人民甚至声称：不排除利用武力来解决政府企图提高税收额度的举措，同时他们根本不承认新税法的法律效力。面对这种局面，一心向往统一和平的政府作出了让步，决定酌减南部的税额。很显然，南方派取得了这次斗争的胜利。

万达利亚是举行伊利诺伊州议会会议的场所。此时，大厅里聚集了81位即将针对奴隶制问题展开激烈讨论的议员们，他们分坐在大厅的两侧。借钱买了一套新衣服的林肯，穿着这套蓝色的西装悄无声息地端坐在那里。他在议会上总是一言不发地思考着某些事情，只有回到旅馆之后，他才会把他一天中所思考的问题跟其他的议员们娓娓道来。

一段时间之后，逐渐熟悉他的人们给这个喜欢讲故事的家伙起了一个绰号，叫做"酋长"；而另外一些人则还是会用异样的眼光去审视一言不发的林肯。这些人中，跟他同坐一排的一个小伙子对他总是特别关注。他是一个跟林肯截然不同的人，至少从外貌上看是这样的。他长得又矮又胖，肩背宽厚，额头宽大，总是充满活力地与旁边的议员们交谈着什么。他是一位来自东部的公务人员，也是一位同样穷苦的民主党派人士，比林肯还要年轻几岁。他名叫史蒂芬·道格拉斯，出生在一个知识分子家庭。他很开朗，也很健谈，不仅思维灵敏还很善于说官场话。林肯根本没有注意到这个整天谄笑的家伙，而道格拉斯则不同，他会细心地观察来到这里的每一个人，因为他很有野心，他的目标永远是他能看到的最高的位置，所以这里的每个人都有可能成为他的竞争对手。他试图预估每个对手的实力，最终他认定这个不太喜欢发表意见的大个子根本不会对自己造成任何威胁。

# 十二、未婚妻之死

那个叫做麦克纳姆的大骗子真的再也没有回来。林肯参加完议会的会议回到纽撒勒的时候，罗特雷吉家族已经走向没落了。这个几乎最早来到这里落户的人家，不得不放弃多年来一直经营的旅馆，搬到了那个不知道还会不会回来的麦克纳姆的庄园里去。漂亮的安娜也对那个不着边际的家伙彻底死心了，现在她有足够的条件和时间对这两个追求者进行更为细致的观察和比较。赫尔对安娜的热情似乎没有以前那么高涨了，这时的安娜也发自内心地喜欢上了林肯这个整天沉默寡言，但心地善良，为人诚恳的穷光蛋。安娜的倾心，也让林肯更加坚定了自己的信心。不久之后，他们就订婚了。

在那个春意盎然的时节，林肯经常会骑着马到罗特雷吉的庄园去看安娜。她比 26 岁的林肯小 4 岁。订婚以后的这几个月，几乎是孤独忧郁的林肯一生之中最快乐的日子。但所有的欢笑对他们来说都是过眼云烟，初见光明的林肯马上将被更猛烈的黑暗所吞噬。

到了盛夏时节，多年之前带走了林肯的母亲和几位亲戚朋友的疟疾，又像来寻仇的魔鬼一样，从印第安纳州跟随他们来到了伊利诺伊州。这次他又来到了林肯的身边，疯狂地侵袭着他的一个朋友和他心爱的姑娘。虽然健壮的身躯让林肯在与病魔的抗争中占据了上风，但对于深陷泥潭的朋友和未婚妻他却爱莫能助。没过多久，这位朋友和他的未婚妻便相继离他而去。这对于这个从小就生长在苦难之中的可怜人来说，无疑是个晴天霹雳。他第一次真正地实现了一个梦想，找到了自己的爱人；第一次可以这样无比畅快地遨游在天地之间；他已经为将来的生活谱写好了一篇华美的乐章，可惜还没来得及演奏，一切就已经化为泡影了。他那颗本就脆弱不堪的心，似乎已经被摔得粉碎，心底的一丝对于美好生活的憧憬也已化为灰烬。安葬了安娜之后，人们总会在蜿蜒流淌的小河边看到自言自语的林肯。这还不算什么，他甚至还会经常跑到 7 英里以外安娜的墓前低声哀泣，仿佛对安娜述说自己的痛苦与哀思。一位好心的医生劝他，应该做一些事情分散一下自己的精力，并且把他介绍到一位农场主家替别人收割。看似已经恢复平静的他，在一次暴风雨来临的时候，突然扔掉镰刀，大声地叫道："我实在是受不了了，我怎么能把她一个人孤零零地丢在那里，这该死的雨点不应该打在她的墓上！"

整日忧心忡忡，连小刀都不敢带在身上的年轻人，那段时间真的是心灰意冷了。

# 十三、再次竞选州议员

太阳每天依旧要升起，人们的生活也还是要继续。一度想要轻生的林肯也逐渐从生活的阴影中走了出来，他决定要坚强地活下去。童年时经历的艰难困苦早已练就了他刚毅的性格，即使一路走来磕磕绊绊，生活环境动荡不安，偶尔还会失去信心、失去斗志，甚至有些时候连生活的目标都很不确定，但他依然能够在夹缝中求得生存的希望。所有的失意与打击都无法打败他强健的体魄和坚强的内心世界，即便是心灵受到了重创，也不足以将他永远地压倒。与生俱来的诗人气质，也可以让他伤痕累累的心灵游弋到另外一个梦幻般的世界，在那里舔舐伤口，休养生息。美好的梦境与残酷的现实相对比，很容易就能让他的头脑变得更加清醒。

他的第二次竞选果然跟第一次不太一样了，他俨然成为一位懂得变通的政治家。他学会了如何撰写一篇真正的演讲稿，也掌握了如何才能更好地阐述自己观点的技巧。更重要的是，他比以前更加自信了，在应对议会上遇到的一些问题时，表现出了敏捷的思维和处变不惊的处世态度。他甚至还代表自己的政党提出了一份令人吃惊的方案，并通过报刊上的文章表明了自己的政治主张。

这次演说，林肯的立场和观点都十分坚定，但他也遭遇了一位十分强劲的对手。这个人是一个非常富有且令人敬畏的人，他甚至在自己家的房顶上装了一个避雷针。这个人频频向林肯发难，有些胡搅蛮缠的架势，最后林肯不耐烦地反驳道："刚才那位先生觉得我的观点太稚嫩，还应该再磨炼几年……他可能是嫌我太年轻，还不够老练，但我不认为在政治上要一些手腕就是有经验的表现。当然，我需要生存、需要社会地位、需要被别人认可，但我不会像某些人一样，为了每年3000美金的职位就改变自己的政治立场和做人原则，甚至害怕遭到上帝的责罚而在自家的房顶安上避雷针，要是那样我宁愿去死。"

竞争的欲望唤醒了他体内的激情，他那看似软绵绵的讽刺更像是一把披荆斩棘的利剑。在置身于政治斗争的那段岁月里，他不仅没有受到任何伤害，反而赢得了更多的尊严和认可，这足以让他引以为傲。曾经有一个民主党的候选人扬言说要揭露林肯的一些恶行，而且这个人竟然还是他的一位朋友。不久，他就收到了一封林肯写给他的信：

"有人告诉我，在我上礼拜缺席的时候，您公然地对他们说，您知道了一些事情的真相，如果把它公之于众，我跟爱德华的竞选之路将就此终结，但是出于我们的个人交情，您将为我们保守秘密。显而易见，我非常需要公众对我的认可与信任，并且现在大家已经那么作了。但现在，我不再敢接受来自于人民的支持和信任了，因为那对于广大的民众是不公平的。在过去的一段时间里，我得到了大家充分的信任，但假设我无意间作了什么见不得光的事，肯定会改变一些人对我的看法和评价，但我却非常希望这件事情能够原原本本地呈现在大家面前，因为谁对大众隐瞒这件事，就相当于变相地损害人民的利益。只是我对您口中的这件事情真的一无所知，即使它是真的。我对您的态度和说法毫无疑问，也相信您所言并无半点虚假。对于您的庇佑之意，我深表感激，但还请您将劳苦大众的利益放在首位，没有任何歪曲和修饰地将您所知道的情况全部都讲出来。我很诚恳地向您保证，不管它对我有多么大的负面影响，我们的友谊都不会因此而破裂。您可以将这封信刊登发表，我将静静地期待您的答复。"

通过这封信，我们不难看出林肯犀利的语言和诙谐的措辞。他对自己的人格充满了信心，也相信自己无愧于"真诚的林肯"的称谓。另外我们还会发现，显然林肯已经看穿了那个人的叵测居心，但他却选择了这样一种绵里藏针的方式给予对手狠狠的回击。这就是作为别人的朋友以及一位成熟的政治家该做的事情。简短的一封信，不仅体现了自己追求真理勇于牺牲，把公众的利益放在首位的决心，同时还表现出了广阔的胸襟和对待朋友的真诚。但如果他的某位竞争对手对他表现出足够的友善的话，他也会毫不吝惜地去称赞那个人。

最终，辉格党出人意料地取得了他们竞选以来的第一次胜利。9个大个子组成的委员会带着他们新的财政计划进入了新一届的议会。林肯并没有满足于现状，他跟几位朋友极力主张将伊利诺伊州的首府迁到斯普林菲尔德去。因为那里的自然以及人文条件更适合作为州政治、经济、文化的中心，不仅有利于城市的发展，同时也有利于个人能力的拓展和增强。有一次，林肯在议会中坦露了自己对政治的一些真实看法："那些人根本就不关心人民的意愿和希望，他们距离人民代表还有很长一段距离，我发自内心地说这些事情，是因为我自己就是这些人中的一员，这件事不是某个人的私事，而是关乎民生的一件大事。"他义正辞严地说了这一番话，显然跟他的同僚们没有站在同一立场上。他并没有攻击谁的意思，只是真诚地表达了自己的想法。林肯跟那些政客们不一样，通常那些人说的一些话都是另有企图的，而他则要耿直得多。

林肯再一次成为斗争胜利的一方。州首府最终还是从万达利亚迁到了斯普林菲尔德，林肯也彻底结束了自己的乡村生活，来到了城市之中以开展自己下一步的政治活动，俨然一位政治家。

# 十四、轻易许诺的恶果

在议会会议的间歇，林肯经常会到纽撒勒的一位熟人那里住上几天。那家的女主人也会经常跟他念叨起自己未婚的妹妹，林肯3年前在纽撒勒见过那个女孩儿。林肯半开玩笑地接受了那位朋友的好意，表示如果她的妹妹再次来到纽撒勒，就娶她为妻。

当玛丽·欧文马上就要来了的时候，林肯却感有些拘谨和不安：

"她就这样突然间走进我的生活，真的让我有些不知所措。她所以来得恰逢其时，说明她对待这件事情是非常愿意的。但再仔细想想，她也有可能仅仅是被她的姐姐叫来的，而她自己并不知道关于我的事情，如此说来，如果没有其他问题，我也只好默认了。过了几天，我们见面了。虽然我以前见过她，但我真的不确定她就是我以前见过的那位玛丽。面前这位体格健硕的女性极像莎士比亚戏剧中的福斯泰夫，人们口中的老处女就是这般模样。如果每天跟她生活在一起，无异于将自己变成了一个精神上的奴隶。我跟她根本就是没有生命交集的人，这种暗无天日的日子不知道要持续到什么时候，恐惧和迷茫占据了我大部分的思想。"

渐渐地，玛丽对林肯在很多事情上的做法都不是很满意。她觉得林肯对自己不够细心，也不够专注，事实上谁会那么在意这位老处女呢？但没办法，大多数女人都有这样的想法。不和谐的气氛逐渐将两个人的距离拉得越来越远。当林肯结束了几个星期的土地测量工作后，他发现这位他并不怎么喜欢的"未婚妻"，已经悄悄地走出了自己的生活。

经历了 5 年动荡不安的生活之后，他终于发现了一丝生活的希望。现在他开始盘算起自己人生最具决定性意义的一步，他决定在此开始自己的律师生涯。他以前读的那些法律书籍，让他在这一行如鱼得水，他掌握的法律知识甚至比那些科班出身的律师还要全面。他丰富的阅历、善辩的口才以及那些源自实践的经验，比书本上生硬的法律知识要实用得多，同时，丰富的实践经验在某种程度上也能够弥补理论上的欠缺。这位曾经的邮递员和测量员，售货店员和小木匠，竟然还是一位口才非凡、四处演讲的州议员。伊利诺伊州几乎一半以上的人都认识这位有着传奇经历的大个子。州议员的经历，不仅让他练就了良好的语言表达能力，同时还赋予了他在面对问题时的大局观。更重要的是，这增强了他面对困难，挑战困难的信心。在他看来，只要自己努力地为之奋斗和付出过，即使最终没有获得想要的结果，又能怎么样呢？这只不过是成功之前的某一次失败而已。

他还是一如既往的穷困潦倒，但他却并不想把精力都放在金钱之上。28 岁的林肯骑上一匹借来的马奔向了新的生活，他带走的是 7 美元的积蓄和 1000 多美元的债务，而留下的只有那位不告而别的准未婚妻和一段五味俱全的生活片段。

第二章　平民

# 一、击败老将军

斯普林菲尔德在当时，就已经是一个拥有1500多人口和4家旅馆的小镇了，就连日后大名鼎鼎的芝加哥都无法与之相提并论。因为这里是伊利诺伊州的州议会所在地，所以它的重要地位是毋庸置疑的。这座作为州政治中心的新兴城市，虽然跟发达城市相比还有一段距离，但这里的人们似乎都能够感受到从首都华盛顿吹来的和煦的春风。越来越多的南方贵族们来到这里修建自己的庄园和房屋，他们大都还是仆婢簇拥，一副富豪大亨的做派。

林肯刚到斯普林菲尔德的时候，几乎已经身无分文了。但他遇到了一位在这里开店的老战友，得以在这位老兵的家里暂住一段时间。这位好心的人名叫斯皮德，跟林肯在某些方面有些相似，精神世界都无比丰富，以此来逃避现实生活的残酷，但听说这个脾气有些古怪的家伙来自于一个家境殷实的家庭。跟林肯大相径庭的还有他那瘦弱的身躯和骄奢安逸的生活态度，他肯定不会像林肯那样得到大众的信赖和支持，因为这样的人根本不能带给别人安全感。但我们不能只看一个人不好的一面，至少他是一个会用满腔热情对待朋友的人。他好心收留了林肯，让他跟自己同住在商店后面的一间小屋里。

失业在家的林肯，只能暂时跟他的一个名叫巴特勒的朋友混饭吃。土地测量员和邮递员已经成为了林肯的过去时，现在的他只能每天背着巨额债务勉强地维持生活。但无业游民的帽子林肯并没有戴多久，3个星期以后，他遇到了曾经借很多法律书给他看的斯图尔特。斯图尔特正在经营一家律师事务所，因为最近要专心于华盛顿政府中一个职位的竞选，所以需要一位代理人来帮他打理一些日常的事务。虽然林肯的法律专业知识不是很深厚，但斯图尔特却很欣赏他能言善辩的口才和博闻强记的头脑。正愁请缨无门的林肯，当即应承了这份工作。林肯又像在纽撒勒一样，弄了一块牌匾挂在办公室的门口。这块写着"斯图尔特·林肯律师办事处"的招牌竟然在这里挂了4年之久。

人们常说万事开头难，但林肯的新工作一开始却很简单，只是比较乏味。因为经验丰富的斯图尔特总是自己去处理那些比较棘手或是比较有趣的案件，留给林肯的只是一些普普通通，让人提不起精神的小案件。比如他在做测量员时就能轻易解决的土地纠纷；由于几头牛甚至是锅灶引发的争吵等。然而不久之后，这位年轻的律师用自己独特的方式打赢了一场轰动一时的官司，顿时声名鹊起。

这个案件的始末是这样的：一位妇人找他们帮自己处理遗产的问题。当她来到这里，准备继承她去世的丈夫留下来的10英亩土地时，发现本该属于自己的土地居然被一位老将军霸占了。但据那位老将军说，死者生前欠自己很大一笔钱，这些土地是用来作抵押的，现在他去世了，这些土地也理应归自己所有。斯图尔特和林肯接下了这个案子，但他们发现这位老将军的身份似乎并不真实。他是从东部迁到这里来的，因为看中了这里法官的职位，想要在此谋得一官半职。他知道自己的假身份一旦被公布于众，必将会影响自己的仕途，他随即宣称，有人故意栽赃陷害他，在自己的档案上动了手脚，企图毁坏他的声誉。听到这样的说法，林肯气愤至极。于是，在法官竞选之前的几天里，林肯叫人在大街上广泛地散发匿名传单。他要把这件事情的来龙去脉原原本本地告诉所有人，并在传单的结尾写了这么一段话："我只能用这种方法让大家了解事情的真相，因为我也是他口中对他的档案动过手脚的嫌疑人之一，如果我继续沉默下去，就相当于默认了这件我从未听说的事情。我的名字并不重要，我只希望报社的主编先生们能让更多蒙在鼓里的无辜的人清楚地了解这一切。"

最终，那位将军的选举没有成功，林肯的名字倒是被大家熟知了。这让那位气急败坏的失败者直接把矛头指向了林肯，一场没有硝烟的战争正式拉开了序幕。显然，那位将军也做到了知己知彼，他公然地挑衅说："要知道那个家伙到这里来做律师的动机非常值得怀疑，他似乎想借此来操纵这里的法律，以达到自己不可告人的目的。他甚至可以为杀人犯出庭辩护，但实际上，拿到钱的他根本改变不了杀人犯被绞死的命运。"

林肯也不甘示弱，反击道："事实并不是您所说的那样，我会竭尽全力地帮助那些需要帮助的人，相信尊敬的将军大人也跟我一样。但我并不喜欢这种看似相互诋毁的行为，还是让我们法庭上见吧，到时候法官自然会告诉您那些土地的真正归属。"法庭上，林肯用自己满腔的正义之情以及有力的证据和证词，赢得了在场所有人的支持，也为那位妇人赢回了她的土地。这场官司已经足以捧红一位律政新人了，那位将军也只能灰溜溜地低头离去。

这位成功的年轻律师发现，自己除了钱似乎什么都不缺了。对于这位新入行的律师来说，相比于严格谨慎的庭审辩论，他更喜欢那种毫无束缚、没有羁绊的表达方式。这时候，林肯也迎来了人生中另外一件重要的事情。他要在斯普林菲尔德的青年大剧院作自己的第一次公开演说。演说的主题是"政治制度的永久性"。为此，他作了很充分的准备，只是想告诉广大的美国民众，不要惧怕来自外界的任何敌人。

"即使欧洲、亚洲和非洲的军队全部联合起来，由拿破仑做全军统领，集中火力攻打我们1000年，也别想得到我们俄亥俄河里的一滴水。真正能够对我们造成威胁的，只有来自我们内部的矛盾。我们生活在一个讲究人权和自由的国度，就必须要面对生存繁衍和民族消亡的选择。我并不是在危言耸听，一个目无法纪的国家或者民族必将走向衰落和灭亡。"接着，他又把话锋转向了那些残害奴隶的凶手。

"法律似乎对这样的暴徒根本没有约束作用，这种现象也越来越多地发生在我们这个热爱和平、遵守法律的国家里……我们还能无动于衷吗？其实每个美国人，每个崇尚自由的人，每个贤良的公民，都应该借着独立战争烈士们的鲜血发誓，自己永远不触犯美国的任何一条法律，更不允许别人触犯。更应该像1776年拥护《独立宣言》那样，每个美国人都应该不惜牺牲自己的财产、生命甚至是神圣的荣誉来拥护宪法和法律的实行。慧心巧思的头脑，理性冷静的思考，才是我们最需要的能够保护我们自己的最有效的武器。"

林肯在演讲将要结束时主张的观点和立场，源自于青少年时期他经历的困苦和艰辛，对于知识的迫切渴望，前进的道路上遇到的障碍，以及他对人类惰性的认知。这些都迫使他不得不朝着更高的目标迈进，摒弃一切不切实际的想法和臆想，用清醒理智的头脑抓住每一个从自己面前滑过的机遇。

林肯发现，美国东部的一些州正在蔓延着十分危险和可怕的思潮。他们不允许任何人要求政府对取消奴隶制作出解释，哪怕是最简单的"人人生而平等，没有人生来就是奴隶"。林肯对他们的这种做法提出了自己的一些见解，他在州议会上，代表本党派发言时曾说：

我们认为，奴隶制本身就是一种不平等的危害社会的政治制度。但我们现在又不得不承认，我们做的所有反对奴隶制的举动，不仅没有收到应有的成效，反而在一定程度上滋长了它嚣张的气焰。所以，我们有理由相信，美国的国会不应该干涉各州对于奴隶制不同的处理方式。当然，国会有权在联邦政府直接管辖的哥伦比亚州内取消奴隶制，但也必须征得民众的同意。

林肯根据自己在南方的经历，结合他的丰富的历史知识和广博的学识，得出了一个折中的结论，这也恰巧跟他的偶像杰斐逊前辈50多年前的观点不谋而合："没有谁会比我更愿意看到黑色皮肤的同胞跟我们一样，拥有自己的权利。他们的外表并不是因为他们生活在非洲或者美洲才变成这样的，所以我更希望尽快地看到一种新的制度，能够彻底地从各个方面提高他们的社会地位。"

林肯的观点和立场深得南方民众的认同和支持。通过这次会议，人们也发现林肯这位伊利诺伊州的克莱派的成员有着聪颖理智的头脑。但他们根本不会想到，这样一位精明强干、能言善辩的演说家日后将会成为他们最强劲的对手。

# 二、感情迷宫

刚刚来到斯普林菲尔德的那段日子，他内心的孤独和寂寞达到了一定的程度，甚至比以前任何时候都要严重。崭新的生活环境将会带给自己些什么，谁都不得而知。他还是喜欢像以前一样，闲来无事的时候，去朋友的家里坐坐。有时还会帮朋友劈劈柴或是制作一些木头家什，然后悄然离去。当然，他也不会忘记到朋友那里借阅一些法律方面的书籍。

这时候，玛丽·欧文的出现又给林肯带来了些许不安。最近，她经常到斯普林菲尔德来探亲，晚上的时候，他们会在一起共度一段时光。有的时候，林肯也会骑马回纽撒勒去看她。彼此之间的不和谐，也在不断的交往当中逐渐凸显了出来。虽然他们只是不咸不淡地交往着，但林肯始终认为自己应该信守自己的诺言，而玛丽·欧文似乎也不愿意率先提及她自己对于这份感情的真实想法。

无奈之下林肯给玛丽·欧文写了一封信，对他们之间的感情现状进行了分析：

亲爱的玛丽：

　　我已经给您写了两封信了，但都只写出了开头就被我撕掉了。因为我觉得第一封信写得不够严肃，而第二封又跑到了另一个极端。而我现在写的这封信，一定要寄到您的手中。斯普林菲尔德的生活有些乏味无趣，至少我是这样感觉的，这跟我以前孤独寂寞的生活基本没什么区别。到了这里之后，我只跟女人说过一句话，还是她主动跟我搭讪。教堂我也很少去，因为我实在是不知道在那里能做些什么。

　　我常常会想起，您说过有可能的话，想来斯普林菲尔德生活，但我并不觉得这里很适合您。因为这里的人们都拥有自己的马车，当您身边的人都乘着马车去兜风的时候，您会发现站在您旁边的是一个家徒四壁的穷光蛋，连一辆马车都没有。这样的失落感您能承受得住吗？无论哪个女人愿意与我共度余生，我都希望能让她感到幸福、快乐和满足，我也会不遗余力地为了这个目标而拼搏奋斗。但如果我做不到，我将遗憾终生。我们在一起的这段时间似乎都还过得去，只要您不觉得我这个人很无趣，我就已经很高兴了。当然，大丈夫应该言而有信，只要您愿意，我一样会对我说的话负责，兑现自己当时的承诺。希望您能选用一种更加合理恰当的方式来处理这件事情。

　　希望您在收到这封信之后，能够给我写一封同样字真意切的回信，我一定会认真阅读。也请转告您的姐姐，变卖田产或者房屋搬迁到这里，并不是非常明智的举动，我也十分不愿听到这样的消息。

您的林肯

　　后来他又写了一封更为精彩的信。这位已经"订婚"的年轻人，想通过这种出其不意的、委婉的方式来拯救处于水深火热之中的自己。归根结底，他就是想用"贫穷"这个不争的事实，作为有力的论据来论证他们应该就此分手这个问题。他对玛丽作出过当面的承诺吗？经过将近一年的思考，他觉得应该还自己一份自由吗？答案都是否定的，林肯想让玛丽自己作出这个决定，他希望玛丽能在他们本就布满荆棘的情感土地里，播撒上一些绝情的种子。这位 6 年前还在树林里伐木的木匠、在密西西比河上泛舟的船夫，如今正在用一封书信来解决困扰自己已久的问题。他觉得是时候对这件事情做一个了断了。下定决心的林肯给玛丽写了这样一封信：

　　……您一定非常想知道，为什么我们刚分别一天就又收到了我的信。我只能说只要您不在我的面前，我就会自然而然地想到您。我们上一次的交谈时间很短，根本没有时间交换彼此的一些意见和想法。但请您相信，无论您在不在我身边，我都不会对您置之不理。只是请您不要误会我对您的一些行为和举动，可能您真的理解错了。不然，我也不会再写这封信打扰您了。通过长时间的观察，我明确地认识到，独立生活对于您的重要性，并且我已经作出了决定。只是希望您能够把我从记忆中抹掉，就当什么事情都没有发生过。即使您不回复我的这封信，我也不会有任何的抱怨之词。但请不要认为我想彻底切断我们之间的友谊，我并没有半点这种意思。您要知道，我的快乐与不幸完全取决于您……如您不愿意回信，就请收下我对您最诚挚的祝福，您也终将获得自由和光明；如若您要回信，我希望收到的是写满诚恳的一封书信。

您的朋友　林肯

　　林肯想表达的意思已经再清楚不过了，"您的朋友林肯"和"您的林肯"虽然只差"朋友"二字，却恰如其分地表明了林肯的立场。他觉得玛丽一定能够完全理解自己的想法和决定，同时自己也将获得真正的解脱和自由。我们不得不叹服这位伐木工高尚的道德情操，或是一位律师兼政治家高超的文字驾驭能力。玛丽是如何回复的，我们不得而知。但林肯作出了让所有人再次出乎意料的决定：向她求婚！更具戏剧色彩的结果是，他遭到了拒绝。

"开始我以为她只是出于礼貌或者害羞，那并不是她的真实想法。但当我真的向她求婚的时候，她却毅然决然地拒绝了我。又试了几次之后，我发现她拒绝得似乎比以前更加坚定了。

"放弃是我当时唯一的选择，但这种局面是我万万没有想到的，我感觉自己被狠狠地羞辱了一番，内心也像受到了致命的打击一般难受。在那之后，我甚至觉得，结婚对于自己已经是越来越远的一件事了，也可能是由于没有遇见比自己还要愚蠢，愿意嫁给自己的女人吧！"

在信的结尾处，林肯试图用幽默的文字来掩盖内心的失落和痛苦，在外人看来却欲盖弥彰。期盼已久的自由终于挣脱了所有束缚，回到了自己的身边，但这突如其来的幸福却让他怎么也高兴不起来。每当林肯在外交上获得一定的成功之后，他并不会沉浸在喜悦之中，反而会去反思自己浮华虚荣的心理状态。经过了悲惨的第一次订婚和滑稽可笑的第二次"订婚"，没有人会奢望这个在感情上畏首畏尾的家伙能够在第三次恋爱中有所斩获。

# 三、演讲大师

"林肯的身上带着一种不适合他，也不应该属于他的粗俗气质。他只能用一些乡野土话来博得保守党听众们的一点关注，但他这种小丑般的行为，根本不能让人信服，也不能得到大多数民众的支持。"

林肯 30 岁那年，一家报纸在他一次演讲过后，登载出了这样一番对他的评论，这足以证明林肯在当时的政坛已经颇具影响力了。就在这时，情场失意的林肯也第三次入选了州议会，并成为了伊利诺伊州的克莱。总统竞选的浪潮也在第二年席卷了整个美国，大大小小的政治集会随处可见。以前只经历过几百人小场面的林肯，现在必须要面对数千名听众演讲。想要获得更多听众的认可，他就必须作出更大的努力。他开始改进自己演说的方式和习惯，谨慎从容地面对更多问题和挑战。他改变了自己的演说风格，以适应更多听众的需求，随机应变地回答每位听众的提问。

有许多的演讲辞都是他事先就已经精心准备好的。他在给不同的听众演讲或是给朋友写信的时候，都会时不时地引用几句。而给朋友写信是非常重要的一件事，因为他的朋友总能根据他的来信在报纸上找到他提及的那条消息，然后大声地读给周围的人听，这样就相当于在无形之中，把自己的思想倾向传播给别人了。他的宽容大度常常会掩盖自己在政治斗争中的锋芒，但当真正面对敌人的时候，却又常常让他处于上风。

道格拉斯就是他真正意义上的对手。这位民主党人为什么总是如影随形地跟在林肯的身后呢？他们在万达利亚时就在议会里共事，5年之后，他们又同时成为了州法院的执行律师，但现在，他们却分别支持两位不同的总统候选人。道格拉斯是一个真正能够刺激到林肯的对手，因为他演讲时的从容自若和飘逸灵动的思想正是林肯缺乏的，短小精悍的身材更是跟高大威猛的林肯迥然不同。

道格拉斯一直都极力地维护自己支持的候选人范布伦，这一次他也试图为范布伦的巨额开销作出合理的解释，并列出了一大堆预算清单。

"我迅速浏览了这份预算清单，在我看来，这上面有几条内容似乎是在掩饰什么，根本没有现实依据。"林肯罗列了很多看上去有些可疑的数字，以证明这份清单完全是在欺骗大众。他又接着说道："可能道格拉斯只是希望我能在这件事情上一带而过，他几乎已经成功了。但当我看到1838年的预算之中，竟然包括了支付给法国的500万美元时，我认为这并不真实；还有1000万美元的战争费用，更让我感到可笑至极。他公布的这些数据，只会让人们感到他的愚钝。这组数据即使不公布我也毫无异议，因为民众需要的是事实，而不是自以为是的欺骗和隐瞒。"

林肯本是一个宅心仁厚的人，这位性情温和的人变得如此具有攻击性，并不是因为对方是民主党派人士，而完全要归结于道格拉斯这位林肯天生的敌人。

# 四、没有新郎的订婚典礼

路边花园里的一幢精致的小楼，经常能留住人们的目光。雕花的栅栏和大大的阳台把小楼点缀得十分夺目。这是斯普林菲尔德首富爱德华的一处房产，同时也是像林肯和道格拉斯这样的政客经常出入的地方。在这里，他们可以摘掉党派的面具，像在华盛顿一样彼此平等自由地相处。

爱德华夫人出身于名门贵族。肯塔基州的托德家族最早生活在苏格兰，后来在独立战争中赢得了不小的功勋。爱德华夫人的祖父曾经是一位将军，并且还有一位做过肯塔基州州长的亲戚。她的父亲老托德，在1812年战争爆发的时候就已经是一名上校了，并且现在还在列克星敦经营着一家银行。

然而，托德的6个子女却相继离开了家，因为母亲去世后，父亲娶了继母，之后又生了几个孩子。跟那几个继母的亲生子女相比，他们在家里根本没有一点地位。离开家的这几个孩子中，玛丽·托德是最有雄心抱负的女孩儿。她觉得应该扩大自己的社交圈子，以达到自己更高的生活目标。于是，她踏上了北去的马车，打算到斯普林菲尔德去投奔姐姐和姐夫。

就这样，林肯和道格拉斯也在斯普林菲尔德结识了年轻且充满朝气的玛丽·托德。她是一个非常懂得外交辞令的姑娘，面庞清秀，皮肤细腻光洁，一头漂亮的卷发，飘逸的长裙把她雍容典雅的气质衬托到了极致。一看就知道，这位气度不凡的女士是从大城市来的。她讲话恰当得体，见识广博，对很多事情都很精通，跟人交谈时，经常会引用一些著名的法国文学作品中的经典语句。然而当她沉默不语时，又能够让人在她的嘴角上看出她的严谨和认真，而她那美丽的蓝眼睛仿佛也能散发出一道犀利冰冷的光芒，令正在关注她的人为之一振。

她的人生目标异常远大，她希望自己即使做不成总统也要成为总统夫人。不过，她的眼光的确叫人佩服。在斯普林菲尔德的众多年轻人中，她发现了最有才能的两个人，他们就是同样出身穷苦、身份卑微的一对政治上的死对头——一高一矮的林肯和道格拉斯。

道格拉斯也注意到了玛丽身上那一丝与众不同的锐气，因为他们同样野心勃勃。说不定玛丽梦见自己身在白宫的时候，还能遇见道格拉斯呢。因为道格拉斯的目光始终坚定不移地盯着白宫里面最高的位置，甚至可以说他的一生都在为实现这个目标而奋斗。而林肯同样胸怀大志，但却生性悲观，他从来都没有想过自己会成为白宫的主人。即使那种事情真的在自己身上发生了，可能也只是瓜熟蒂落的必然结果。他们在对待玛丽的事情上，更是如此。道格拉斯直爽自信地对玛丽表达了自己的倾慕之情，而林肯似乎还是跟以前一样，甚至在感情面前表现得越发消极。然而，令人惊奇的是，这位从一开始就有些让人捉摸不透的姑娘，把更多的目光放在了一直对自己沉默寡言的林肯身上。

她高高在上的气质和优雅闲适的举止，让林肯觉得有些咄咄逼人。但她却掌握着一种林肯从未听说的技能——社交技巧。她能够闲庭信步一般与人愉快热情地问答和云山雾罩、漫无目的地闲谈，这与林肯粗俗直白的表达方式格格不入。这种时候，林肯只能在一旁感叹这个女人的圆滑世故，因为林肯身边没有这样的女性，即使在他认识的男人之中，也只有道格拉斯是这样的人。在对玛丽·托德的脾气秉性进行分析的时候，很容易就能够让林肯想起道格拉斯，因为他们的脾气都像娃娃的脸一样善变。之前的满面春风，有可能因为某些事情瞬间就变成怒目横眉。喜怒有些无常的玛丽，患有顽固的偏头痛，有时还会因为一件鸡毛蒜皮的小事而泣不成声。当她根据其他人在饭桌上的表现对其进行分析和评价的时候，林肯难掩兴奋地发现，玛丽在这方面对自己的评价非常不错。而当需要接待一些客人的时候，林肯也会非常自觉地站在交际花的身后。林肯惊奇地发现，玛丽与别人的交谈不仅从容儒雅，而且还总能聊到一些时事问题。就连林肯很不擅长的集体游戏，玛丽都能游刃有余地取得最后的胜利。可能林肯早就听说过，玛丽在上学的时候就曾为了显示自己的才能，亲手用柳条为自己编织了一条裙子。这种常人无法理解的表现欲，在30年后，几乎把她带到了近似于疯狂的境地。

如果说用一件事来证明玛丽的智慧的话，那就是她坚决地表示要选择林肯这件事。这并不是出于自己女性本能的判断和选择，而是由她柔弱的外表下隐藏的那颗勃勃雄心所驱使。她看人的眼光真的很独到，她用最快的速度铺好了自己通往未来的路。一贫如洗的林肯除了身高并没有什么过人之处，再加上有些丑陋的相貌、古怪的性格，看上去也没有什么远大的志向，根本就不可能会有人觉得他将来能有一番作为。相比之下，他还不如早就规划好自己人生的有为青年道格拉斯。道格拉斯也在用尽浑身解数来讨好漂亮的玛丽·托德，因为他确信，这位精明干练的交际红人一定能够帮他早日入主白宫。

当林肯与她的关系进展到了一定程度的时候，林肯又出现了习惯性的感情退缩。玛丽深知，想要抓住这样一位对女性或者说感情有着习惯性退缩的男人的心，是非常不容易的。一天晚上，林肯直到11点多才告别玛丽回到家里。他向斯皮德讲述了这件先悲后喜的事情："当玛丽听到我对她说，我并不爱她的时候，她竟然开始痛哭流涕，甚至从椅子上跳了起来，并且痛苦地咬着自己的手指说：'是我欺骗了自己。'这让我感到有些无地自容，泪水也不争气地流了出来。于是，我把她拥入了怀中，还鬼使神差般地吻了她！"斯皮德不断地在旁边发出嘲笑声。林肯表情庄重地说："我又决定跟她继续交往了，既然自己作出了承诺，不管怎样都要兑现。"这几乎成了 3 年之前，他跟胖玛丽那次荒唐约定的翻版。

他们把订婚典礼的日子定在了 1 月 1 日，打算在新的一年来临的时候，开始他们美好的新生活。典礼策划得非常隆重，宴席上也摆满了各种美味佳肴。但当林肯远远地看到穿戴华丽、头戴面纱的未婚妻，听到来宾们对他们的祝福时，他感觉到了十二分的恐慌和迷离。

订婚典礼当天的一些细节，我们已经无法得知。但跟普通的典礼没有什么大的区别：新娘身着盛装，宾客们齐聚一堂，热闹非凡。参加过他们订婚典礼的人说："宴席丰盛至极，甚至还准备了当时非常紧俏的大蛋糕。"但玛丽的姐姐却在无意间表露了自己对林肯的不满，因为不知在什么样的情形之下，林肯竟然说自己其实并不爱玛丽。可以肯定的是，林肯并没有出现在典礼现场，他在议会里忙了一整天，但他还没忘叫别人帮自己把结婚协议书送到典礼的现场。在这之后，他几乎天天都在议会里忙忙碌碌地作着一些事情，直到他请了一个礼拜的假为止，因为他病倒了，并且到了必须要看医生的地步。

# 五、郁郁寡欢的日子

高大挺拔的身躯终于顶不住那巨大的压力而轰然倒下了，因为他适应的是平静安逸的生活状态，现在的焦虑足以使他的精神接近崩溃，这是他步入社会以来从未经历过的。他的医生给辛辛那提的一位精神科专家写了一封信，希望能够得到更多的对林肯的病情有帮助的资料。但那位专家回信说，一定要当面为这位病人进行诊治。与此同时，林肯的症状也似乎更加严重了，他每天都缠着医生不放，眼神里满是恐惧和慌乱，也就更谈不上去工作了。不知所措的林肯，又给他身在华盛顿的朋友斯图尔特写了几封发泄情绪的书信，只是这些信件从未公之于众。

"短短几天时间，我的'忧郁症'就发展到了不可收拾的地步。如果没有亨利医生的医治和帮助，我想我可能连给您写信的机会都没有了。所以，我发自内心地想让他继续留在这里。"

向来独来独往的林肯，从来没有说过哪个人对他的生活是必不可少的。由此就能看出，林肯的内心经受了多么强烈的震撼。这位以前意志坚定、体格健硕，甚至连小病都没有生过的家伙，现在竟然说出了这样的话。还是一位他的老朋友帮他摆脱了困境——斯皮德变卖了自己的商店和房屋，去了肯塔基州母亲的庄园，并且诚挚地邀请林肯过去住一段时间，散散心。

受到重创的可怜的心灵，仿佛见到了救命稻草一样兴奋异常。庄园里的别墅非常大，到处都显得金碧辉煌，连台阶都非常考究。林肯第一次过上了富人的生活，奴隶们每天为这位反奴主义者洗衣做饭，而他则每天骑着马去追逐斯皮德妹妹的情影。而这时，斯皮德对一位邻居的侄女一见倾心。当林肯跟那位邻人大谈政治的时候，斯皮德却跟他的芬妮坐在屋子后面谈情说爱呢。

后来，林肯经常会拿着一支笔，若有所思地坐在那里，他想要写点什么呢？原来，他写了一些关于自杀者心理的文章。他试图为那些人提供一些解决问题的方法和出路，帮他们渡过最艰难的时刻。

"茫茫人海，可能没有谁会记住一个一生都碌碌无为的人。而我的人生目标则是，做一些万世流芳的事情，让人们永远记住我的名字。"

也许正是因为有这些想法，才让他得以从那段艰难的岁月中慢慢地熬了过来，并再次点燃了他心中的希望之火。重新站起来的林肯，这一次把眼光放在了全人类的幸福之上。

但他内心的压抑和焦躁并没有被时间淡化，从他写给斯皮德的信上就能看出这一点。那已经是一年之后的事情了，林肯也早就离开肯塔基的安乐窝，回到家中多时了。而斯皮德正在紧张地筹备自己即将到来的婚礼。

"其实我并不愿意把我的想法写在纸上，因为我觉得自己的口才比文笔要好得多。若是现在我还在你身边，我一定会直接告诉你这些。即使这对你并不一定有用，或者不久之后你就会忘得一干二净，但我觉得一定要让你在作出某些决定之前读到这封信。因为现在的你一定会经常感到心烦意乱，面对各种事情有些力不从心。我觉得可能是由于三点原因。

"你是一个对什么事情都十分敏感的人，我之所以这么说，是因为我曾不止一次地听到过你对母亲的评价，以及在你嫂子去世之后，你对你哥哥威廉的描述。第一个特别的原因就是，你经常会遇到坏天气，并且依我看来，那样的天气会严重影响你的情绪。第二个原因是，你无事可做，又缺少跟朋友们必要的交流，只是一味地在旁边思考他们正在讨论的话题。而且有的时候，他们又对你口中的事情毫无兴趣，他们倒是更愿意讨论一些关于死亡的问题。而第三个原因就是，你的'危机时刻'（结婚典礼）日益临近，这无疑又会加重你的思想负担，使得你的神经如履薄冰、战战兢兢。

"如果你能轻松应对上述的这些问题，而又不受任何伤害，我当然也会发自内心地为你感到高兴。但你若不赞同我的观点，也请原谅我自以为是的行为。要是那样，我也恳求你，在以后的生活中遇到情绪问题时，不要把它归咎于魔鬼的暗示之类的未知力量。

"当然，你可能会说，所有遇到这种问题的人都是由于这些原因吗？这不绝对。这些原因有可能会对某些人适用，但你烦恼的主要原因却有些与众不同，因为你有着比常人脆弱得多的内心，这也是你的症结所在。或许那些原因只适用于几千个人当中的一个，而你恰巧就有这么好的运气。通过这件事，你也会发现，自己的痛苦也许是这个世界上独一无二的。"

林肯还试图打消斯皮德对他自己与未婚妻是否相配的质疑：

"想想当初你为什么要向她求婚？因为你觉得为她付出一切是值得的，并且你也有说服自己的理由。现在再用理性来思考这件事，已经毫无意义了。你为什么会对她如此着迷，因为她确实清新可人，仪表大方。难道吸引你的只有她那双摄人心魄的大眼睛？我对你目前的状况很是担忧，也希望你能把你的想法装到信封里邮到我的面前。"

但斯皮德婚后不久，就又写信来告诉林肯自己又产生了新的疑虑。这一次，林肯用更加坦率直白的文字给他作了回复："对于你我的不幸，我现在已经没有丝毫的怀疑了。我们是生活在理想生活状态之中的人，并总是渴望得到优于世人的一切，但除了漂亮的妻子之外，我们几乎没有实现任何心愿。但你若能拥有我这样的心态，时刻提醒自己要珍惜眼前的一切，你的痛苦和幽怨就只会对你有片刻的纠缠。父亲曾经跟我说过：'如果你花了大价钱得到一样东西，你一定会时刻把它放在自己的心上。'"

没有什么其他的东西比这封信更能表露林肯的内心状态了。这几封信也带我们走进了他一直紧闭的心扉。首先，我们能够看到，他愿意像一位心理学家一样分析自己和别人的心理，同时他还能扮演好诗人、律师、伙计等各种角色。他不仅通晓天气和旅行对人心境变化的影响，还能游刃有余地钻进别人的内心世界，将身边朋友们的心灵状态集中起来加以分析比较。此外，他还常常用生动细腻的笔触来寻找与他人心灵上的共鸣，这也让他能够轻而易举地闯进别人的情感世界。

其实，这也是林肯整日郁郁寡欢的真正原因。虽然他身体健壮，虽然他拥有过人的聪明才智和对于某些问题的成功经验，但他那与生俱来的诗人气质，使得他在现实世界的斗争中屡遭重创。

这也正是他悲伤忧郁的面庞下掩盖的性格之中最核心的东西。

# 六、婚前焦虑

看着朋友步入婚姻的殿堂，林肯仿佛也受到了一些刺激，似乎唤醒了他体内孤独的细胞。"如果没有朋友，我们会损失很多快乐，但我们拥有了朋友，又非常害怕失去他们，因为那样我们会更加痛苦。我是多么希望你们能陪在我的身边啊，但那只是我一厢情愿罢了。"当斯皮德来信说他们夫妻二人是如何地亲密无间之时，林肯会表现得如同获得了某场斗争的胜利一样兴奋，紧绷的神经也会如释重负般地得到放松；而如果斯皮德信中只提到了诸如农场和天气之类的问题，林肯会回信告诉他，自己还是对另外一个话题比较感兴趣，那就是婚姻究竟会给人带来些什么。

虽然发生了之前和现在的种种，但冥冥之中林肯似乎觉得玛丽并没有完全放弃自己。这位精神上受到严重的打击，却仍然镇定自若的高傲女孩儿，真的让人肃然起敬。在别人看来，这么一位心高气傲的富家女，肯定会因为林肯的举动而离开斯普林菲尔德并一去不返了，因为毕竟羞辱她的只是一个出身低下、身份卑微的小律师。这件事情剧烈地震撼着他的意志和责任感，以及他对自己最原始的那份信任，这股巨大的力量一直持续了一年多的时间，让他备受煎熬。他也觉得，必须马上转变自己对待婚姻和生活的态度，因为目前，他跟玛丽之间并无感情可言。

而玛丽令人费解地再次回到了斯普林菲尔德。她面容平静，并显得很有气度。同时还公开宣布：虽然之前发生了一些让人不快的事情，但那并没有让她觉得林肯有多么不可原谅。如果他们命中注定会走到一起，她一定会朝更加积极的方向努力。最终，他们还是在镇上邂逅了。他们接受了一对编辑夫妇的邀请，就这样"不期而遇"了。只是当他们再次坐到一起的时候，都显得有些尴尬和拘谨，但也算是人之常情。

在那以后，他们经常会在一些社交场合见面，林肯总能用他的机智幽默博得别人的好感。当然，他也懂得什么时候不该说那些敏感的政治问题。那时，广大民众都对民主党的财政计划颇为不满，因为国家审计局局长希尔特下令，国家不再接收钞票付税。希尔特这位曾经做过冒险家、水手和律师的民主党人，是个非常感性的家伙，只是现在被卷进了舆论的漩涡。林肯用"瑞贝卡"的名字，在报纸上先后给希尔特写了3封信，信中提到的都是发生在希尔特身上的一些事情，言辞犀利幽默，同时充满了攻击性，似乎想让全市人民都看清希尔特的真实面目。但这种独特的攻击方式并没有引起民众的关注。玛丽·托德和那位编辑的妻子又一同伪造了第四封信，措辞比之前的几封信更加粗鄙，也更具攻击性，还说瑞贝卡想要嫁给希尔特，甚至已经谱写好了婚礼的曲子。这一次终于触到了希尔特的心理底线，他公开声明想要知道这几封信的作者的真实身份。没有一位政治家会为别人背黑锅，也包括林肯。无论如何，林肯也不想为最后一封信承担责任。

林肯要考虑的是自己党派的利益，并且自己在人们心目中已经占据了比较高的地位了，完全没有必要去为这种低俗卑劣的言辞承担后果。出现现在这种局面，玛丽·托德也有着不可推卸的责任，甚至可以说这都是她一手造成的。但林肯出于对玛丽的保护，独自承担了这一切。受害者为了发泄心中的怨气，决定跟林肯一决生死。虽然林肯非常不愿意用这种方式来解决问题，但承认了自己是最后一封信的作者的后果也只能是这样了。虽然这种残酷野蛮的行为是被法律明文禁止的，但新时代的人们却认为这很时髦，决斗的当天还引来了很多围观的群众。最后，他们约定用佩刀作为决斗的武器。不幸的是，木匠出身的林肯更善于使用斧头，在这之前，他几乎都没有碰过佩刀这东西。决斗开始之前，林肯一言不发地坐在一截木头上。

"当时，他的面色异常凝重，"一位亲眼目睹了当时情况的人描述到，"他把刀鞘里的刀拔了出来，像一位理发师一样，用大拇指抚弄着刀刃。之后，他站起身来，用修长的手臂挥舞着手中的佩刀，斩断了头上方的一些树枝。一个大个子跟一个小矮子用佩刀决斗的画面，无论从哪个角度上看都很不协调。似乎希尔特更有优势，因为他可以从林肯的手臂下面躲避攻击，这实在是令人忍俊不禁。我似乎发现了他眼中的一丝光芒，这种眼神像极了他讲故事时的样子。我想也许他要讲一个人们闻所未闻的故事，或者是想说一说他做木匠的经历，但那样做又似乎有些不合适，因为想要把他送进坟墓的家伙就站在不远处。"

然而，戏剧性的结果出现了，人们想象中刀光剑影的场面并没有出现，甚至连激烈的争论都没有。他们只是针对某些问题交换了意见，同时似乎还达成了什么共识。最后他们对结果都很满意，这场人间闹剧也就此收场了。

林肯的人生舞台上，不断地演绎着一些悲剧和喜剧，不过像这样的闹剧还真是前所未有的。他从小时候起就不愿意伤害小动物，甚至打仗的时候还救过一位敌人。

这是他第一次拿起可以让人丧命的屠刀，显然他并不知道如何更好地使用它，所以只能用使用斧头的方式来对树枝挥舞一番。决斗时，他似乎想到了一件令人兴趣盎然的事情，并飞快地眨了几下眼睛，但最终，他只是轻描淡写地为这场悲剧画上了喜剧式的结尾。

虽然这次决斗没有伤及任何人，但对林肯日后的生活产生了深远的影响。林肯英勇神武的骑士风范深深地吸引了玛丽，她甚至对别人说，林肯是上帝派来保护自己的骑士。这也更进一步地拉近了他们之间的距离，大家也希望看到这样的结果，都半开玩笑地祝福他们在一起。当林肯知道玛丽已经认准了自己的时候，他明确地意识到，自己该结婚了。

但是，谨慎的林肯又一次陷入了矛盾和不安之中。他不确定自己是否真的能够承受即将到来的这一切。由于害怕失去自由，焦虑的情绪占据着他的精神世界，这也使得他表现出一些令人无法理解的行为和神态。这一切到底是为什么呢？要娶一位与自己性情迥异的女人为妻，并且自己几乎没有被她吸引过，甚至两年前曾经逃避过的事情，现在真的要重演了。而玛丽的想法很简单，就是希望能够尽快举行婚礼，隆重与否并不重要，只要举行一下必不可少的宗教仪式就可以了。于是，当林肯的一位朋友还有些睡眼惺忪的时候，就听见林肯对自己说："我今天要结婚了！"

当年 11 月里的一天，33 岁的大个子牵着 24 岁的美丽少女，走上了牧师所在的圣坛，然而，我们在他的脸上几乎找不到半点喜悦的表情。那天，他说了很多让人难以理解的话，因为那天是新婚夫妇们都很迷信的"黑色星期五"。几天之后，他在一封政务信件中，写下了这样一句结尾：

"除了我的婚礼以外，这里什么事情都没有发生，只是这对我来说却很意外。"

# 七、真诚的亚伯拉罕

不久之后，林肯与自己的同屋挚友赫恩登建立了合作关系。这位年轻活泼的反奴隶制主义者，听从了林肯的劝诫，也进入了律师的行列之中。林肯给予了他高度的信任，他们也因此成为了终生挚友。他在每天的日常工作中，都表现出了自己过人的智慧和非常高的办事效率。在一些政治问题上，他也跟林肯一样，喜欢用幽默或者讽刺的方式来表达自己的观点和立场。赫恩登比林肯小了将近10岁，所以，他对林肯也总是表现得非常尊重和敬畏。林肯也第一次建立了自己的人际圈，并且成为了这个圈子的领袖人物。

林肯还通过斯图尔特结识了洛根，并共事了将近3年的时间。洛根是位博学多才的律师，林肯跟他学到了很多东西。当时，洛根的身边正缺少一位能言善辩的帮手，林肯足以胜任，不过他还是觉得林肯做事毫无章法可言，很难长期担当此任。洛根为人小心谨慎、做事情也有条不紊、目的明确，这些品质正是林肯欠缺的。林肯不仅从洛根身上获得了不少学识，还得到了比较丰厚的报酬，这也让他有足够的积蓄来举行婚礼和维系婚后的生活。洛根在律师界算得上是小有名气，而林肯也是远近闻名的政治家，再加上斯普林菲尔德飞速地发展，他们的律师公司一时间声名鹊起。要不是在政治地位上有所竞争，常常使得他们互相辩驳，他们在一起一定能够干出一番大事业。

他们的组合解散之后，办公楼上又出现了一块牌匾，上面写着"林肯和赫恩登律师公司"，就挂在二楼的一个房间的门上。办公室里有T字形的办公桌，下面有很多鸽子洞格，还有一个摇摇欲坠的书架和一个小沙发。虽然沙发看上去还不错，但当林肯坐在上面的时候，就显得似乎小了许多。经常会有一些农夫到这里来领取党派领导人承诺发放的种子，而没过多久，人们就发现办公室地板上的一些种子竟然已经发芽了。

"真诚的林肯"并非浪得虚名，大家从不怀疑林肯对别人的真诚，就连赫恩登也不会跟他计较一些账面上的东西。林肯经常会直截了当地把得到的报酬分成两份，他的慷慨与正直让越来越多的人认识了自己。但在法庭之上，即使是林肯的朋友也能感觉到他所表现出的怪癖和孤独。

他做事毫无章法，甚至毫无条理和规矩可言。他从不做笔记，更没有书房，就连账本都没有。即便是他记录了某些东西，也会直接放在抽屉或者是口袋里，甚至帽子里。不管外面的世界有多么纷乱复杂，林肯却总能保持头脑的冷静，并且思维非常严谨。他的办公室向来都是杂乱无章的，因为他几乎不需要笔墨，脑袋才是他真正的办公场所。

不久之后，林肯用来装书信和钞票的帽子竟然盛行一时。有一次，一位另一个城镇的同行来信，抱怨林肯没有及时给自己回信。林肯非常抱歉地回信说："我在法院每天工作都很忙，收到您的信我就把它放在帽子里面了。而第二天我又买了一顶新帽子，旧帽子里面的信也就被我忽略了……"

有这种古怪性格的人，身边一定要有一个细致的年轻助手才行。他习惯称呼赫恩登为"比尔"，而赫恩登则称呼他为"林肯先生"，但林肯并不在意这些，他在办公室里总是非常放松和随意。有的时候，他会连续几天一点法律文件都不看，而是埋头于一些数字、图形、表格或者是一些直尺、圆规之类的事物之中。

就是这么个奇怪的人，却深得大家的信任。他把自己的房子抵押给了一位牧师，那位牧师出于对他的信任，并没有要收据，也没有进行登记。有两位农夫因为一块地的归属问题，发生了争执。他们决定请林肯来为他们进行仲裁，也相信林肯一定能够作出比较公正的裁决。可能跟那些学识渊博的律师比起来，他更像一个庄稼汉。不过，自从结婚以后，他的装束的确有了很大的变化。他会穿体面的牛皮靴子、干净整洁的衬衫，扎领带，外加一顶高筒礼帽，这使得他看起来更加高大了。虽然他的衣服比较宽大，他的马甲却总满是褶皱，裤子也很破旧，突出的喉结让他根本没有办法扣紧衣领，领带也只能七扭八歪地挂在脖子上。

他站在那里的时候，总是双肩下垂，两条胳膊显得很放松，额头稍稍低下去一点，但一双灰色的大眼睛却好像在注视着别人，仿佛在用自己的眼睛来了解每一个人，了解这个世界。

# 八、夫妻失和

婚后的家庭生活中，林肯始终扮演着好男人的角色。玛丽不开心时，林肯会想办法逗她开心；玛丽想放松时，林肯会陪她出去散步。林肯知道玛丽的弱点，电闪雷鸣的时候，林肯会马上跑回家陪自己的妻子。他们俩都是比较迷信的人，但玛丽相信自己的预感，而林肯相信自己的梦境。

尽管林肯对玛丽表现出了足够的关爱，但生活的现实和残酷也让玛丽感到非常无奈。他们不得不住在两间租来的房子里，加上伙食费等开销，每周至少需要 4 美元，这已经让他们感到压力很大了。而更糟糕的是，林肯的身上还背着一笔债务，相信没有一个富家女愿意过这样的生活。有的时候，玛丽会陷入深深的思考，她到底为什么要嫁给这个家徒四壁、一贫如洗的男人呢？以她的条件，完全可以嫁给一个非常富有的人，而完全没有必要吃这份苦。他们的路还很漫长，也许以后还会遇到更大的生活阻力，玛丽有的时候甚至都对生活失去了信心。

不久，玛丽就做母亲了。这是一件值得高兴的事，因为玛丽拥有了自己为之骄傲的儿子。此后，玛丽又为林肯生了 3 个儿子。在将近10 年的时间里，这位野心勃勃的女士最大的成就就是为丈夫生了 4 个儿子。

玛丽拿出了自己积攒的一些私房钱，再加上之前抵押得到的一部分钱款，他们终于有了属于自己的房子。虽然房子并不宽敞，但玛丽每天都会把屋子收拾得井井有条。她自己也非常简朴，就连身上穿的衣服都是她亲手缝制的。但林肯在帮助那些遇到麻烦的人时，却总是显得特别慷慨。

这样的两个人在一起怎么能没有摩擦呢？他经常穿着衬衫直接吃饭；即使有门铃，也不会去按，而是直接推门而入。林肯身上这些看起来很不起眼的小毛病，让玛丽感到十分头疼。林肯的妻子是位做事精细、举止文雅、条理清晰的交际花，她怎么会愿意跟一位不拘小节，虽然幽默却任性、健忘的丈夫一同出席社交活动呢？

相比于林肯，他的妻子则有些不苟言笑。有一次，林肯带两位妇人到家里做客，他对两位客人说："你们先稍坐一下，我的妻子穿好袜子就下来。"玛丽差点被这件事搞得精神分裂，因为她根本不能理解林肯的那种幽默，甚至认为这个笑话开得非常不合时宜。在其他的一些事情上，玛丽也有着自己独到的见解。她认为，对于某些人来说，后天的学习管理要优于他自身的先天条件。虽然玛丽生长在南方蓄奴地区，也并不反对黑人做奴隶，但她现在已经成为了一个反奴隶制主义者的妻子，她就要毅然决然地跟奴隶制划清界限。

平时，林肯总是很安静也很随和，尤其在面对孩子们的时候，他更是如此。无论玛丽怎么想，他总是会用一些比较幽默的方式，教孩子们要与人为善，做一个堂堂正正的人。

林肯结婚之后，似乎变得比以前更加忧郁了。他到底跟谁最亲近？一些朋友因为嫉妒他跟玛丽在一起，都跟他渐渐地疏远了；他跟自己的几个兄弟也基本没了联系；甚至有的时候，他想回家去看看他的父亲，都会受到妻子的阻挠。在一次政治旅行中，他回到了他的第二故乡——印第安纳州。他的母亲和姐姐都还葬在那里，他已经将近15年没有回来了。虽然，那里并不是作诗的好地方，但当他再一次见到一些熟悉的人和景物时，压抑已久的某种情绪仿佛得到了释放，留下了一篇有感而发的诗作：

离去此地已多年，今又归来景已非。

山林原野昔曾经，少年游伴今何之。


# 九、为他人做"嫁衣裳"


在州议会工作了 8 年之后，林肯决定到华盛顿去闯一闯。他不求能够参加选举，只要能进入国会就是最大的成功了。按照当时的一个不成文的规定，每个政党的成员都必须互相扶持，然后轮流当选国会的议员。当时林肯所在的政党已经有了 3 位提名候选人，第一个被提名的人是贝克，林肯时第二个。听到这个消息的林肯非常失望，因为他认为，凭借自己在政党中的地位以及过人的才干，第一个被提名的应该是自己。然而，在第二次大会上，第三位被提名者代替了贝克和林肯，成为了那一届的候选人；两年之后，贝克又获得了提名；而当林肯获得提名进入国会的时候，时间已经过去了 4 年。

历史的车轮一年一年碾过，有关奴隶制问题的冲突也日趋激烈。德克萨斯州成为了冲突的焦点。它是应该划入美国，还是继续作为一个独立的蓄奴州而存在，这个问题同时摆在了兼并主义者和和平主义者们的面前。当时，克莱几乎代表着大半个美国，他宣称："如果我们在没有获得墨西哥方面同意的情况下，贸然地兼并德克萨斯州，势必会有损我们的国格，还有可能会被卷入一场战争之中，而且到时的敌对国可能还不止墨西哥一个。这对于合众国的安定和团结可能会产生相当大的威胁，同时这也是我们目前的财政状况所不允许的一件事，到时一定会遭到公众以及舆论的指责和反对。"听到这些，那些高层的军官们虽然对战争并不畏惧，但也开始反对发动这场战争了。

然而，克莱在民主党中最大的政敌波尔克却向全国承诺：这场战争一定能够速战速决，并保证能够取得最后的胜利。同时，兼并土地肥美的德克萨斯对南方的发展非常有好处。于是，奴隶制问题再次凸显了出来。一旦他们得到了德克萨斯州，这座蓄奴州将为南方奴隶制的实行注入一针强心剂，也能为那些富足的奴隶主带来更多的棉花和金钱。林肯帮助克莱竞选这一届的总统，并不全是为了支持自己的政党，还有一部分原因是出于自己对于正义的热忱和渴望。他在总统大选前的演讲，几乎汇集了他多年演讲生涯的精华内容，这不仅是人民的幸运，更是这个国家的幸运。

在那个时代，他所坐演讲多数都来自平时所记的笔记，其中也不乏一些经典之辞，颇受大众的欢迎，被称为"苏格拉底式的理论"。

"如果 A 可以通过种种理由，让 B 成为自己的奴隶，那么 B 为什么不能用同样的方法，使得 A 成为自己的奴隶呢？可能有人会说，A 是白人，而 B 是黑人。那只不过是肤色上的不同罢了，凭什么白人就可以让黑人做自己的奴隶呢？这样说来，肤色较浅的人就可以让肤色较深的人做奴隶吗？或许还会有人说，这不单单是肤色的差异，白人要比黑人聪明很多，所以黑人就应该给白人做奴隶。那么按照这种逻辑，当你遇到比自己聪明的人的时候，你就一定要成为那个人的奴隶了。可能有人又会说，这牵扯到巨大的个人利益。那很好，当别人能够给你带来利益的时候，他就成了你的奴隶；但你也能够为别人带来利益，你也将成为别人的奴隶。"

显然这些话都是在为黑人争取自由，都是在指责白人对黑人的压迫行为。林肯的这种正义感和高尚的道德情操，完全来自于苦涩的青年时期对于美好生活的憧憬与向往。他现在对社会生活的研究，已经到了近乎于痴迷的地步。

"我们这里不存在永远被人雇佣的工人阶级。25 年前，我也曾是一个受雇于人的短工。而现在，我在为自己工作。也许以后，我们还会想着雇佣其他人来为我们工作。因为劳动是一个种族最基本的社会任务，当我们试图把它转嫁到别人身上的时候，我们的种族已经很危险了。既然绝大多数美好的东西都是由劳动者创造出来的，那么劳动者们理应得到属于他们的那一部分。但从古至今，一直都是一部分人辛苦劳作，一部分人坐享其成。这显然对于一些人非常不公平，我们不能再任由这种情况继续发生下去了。让每一个付出劳动的人都获得其应得的报酬，是每个称职的政府应该考虑的问题。"

这一次，克莱失败了，但林肯只是用幽默的口吻评价了一下这件事：

"虽然我非常希望克莱能够当选，并知道民主党曾经使用过很多让人意想不到的伎俩，但我仍然不知道该怎样推卸一个演说者的责任。在这之前，我作了6周竞选演说，每周至少要进行10场演讲。我深信，如果没有道格拉斯的帮助，我不一定能够反复地演说同样的内容而不感到乏味……但可怜的克莱还是被波尔克打败了。现在，我已经从失败的阴影中走了出来，当我自己安静下来的时候，仿佛还能听到话筒中传出的自己的声音，还是那样的慷慨激昂。"

# 十、踌躇满志的国会议员

在州议会里作了8年的林肯，开始希望自己到华盛顿去开拓一片新天地。他对哈登和贝克的做法很不赞同，他已经在这里等了好几年了，但政党始终不愿意让这位劳苦功高的演说家到华盛顿去。要不是他的妻子始终在背后支持着他，或许他到今天都不会得到向目标迈进的机会。他现在决定把律师公司的事务暂时放在一边，而专心于竞选的准备工作。他不断地写信给自己的朋友，以及那些他根本就不认识的人，以获得他们手中的选票，这是他以前从未做过的事情。

"您可能已经听说了，"林肯写信给一个比较有影响力的人，"哈登将军和我正在竞争一个辉格党进入本区域议会的席位。当然，他的运气向来不错，但希望这一次我也能有好的运气，而我的运气完全来自于正当的方法，希望您能清楚这一点。"

同一天，他又写了一封信给他另外的一位朋友。他承认自己或许可以退出竞争：

"但就目前的情况来看，如果我屈服于哈登，那就相当于白白牺牲了我自己，无论如何，我也不能那样做。哈登表现出的过人的才智和能力，以及面对困难时的勇猛果敢，我完全不否认，相信您也是这样认为的。您也知道，我一直都主张公平竞争，但实际上，他却一直不认同这种观点。

"如果您有时间的话，希望您能回信告诉我一些关于您所在辖区的基本情况，如果可能的话，我还希望您能告诉我几位辉格党友人的名字，以后我可以在恰当的时候给他们写信。除非我能清楚地了解这些，不然在这一步我就已经输给哈登了。"

很显然，这是一个徘徊在思想漩涡中的政治人物经历的一次选举。当自信和雄心激荡着他的内心的时候，他曾这样写道："如果您听到有人说林肯不愿进入国会，我希望您能以我朋友的身份对他进行反驳，因为事实上，我是非常愿意进入国会的。"

后来，他终于在彼得斯堡获得了提名，虽然那只是一个小城市，但毕竟也是林肯曾经生活过的地方。10 年之前，林肯还是那里的土地测量员。但现在，他已经投身到狂热的竞选活动中去了。他不断地给别人寄信，以谋求更多的支持和帮助。

他这一次选举的主要对手是克特利特，当地的一位鼎鼎大名的牧师。几乎半个州的人都听过他热情如火、激情四射的演说，林肯这一次遇到了一位强劲的对手。来自于宗教方面的支持让克特利特看起来有点不可战胜，同时他还是一位杰斐逊的拥护者，这也让他获得了更多选民的支持。但现在的林肯几乎也是无懈可击的，对手只能用他是个无神论者来做文章。事实上，林肯确实没有加入任何宗教组织，在这一点上，克特利特怎么说都可以。没过多久，克特利特首先发动了进攻。

在一次宗教集会上，作为牧师的克特利特站在讲台上大声地说道："希望过上新生活的人，必将毫无怨言地将自己的心献给上帝，而他们的灵魂也将升入天堂，希望得到这样结果的人请起立。"于是，很多人都站了起来。他又接着说道："很好！那么，不想下地狱的人也请起立。"这时，除了林肯之外，所有人都站了起来。牧师露出了阴谋得逞般的笑容，他看着林肯问道："那么，林肯先生死后要去哪里呢？"林肯出于礼貌站起来回答道："我今天到这里来就是要洗耳恭听的，没想到克特利特兄弟还要我发言。我认为在神灵面前说话必须要谨慎一些。刚才您问我以后要去哪里，我决定郑重地告诉各位，我要进入国会。"

这样光明正大的答案，着实让他赢得了一些选民手中的选票，他还用了一些类似的方法，获取了跟托德家族有关联的一些名门贵族们的支持。

墨西哥与美国之间是否会爆发战争，现在还没有一个定论。林肯在他的演讲之中也不断地提醒广大民众，无论战争何时打响，无论谁是国家的领袖，当前的美国都已经走到了十分危险的境地。辉格党中，很多人都是林肯的朋友，他们中的很多人，都将亲自或者送自己的儿子投入到这场未知的战争中去。但后来，不知为何，林肯又开始反对这场战争了。这看起来似乎非常矛盾，但这也恰巧从侧面反映出了林肯考虑问题时的多面性。我们既能看到他面对敌人时当仁不让的豪情，又能够体会到他的赤子之情以及韬光养晦的深谋远虑。

这一次，林肯的自信带给了他想要的东西，他获得了之前连他自己都难以想象的选票数，也让那些没把他放在眼里的人跌破了眼镜。伊利诺伊州的辉格党中，包括克莱在内的任何人，都没有获得过这么多的选票。为了大选的顺利进行，辉格党给了林肯200美元作为竞选经费。但竞选之后，他居然把剩下的199.25美元又还了回去，"我参加竞选并不需要钱，因为我自己有马可以代步，跟一些人的交际都在朋友们的家中，我根本没有需要花钱的地方，只是花了0.75美元，给帮助过我的几位农夫买了一桶果汁表示感谢。"

林肯终于达成了自己的第一个目标，但他在写给斯皮德的信中却说了这样的几句话："虽然我如愿以偿地进入了国会，也非常感谢朋友们对我无私的关怀和帮助，但现在我感觉自己并没有得到想象中的那种快乐。"

也许这就是人类所共有的特殊体验，因为想象中的生活一定会比现实的生活更加生动美妙，而期望总是会凌驾于现实之上。他还向朋友坦露了自己对于美好生活的向往，他想要的东西，完全超越了世间的一切，包括女人、权利、爱情和金钱，这也恰好符合了他诗人一般的气质和命运。

# 十一、难觅知音

此时的玛丽是非常幸福的。她可以跟随丈夫在华盛顿的大街上散步，可以接触到一些上流社会的人，可以在林肯出席会议的座席上看到那些她儿时就已经非常崇拜和敬仰的大人物。看到那些外国政治代表的夫人，独自乘坐一辆马车在她身旁疾驰而过，充满羡慕和嫉妒的玛丽，只能用自己可以随意出入白宫来安慰自己。

但她又不得不面对事实，那就是回到他们在这里租住的小屋里。或许，那段日子对于这位外乡人的妻子来说，是一段充满疑惑和阴暗的时光。在斯普林菲尔德无人不晓的人物，到了国都华盛顿，顿时变得有些暗淡无光。因为跟成百上千的大人物比起来，林肯真的有些微不足道。"那个又高又瘦的人是谁？""他只不过是个西部来的律师而已。"

道格拉斯也来了，他简直就像一个幽灵，一直跟在林肯的身后。思维敏捷、充满活力的小矬子被选入了参议院，并且他的身份还在国会议员之上。当这个名字再一次传入玛丽的耳朵里时，对她又造成了一丝触动。辉格党的政治地位这一次也终于有了起色，第一次在议会中占得了大多数的席位。赫恩登曾经说道："千万不要轻视林肯，因为人们都不了解他，其实他的为人就像他那伟岸的身躯一样伟大。"

几个星期之后，林肯成为了国会中最会讲故事的人。起初，议员们在议会的衣帽间里互相说笑的时候，林肯总是一言不发，但没过多久，他就跟那些人打成一片了。他会在饭桌上跟别人说起自己的一些想法，然后在开会时大声地提出自己的这些建议。他在给赫恩登的信中这样写道：

"为了准备后面的演说，并引起其他人对我的关注，我曾就一个大家都不是非常关心的邮政问题作了一次简短的演说。我觉得自己站在这里，跟站在其他地方几乎是一样的紧张，就如同自己站在法庭之上一样。我想在两周之内做一次成功的报告，希望到时你也能够听到我的声音。"

很难想象，说出这段话的林肯，此时竟然会如此的平心静气。显然议会的话题并没有对他造成任何影响，相反，他倒是一直在跟他的朋友说着一些轻松的内容。

几个星期之后，他果然进行了他在华盛顿的第一次大型演讲。当时正是战局已定，大选之前。维拉克鲁斯几乎已经成为了美国的囊中之物，泰勒将军也占领了大片的墨西哥领土，这也预示着和平主义的失败。但头脑冷静的林肯，并不会被这样的胜利冲昏头脑，他也并不会一味地固执己见。他竟然在一线战场捷报频传的时候，宣称这场战争并不是正义之战。这个观点一下就把他从两个阵营中孤立了出来。

激进的保守派对他非常不满，因为从一开始，林肯就是个主战派，还为战争作了很多准备工作；另一方面，民主党也对他的做法大为不满，他竟然公开指出总统应该对这场战争负全部责任，更应该对那些因此而牺牲的人们表示歉疚。在讨论这场战争到底是不是"侵略战争"的时候，林肯先发制人地向波尔克提出了这样的要求：

"总统先生应该清清楚楚、开诚布公地回答这个问题，而不是用一些空话套话来敷衍了事。要知道，您现在所在的位置是华盛顿总统的宝座，所以，您也应该用与自己身份相符的方式来处理问题。广大民众甚至是上帝，都不会允许您在任何事情上逃避责任或者含糊其辞。在这个问题上，如果有足够的证据能够证明，这场战争的第一滴血落在了我们祖国的土地上，我便不会再怀疑这场战争的性质。如果没有人能够找到这样的证据，或者没有人愿意回答，抑或有所隐瞒、拒绝回答，我们就有理由相信，他们自己也已经认识到了自身的错误：这场战争流的鲜血，就像亚伯的鲜血一样，已经在向上天控诉他们的罪行了。从一开始，他就有着强烈的动机想要挑起两国之间的战争，之后又利用战争的胜利来转移民众的注意力，逃避人民对于他和战争的谴责。战事不断升级，现在已经到了白热化的程度。他本以为墨西哥会不堪一击，甚至不战而降，但现在，计划落空的他真的有些不知所措了……

"他是一个生活在迷茫、困惑、穷苦和纷扰之中的人。只有上帝知道，他良心上遭受的谴责要比他之前所受的纷扰更加严重。"

林肯就是用这样一番犀利的话语，第一次在全国人民面前表现出了他的英勇和坦诚，他也试图用这种方式来唤醒人们心中的正义感。难道说，总统之前在很多方面作出的成绩还不足以证明一些事情吗？难道不是所有人，包括演说者自己在内，都能清楚地预见未来几周将要发生的事情吗？联邦军队取得了战争的全面胜利，墨西哥愿意割让土地，并接受美国1500万美元的赎金，而得胜而归的泰勒将军，也将顺理成章地成为下一届的总统候选人。当然，在林肯的演说中，有许多思想道德因素在里面。因为一个反对战争的人，在战争胜利之后，除了在道德上能够找到一些反战的论据以外，别无他法。

然而，没有人能理解林肯神圣的使命以及火热的内心，包括他的朋友们。虽然他的境遇已经有了很大改变，但他仍然是孤独的，即使置身于议会之中也是如此。他还曾给一位朋友写过这样的一封信："佐治亚州的斯蒂芬斯是个面色苍白、身材矮小的年轻人，好像得了肺结核，讲起话来很像洛根。在认识他之前，我从没听过那么好的演说，我那干涸已久的双眼仿佛都要渗出泪珠了。"但谁又能预见，多年之后，当他们再次相遇的时候，之前的泪眼朦胧却变成了怒目相视。

能够入选议会，是令别人非常羡慕的一件事。林肯的正直不阿，早已成为了人尽皆知的事实，他认为国家的利益高于一切，即使是推举他成为议员的选民，要是没有真才实学，也别想通过他的关系得到任何职位。"真诚的林肯"也再一次成为了他的"名字"。

不久，林肯不愿为他的选民谋求职位的故事，就在斯普林菲尔德传开了。他在给那位被他拒绝的选民的信中写道："当我们初次相遇时，我觉得您对我非常友善，相信您应该也有同感。去年夏天，由于某些原因，我不得不收回对您的推荐，并且我也对您作出了明确的解释，但不久之后，我听到了您在公开场合斥责我的消息。对此，我感到有些难以理解。当我读完您给我的上一封信后，脑中产生了一些疑问：您是想在利用我的同时再来伤害我呢，还是那些有板有眼的消息只是一些流言蜚语呢？如果是前者，我就不需要给您回信了；要是后者，我则一定会给您答复，所以有些悬而未决。在此，我为您附上一封推荐信，希望能够对您有所帮助。"

这一次，选民们亲手将一位性格怪异的议员推举进了国会。他有着坚韧不拔的意志、刚正不阿的精神，他甚至不愿意为自己的选民谋求任何职位，他认为国家的利益要比政党中朋友的利益重要一万倍。同时，他又是一个不愿意拒绝和伤害别人的人，所以，他才在最后的信中附带了一封简单的推荐信。如果他真的不能为自己的选民谋福利，选民们又有什么理由要推举他呢？对于一个这样的人，又有多少人愿意继续支持他呢？

# 十二、遗憾落选

"极具讽刺意味的是，透过国会大厦的窗子，议员们就能够清楚地看见一个奴隶市场，在那里，成群的黑奴像牲口一样任人买卖。"这是林肯后来对那里的描述。在首都，互相矛盾的事实就这样赤裸裸地存在，甚至比南方的一些地方还要严重。于是，林肯迈出了反对奴隶制的第一步，他起草了一份《哥伦比亚区释放黑奴办法》。他认为，在这个区域，应该完全废除奴隶制，但已经有黑奴的官员和蓄奴州的公民，可以将他们的奴隶带到这里。在这一时期，可以推行这种制度，在本区域出生的黑人子女，也有接受教育的权利。而拥有众多奴隶的奴隶主，因为释放奴隶带来的损失，由政府来承担，同时，对于从其他州潜逃过来的奴隶，政府要将他们遣送回去。但是，这项法案目前还只是一个草案，要通过全民投票表决之后，才能生效。

这份客观公正的草案，正是林肯骨子里坦诚、正直的性格的真实写照。这种张弛有度的办法，并不会过多地伤及任何一方的利益，非常适合作为过渡时期的暂行制度。在林肯看来，维护国家的和平统一才是法律法规应该做的事情，20年前的想法始终没有改变。

林肯专门为哥伦比亚区制定的法律提案最终结果怎样呢？华盛顿方面并没有对此表现出任何兴趣。喜欢极致奢华生活的欧洲人，来到了自由的美洲，他们在这里找到了当家做主的感觉，甚至越来越多的欧洲人，把自己当成了政府的决策者。他们在这里所过的奢靡放荡的贵族生活，一定是连他们的父辈都无法想象的。南部的一些绅士，还成为了代表南部地区国会或者众议院的议员。无论他们走到哪里都会带着他们的犬马、奴隶，无时无刻不在显示他们唯我独尊的气势。在这种社会氛围下，林肯的政治主张根本不会得到别人的响应。看来，华盛顿并不适合他，并且他永远也不可能跟这里的人站在同一战线上。这时，来自于社会各方面的压力，要求政府驳回林肯的提案，议员们也都闭口不谈这个问题。林肯的提案就这样被搁置了，有些人还表现出了对林肯极度不满的情绪，甚至希望这个令人讨厌的家伙不要再入选下一届议会了。

追求正义和真理是他参加政治活动最根本的动机，这不是简单的政治问题，而是关乎到公众利益的重大问题。当议会中谈论到国家的行政管理问题时，林肯说道：

"海事管理处，是我国一个权限非常大的公共机构，但它却只是给了某些地区一些特殊权利，而像伊利诺伊州那样的内陆州则很少受到照顾。虽然，相比于国家的利益，地方政府的利益肯定要靠边站，但我认为，只有每个州的利益都得到保障之后，国家的利益才能得以保障。否则，每个州都可以这样跟国家说：'如果你不为我的利益着想，我也不会管你的。'这样看来，不平等的理论和制度还是广泛存在的，这肯定会在一定程度上阻碍社会的发展。我们不能忽略这种不公的存在，更不能忽略与之有关联的任何事物，如若不然，我们的政府也就没有继续存在的必要了。政府大厦是用纳税人的钱建立起来的，同时也是为了维护公众的利益才建立的，但很显然，那些财大气粗的商人和华盛顿的居民，受到了优于其他地方公民的一些特殊待遇。我们很有必要来研究一下，用怎样的方式才能遏制这种不公的继续蔓延。"

每个生动的论据、每个鲜活的比喻都渗透着演讲者公正、坦诚的思想，而一直不动声色地坐在一旁的那些理论家们，从不会把问题或矛盾搞得如此尖锐。相比之下，他们更喜欢把相互矛盾的二者摆在同一平面上，进行简单的、无关痛痒的对比，仅此而已。

然而，任何一个聪明的演讲者，都不会用一成不变的方式对待不同的听众。林肯突然间一改往日的演说风格，使用了一种带有浓烈讽刺意味的演说方式，弄得听众们有些措手不及。

"我并不想含沙射影地指责我们的总统先生，只是想让大家看清，目前一少部分人把自己的幸福建立在了大多数人的苦难之上。一个普普通通的煤矿工人，辛苦劳作一天只能得到 70 美分的报酬，而总统先生却可以凭借自己的一些不切实际的想法，每天获得 70 美元的薪酬。显然，煤炭要比那些抽象的想法来得更加实际，对人们的生活也更有益处，但它们的创造者却得到了与此不相称的报酬。但仅仅因为这些，我们就有理由要求现在的总统辞职下台吗？我们不能那么做，他也不会那么做。人们在看待一个人或者一件事的时候，往往不会关注人或事件的本身，而会更多地关注最终的影响对于社会是不是利大于弊。几乎所有的事务，尤其是政府的一些政治决策，总会像一把双刃剑一样，需要我们自己擦亮眼睛，全方位地去权衡其中所蕴含的利弊。"

人们很少能够在别人的演说中，听到这种"苏格拉底式"的论证方式，这个平淡无奇的邮递员是在哪里学来这些的呢？他仿佛是一位刀尖上的舞者，却不为锋利的刀刃所伤。他知道的一切，几乎都是通过自身的不断积累得来的，是从多年的自我保护中得来的，是从别人的经验教训中总结出来的。这是任何一所学校都不能教给他，却对他人生至关重要的知识。他还掌握了将两种事物进行比对和分析的方法。也许，只有那些天生忧郁、富有诗人气质的人，才能如此慢条斯理地将人性的弱点娓娓道来。

但在他的政治强音之中，还伴随着另外一种不容忽视的声音。当大选的日子日益临近的时候，议会就变成了政治家们的政治舞台，而幽默宽容的林肯，也将在那里迎接对手的挑战。在当时的时代背景下，很多事情都存在于矛盾之中。一直反对战争的辉格党，竟然推举刚刚在战场上得胜而归的泰勒将军作为总统的候选人。而他本身却是一位奴隶主，并且从未公开发表过任何对于奴隶制的看法和见解。民主党则推举了一位名不见经传的将军，在那之前，几乎没有人认识这位名叫卡斯的将军。这一次，辉格党遭到了民主党人的嘲笑，说他们不得不找一位战功显赫的将军来为自己撑腰。这不仅激活了林肯体内的幽默细胞，也给了他讽刺对手的机会。

"诸位，用军服来庇佑自己，不光是杰克逊将军使用过的方法。因为在将军去世之后，民主党人对于这一方法的应用，已经达到了炉火纯青的地步……有一个人曾跟别人吹嘘自己的一项新发明，他能从一个老人身上变出一个新人，并且剩下的东西还能做一只大黄狗。民主党人也正是凭借它，成功地将杰克逊将军推选为两届总统，并且又利用剩下的余料，把几个小人物也扶上了总统的位置。无论军服属于哪种服饰，我真正想讨论的并不是这个名词。有一位来自于佐治亚州的议员认为，这种做法并没有什么不妥之处。我并不想喋喋不休地咬住这件事不放，只是想要告诉各位，一个团体能否取得成功，很大程度上取决于每位成员的素质。"

林肯用这种方法避免了与别人的针锋相对。因为他只是不断地用玩笑的口吻，给别人讲述着自己的亲身经历，并没有直接损害任何人的名誉，同时还巧妙地摆脱了嫉妒别人的嫌疑。林肯这种讽刺风格的话语，就像一个永不枯竭的泉眼，取之不尽，用之不竭。幽默的讽刺只是他进攻手段的一种，而他还掌握一种更加致命的武器——幽默统计法。

"我并不否认卡斯将军的功绩，只是他的成就并非表现在战争方面，而是表现在对国库的挥霍之上。他曾担任过密歇根州州长，同时还兼管印第安纳州的日常政务，自 1813 年 10 月 9 日至 1831 年 7 月 31 日，长达 17 年 9 个月之久。他在任期内，总共从国库支取了 96028 美元作为政府的日常开销和政治经费。平均下来，他每天支出了 14.75 美元。如果要对他的巨额支出作出一个合理解释的话，那就只能说他在同一时间，在几个不同的地点，同时开展政治活动和支出经费。但这看起来似乎有些荒唐。

"有这么一个故事，说有一只小动物，一直犹豫不决地站在两堆干草中间，不知道到底应该先吃哪一堆，最后竟然饿死了。我想，同样的悲剧根本不会发生在卡斯将军身上。因为即使这两堆干草相距千里，他也能同时将它们吃光，而且还可能会殃及沿途的青草。各位，无论你们推举他做总统是出于何种目的，有一点是可以肯定的，那就是你们将永远不会挨饿，因为他会用他吃剩的残羹冷炙来喂饱你们，当然，前提是他没有全部吃光。"

这些事情从林肯的嘴里说出来，就像一个童话故事一样，弄得卡斯自己都有些哭笑不得了。他也知道，不光是台下的这些议员们，就连田间地头的农夫们听到他的这一番说辞，也一定会笑得前仰后合。林肯真的做到了，他几乎凭借一己之力就阻止了卡斯将军的当选。一家报纸这样说道："林肯先生的演说方式和语言风格是那样的别具一格，以至于只要给他半个钟头的时间，他就能把众议院的议员们弄得大笑不止。他也会在人们笑得最开心的时候，正式开始自己的演说。"

从这一点上我们不难看出，林肯并不是一位矫揉造作的表演者，他所表现出的清新、自然完全就是他的性格的体现。他在这里取得的成就，几乎全部要归功于他对民主党独特的攻击和批评方式。在泰勒举行的一次宴会上，林肯注意到了一位演说家，那个人叫杰佛逊·戴维斯。他还认识了一些来自于东部的大农场主，并试图从他们身上更细致地了解南北方的差异，他不想再纸上谈兵了。

随着一次政治旅行的结束，林肯在国会的任期也结束了，他也要跟华盛顿说再见了。他在和平与战争问题上的游走，在推荐自己选民问题上的正直不阿，以及他的哥伦比亚区废除奴隶制提案的草草了事，让他丧失了一大批忠实的拥护者。

相比于林肯，文笔和口才完全没有什么优势可言的泰勒，当选了那一届的总统。林肯也不得不离开他非常熟悉的政治圈子。虽然他并不喜欢党内勾心斗角的生活，但在这里，他的确学到了一些关于国家和政党的问题，并且想了解更多。这时，他的对手们逐渐掌握了主动权。希尔特已经成为了议员，道格拉斯的政治地位也有了很大的提高。玛丽也因此受到了不小打击，美好的生活才刚开始不久就又归于平静了。奢华富贵、锦衣玉食的生活才是她真正想要的。她在纽约写给别人的一封信中说道："当我在纽约的码头看见即将起航的巨型邮轮时，只能感叹自己的贫困与平庸。我常常会半开玩笑地跟林肯说：'我下辈子一定会嫁给一位富有的男人！'"

第三章　战士

# 一、牛刀宰鸡

这一次，不仅玛丽灰心了，连林肯自己也有些泄气了。假如他是一位在战场上打了败仗的领袖，正打算鼓足勇气、东山再起，那么他非常需要一个适合养精蓄锐的领地，而这座荒蛮落后的西部小城，只能算作一个可以稍作停留的喘息之地。实际上，他只是任期到了，并没有什么特别之处。在别人眼里，他就像一名退伍的士兵，刚刚从自己的岗位上退下来。地方法院里没有了他的席位，由于长期离职，他的律师业务也大大减少了。这位曾经待遇丰厚的国会议员，现在竟成了收入微薄的律师。首都华盛顿的生活，在他的内心烙下了深深的印记。在他看来，那里简直就是一块浅草覆盖着的政治沼泽，刚正耿直的人在那里唯一的结果就是泥足深陷，难以自拔。

当然，令人欣慰的是，林肯并没有就此放弃，他试图在议会之外，寻找一个能够巩固自己政治地位的职位。他回到斯普林菲尔德后，马上提交了一份委任申请，申请到一个土地管理机构任职。因为某些政治原因，这个职位一定要由一位来自于伊利诺伊州的辉格党成员担任。这是一个很有趣的职位，政治性很强，薪水也很丰厚，而且他的农夫、土地测量员以及律师的经历都对获取这份工作很有帮助。泰勒总统竟然总结出 11 条理由，来推荐他得到这个职位。他也曾经给他的政客朋友们写了很多请托的信，这也是他在首都学来的宝贵经验。有一封信是这样写的：

"尊敬的先生：我想请您帮个小忙，这并不会耗费您很多的时间和精力。我听说有一个重要的职位，是专门留给伊利诺伊州人的，并且已经有人推举博塔费担任了。我想说的是，委派他去担任这个职务，根本没有能够说得通的政治理由。希望您能写信给泰勒总统，告诉他，在伊利诺伊州只有我或者我举荐的一个人，才能胜任这个职位。若是您所在的辖区内也有人想要应征，我就不再痴心妄想了。您的挚友敬上。"

还有一封写给另一个人的信："博塔费马上就要上任了，除非现在能有人用最快的速度去阻止他。如果您认为他并不是这个职位的最佳人选，请您在第一时间提出反对意见，一分钟都不要耽搁。"

相信只有优秀的外交家，才能写出这些风格迥异又不乏针对性的书信。他用这种方式来震慑自己的对手，但却从来不会给别人急于求成的感觉。他只会在适当的场合和时机，提到他自己和他推荐的人，不紧不慢，不失章法。这几封简洁明了，毫无谄媚之辞的书信，任何人收到之后都会为之所动。然而，副手的位置并不是他想要的。他在另一封信中还写道："我并不认为凭借自己的资历能够获得头一把交椅，但第二把交椅又不足以弥补我遭受的嘲笑与讥讽，因为他们也想坐在领袖的位置上。"

这句话里包含了自负和矛盾，谦虚谨慎和自尊自爱，以及他对别人独特的评价视角。林肯奇特的人生观和世界观也蕴含其中——即使整个国家都归他管理，谦虚低调的他也不会觉得有多么不可思议。然而，他发现自己的一个朋友一直在关注着这件事情的发展。很显然，爱德华这位他昔日的同事与好友，也一直在盯着这个职位。

林肯给他们的一位共同的好友写信道："爱德华因为一个职位的归属问题对我产生了不满的情绪，他站在与我敌对的角度给州政府写了一封信。人生最可贵的感情就是友谊了，并且我们之间的友情曾经是那样的真挚，没有半点虚情假意。总之，在别人推举博塔费之前，我不费吹灰之力就可以得到这个职位，至少连当今的总统都会为我说话。我对这个问题避而不谈，有一些其他的原因，但主要还是因为爱德华的缘故。为了他，我宁愿放弃这个职位，但用友谊换来的职位，他的良心能够得到安宁吗？"

林肯竭尽全力想要证明自己并不是一个背信弃义的人，但这种证明根本没有必要，因为他本身真挚、诚恳的性格就是最好的证明。朋友对他的怀疑让他很伤心，因为对于这个孤独的人来说，拥有朋友和朋友对自己的信任，比任何事情都更重要。最终，他们两个都没能得到这个职位。不久之后，总统为了弥补他错失的职位，安排他去西部的俄勒冈州任职，他只是稍加考虑，便拒绝了总统的美意。

当然，玛丽也不希望自己的丈夫从此得不到升迁的机会。即使让她去做俄勒冈州的州长夫人，她也不会愿意。相比之下，她宁愿留在这座让她失去信心的小城中，继续品尝前途未卜的滋味。至少这里还有表现才能的机会，她对林肯的未来充满了信心。事实证明，玛丽的选择是明智的，无论是林肯还是国家，都应该感谢聪明的玛丽。

这一次，玛丽用一种奇特的逆向思维帮助了林肯。如果家庭生活美满和谐，林肯难免会把更多的时间消耗在家庭之中，而玛丽则故意在家庭之中制造了很多不和谐的因素。这样一来，不堪其扰的林肯就又重新做起了法律工作，并且经常在外面巡回审判，这也更适合他随遇而安和向往自由的性格。整齐的屋子，规律的三餐，各种社会责任，都像枷锁一样束缚着林肯自由不羁的灵魂。一位芝加哥的朋友想请他加入自己的律师公司，被他婉言拒绝了，理由竟然是他患有肺病，久坐不动会加重他的病情。

林肯经常会乘车或是骑马，从一座小城到另一座小城，没有比驰骋在伊利诺伊平原上更让他惬意的事情了。有时，他们会三四个人一同乘车或者骑马到其他地方去，同行的必须有一位法官和几位律师。他们会选择在中午的时候开庭，农夫们也会自发地来到这里为自己讨个说法。大多是些谁占了谁的土地、打架纠纷或者谁偷了谁家的猪等琐碎的事情。律师要做的事情就是，为犯罪的人洗脱罪名，为受害者讨回公道，或者为讨债者追回欠款。休庭之后，他们会回到旅馆中稍作休息。晚饭的时候，他会跟农夫们坐在一起，聊一聊农耕、生产以及今年的收成情况。这样，他能够更直接地了解到广大民众的真正需要，铁路和运河修得好不好，保护税实际的应用情况是怎样的等一些问题。林肯在听的同时，还能帮他们解决一些简单的疑问，偶尔还会给他们讲几个小故事。每当这时，都会有很多村民围在林肯的周围。人们都知道，这个"真诚的亚伯拉罕"是个会讲故事的大个子。就连法官、上诉者、被诉者和证人，都能同时围在他的身边，听他诙谐幽默、充满智慧的谈话。

他就是如此平易近人，能很轻易地跟别人成为朋友，并且能跟他们互相分享内心最真实的想法和感受，还总能在别人身上学到一些自己不具备的东西。他就是用这种巡回的方式，让全伊利诺伊州的人都熟知并了解了他，为他打下了坚实的群众基础；如若不然，他也不会在多年之后，取得那么大的胜利。至于每日三餐，他并不在意，就像20年前他做木匠和售货员时一样。那时，他是躺在柜台上读书的，而现在，他可以躺在真正的床上看书了，只是两条大长腿还是显得没有合适的地方放。

在他长时间的巡回工作中，总是能够学到一些东西。见到幻灯机，他也会拆开来看看究竟是怎样制作的。在参加完某些大型的展览会之后，他还会靠在旅馆的火炉旁，给大家讲他遇见的一些电器。他总会寻找一切时机来帮助别人，无论是劈木头还是挤牛奶。也许请他帮忙办理案件的人，发现这位律师竟然是昨天帮忙挤牛奶的热心人，会更加敬佩他。

同事们跟他在一起共事也很愉快，特别是杜布尔和勃朗宁，还有那位面相和善的法官戴维斯，他们在一起巡回工作已经很多年了。这个小团体中谁都不会想到，他们会在日后共同经历多少风雨。他们的政治思想和主张十分相近，并且通过日常的相互交流和讨论，很快就形成了一个独特的思维体系和群体，并最终发展成了一个新的党派，成为了伊利诺伊州的政治核心。只有道格拉斯与他们的意见和想法有些不一致，但他现在已经是一位议员了。他更喜欢华盛顿和国会大厦里的生活，根本不愿意每天徘徊在伊利诺伊州狭窄泥泞的小路上，住在低矮的小旅馆里。

这一对老对手的事业之路就此分道扬镳了。道格拉斯几乎把自己全部的精力都花在了政治方面，而林肯在 41 岁到 46 岁之间，则更多地活跃在法律领域中，但他并没有完全放弃政治活动。

# 二、幽默的君子

"永远不要做一个唯利是图的人，也不要把话说得太满，要给自己留一点余地。欲望如果不加以控制，就会变成一个吞噬我们灵魂的深渊，无论你是什么样的人！"

从这一段生动的演说词中，不难看出林肯在处理某些事情时秉持的原则。虽然林肯并不能算是一位精通法理的法学家，但他头脑中很早就已经有了法律的概念，阅历丰富的他从没有触犯过任何法律法规。只有真正了解了一个人的思想之后，才有可能深入到一个人的内心，这样，也就能更好地理解一个人在政治活动中的所作所为了。一个人早期形成的品格，一定会在实际活动中表现出来。他所做的一切，并不是偶然为之，也并不会欺骗任何人，他一直都忠于自己的灵魂，林肯要做的就是他自己。他会为一位备受欺压的妇人而拿起法律的武器，甚至希望能够借助某种力量来解救不计其数的、遭受不公的黑奴们。

然而，他并不想成为先知或者牧师那样的人。他经历过生活的艰辛、为别人服务的奔忙、因缺乏后台而受人排挤的苦闷。但社会这所大学校给了他无比坚强的意志和无尽的力量。他在出庭辩护时，会用不同的说话方式对待不同的人，机智幽默的辩词时常能够收到意想不到的效果。

"您的名字是 J. 帕克·格林，J 是什么意思呢？"

"J 是约翰的缩写。"

"哦，那您为什么不像平常那样叫约翰·P. 格林呢？"

当庭的所有人都为他的幽默翘起了嘴角。林肯用这么一个简单的玩笑，就拉近了自己与证人之间的距离。

有一个富人不仅在言语上侮辱了一个穷人，还用自己的手杖将其打伤了。受害者想要诉得一万美元的赔偿金，林肯受托成为被告的辩护律师。原告律师在法庭上绘声绘色地讲述了一位忠诚质朴的穷苦平民，不堪富人的凌辱而奋起反抗的故事，很多人都眼含热泪听完了故事。到林肯陈述时，他只是缓缓地站了起来，拿起桌上的一张纸，仔细地看了看，之后便放声大笑起来。下面的人都被他的这一举动弄糊涂了，有一些人还跟着笑出了声。他又放下了那张纸，用手松了松领带，笑得更大声了。之后，他又脱下了外衣，重复了一遍刚才的动作。这一次，所有人都被他的举动逗笑了。林肯不慌不忙地解释道："从这张纸上明显能够看出，原告一开始只想要得到 1000 美元的赔偿，但得知被告的身份背景之后，又在后面添上了一个零。"最后，他又讲了一个有趣的故事，并提议给被告几百元作为赔偿。这件案子就这样了结了。

林肯动不动还会要一要农夫式的小聪明。有一位律师欠了别人 2.5 美元，那位债主一气之下，想要把他告上法庭。林肯劝他不要一时冲动，"您因此而花费的，远远要多于您追回的欠款！"

"这无所谓！"

"那好，您现在就要付给我 10 美元代理费。"

拿到钱，林肯马上找到了那位欠债的同行，跟他平分了 10 美元，并要求他马上把 2.5 美元还给债主。

林肯总能凭借自己的表演才能在辩护中胜诉，这使他有点儿像舞台上才艺闪耀的明星。有的时候，讲故事还能为林肯解决一些日常生活中遇到的小问题。在另外一件因狗而起的案件中，至关重要的是要明确狗和人双方到底是谁先动的手，林肯用了非常幽默的表演方法为受害人辩护。

"我的当事人是一位路政工人，当时正背着一把铁叉走路，忽然路边窜出一只野狗并对他发起了猛烈的攻击，他迫不得已用铁叉自卫的时候，不小心杀死了那只狗。"

那位农夫愤怒地吼道："那你为什么要杀死我的狗？"

"那只狗为什么要来袭击我的当事人呢？"

"他为什么不用铁叉的另一端把它吓走呢？"

"那为什么狗不用它的屁股来攻击我的当事人呢？"

说着，林肯便模仿起了狗的动作，后退着去攻击陪审团的成员，在场的所有人都被他的举动弄得大笑不止，他也因此打赢了这场官司。

也许这是世界上最清新自然的一种性格了，他的性格似乎是诗人的气质和正义的混合体，是逻辑学家和道德家思想所融合的融合。林肯天生就是一位优秀的律师。当然，最终他也成为了整个国家的裁决者。他的同僚说，当他认为自己为之辩护的一方并不占理时，他一定会扮演失败者的角色。如果一开始他就发现了这个问题，他一定会拒绝当事人的任何请求。

当一个罪犯向他发出辩护请求的时候，他会把这个案件转交给他的同事，并对他说："这是个有罪之人，我不能为他辩护，但是你能。"还有一次，他在开庭之前，跟另一方当事人的律师进行了一番交谈，并认同了对方的观点，他承诺："既然我已经发现了我的当事人并不占理，我一定会想办法劝他撤诉的。"

虽然他的一些玩笑会让他的思想显得有些与众不同，但他的心底也有一道不可逾越的道德底线，就像一匹日行千里的宝马，羞于面对隐蔽的障碍一样。有一次，赫恩登接下了一宗案件，但他听说对方律师似乎有些忐忑不安，就想趁机吓唬对方一下。林肯便写信问他，这是不是真的。

"不是？那就好，我们根本就不应该有这样的想法。这是赤裸裸的欺骗，而欺骗只是谎言的一个别名。不能让公众知道这件事，因为也许在这个案件被人遗忘了一段时间之后，它还会带给我们良心上的不安。"

这位老道的政治家对待事情的小心谨慎，通过这件事显露无遗。但不了解说话者的人，可能只会看到他谨慎做事的一面，而并非高尚的道德。虽然如此，林肯曾经作出的成百上千的无私的决定，都足以说明高尚的道德对于他的重要性。而他在帮助别人之前，也会尽量避免给别人伪善之感，他更希望自己给别人留下聪颖的印象，而非虚情假意、不切实际。

林肯能够在法庭上取得如此的成就，不只是凭借他伸张正义的信念，还得益于从容不迫的态度。也正是因此，他走路、吃饭甚至消化都很慢，他总是不慌不忙地做事，每件事情都有充足的时间进行考虑。虽然他并没有参加过真正的战争，但他却知道如何运用手中的大斧。他从不会把自己的形象和名誉放在第一位，无论是作为一名律师还是政治家。他考虑的只有如何把事情做好，而并不会把注意力放在自己身上，这也使他成为了一位非常优秀的演说家。赫恩登常说，他非常受不了林肯的慢性子，就连在法庭之上，他的语速也是一样的缓慢。林肯也早就准备好了应对之辞："请给我一把削铅笔的小刀和一把切割东西的大刀。小刀虽然灵活锋利，但它只能用来切小块的东西。而大刀虽然笨拙也不够锋利，但它却能胜任更艰巨的任务。我的思维和语言也许并不像别人那么敏捷和流畅，但当我缓慢的思想迸发出激情的火花之时，我也将获得更大的收获。"

# 三、生活的平衡点

当林肯回到斯普林菲尔德的时候，他忽然觉得这座伊利诺伊州的首府是如此的狭小。因为他早已习惯了随处漂泊、自由不羁的生活，当他再次回到自己的家里，回到办公室的时候，自然会觉得这样的生活是异常乏味的。当他的同行们游历到离家比较近的地方时，难免会有人想要回家看看，而他却从来没有这样的想法。这座小城还有什么值得他留恋得呢？即便是这座城市迅速崛起，也还是不足以吸引他。

躺在沙发上看书，是他最喜欢做的事情。林肯还曾把一本诗集带回了家，但第二天又拿了回来并悻悻地说，自己的妻子很讨厌这本书，还差点把它烧掉。对于其他的书，他只会象征性地翻一翻，然后把书放在地板上，闭着眼睛回想一遍书上所讲的内容。他从来不会刻意地去收藏一些书籍，书架上只摆着镶有玛丽照片的金边相框。他会到议会的图书馆去借阅所有他想看的书，而赫恩登却非常喜欢买书。有一天，赫恩登带到办公室一本关于科学的书籍，林肯却当即决定要买下那一整套书。他说："读这些书，能够帮助我改正一些错误的观念和想法，避免浪费更多的时间和金钱。人们总会把自己的成就挂在嘴边，而忽略曾经经历过的失败和磨难，正是由于这种自欺欺人，使人类丧失了将近一半的实践能力。"

无论多么成熟的律师，都会用到年轻时得来的经验。在一件关于航运和铁路的案件中，他的专业知识令当执法官大为惊叹。航运公司反对在河道中修建铁路桥，而林肯在为修建铁路的重要性辩护时，年轻时的船夫经历给了他很大的帮助。这时的林肯，作为优秀的政治家和律师掌握的知识，足以让他受益终生了。不过对他而言，他更希望自己能够成为让东西部建立起联系的活动家。

他掌握的所有知识，全部是通过自学得来的，就连在法庭上的慷慨陈词都与法律书籍没有半点关系，那完全来自于日常生活和他超强的理解能力。但相比于其他因素，他更相信正义的力量。他在克莱的追悼会上说："克莱的经历对于我们来说是一笔巨大的财富。他用自己的实际行动向我们证明：只要一个人愿意，无论他的家境有多么贫寒，他也一定能够受到足够的教育。"

诚然，他并不具备那样强烈的成功欲望。残酷的现实，几乎已经磨平了他性格的棱角，他已不再是一个充满雄心壮志的年轻人了。40岁的林肯准确地领悟出了自己的价值所在，却低估了舆论导向在政治中的威力。虽然他也认为，只有人民的舆论才能指导自己不断前行，但经历过在首都华盛顿的政治生活之后，他又觉得自己在西部的这个小政治圈里似乎能过得更加自由、充实。这里的政治才是纯粹的政治，与任何人的利益都无关，他还可以在这座小城中为自己所在的政党贡献一份力量。在这里生活的几年中，他一直作着这样的事情，也未曾疏远自己与政治的距离。

他不断地参加政治活动，不遗余力地帮助自己党内的朋友去争取每一个职位，仿佛比自己参加竞选还要活跃。他把所有选民都列在了一个表格里，并认为寄信给每一位选民要比到处发传单更加有效。选民在看到专门写给自己的书信时，内心一定会对候选人产生一丝亲切感。

随着阅历的增长，这位更像是政治家的律师，在演说技巧上也有了长足的进步。一位政界的朋友曾称赞他是世界上最好的外交家，而他的另一位朋友则评价他说："他的思维非常缜密，他除了能够清楚地表述自己的想法和目的以外，不会轻易让别人摸透自己的思想，但那并不妨碍别人对他的信任。他是我所见过的最聪明的人，并不是其他人口中那个毫无情趣、不浪漫的人。"他的一位同僚还作了这样的补充：“谁要是认为林肯是个单纯的、毫无攻击性的人，一定会为自己错误的判断付出代价。”看过他下棋的人都会发现，在没有十足的把握之前，他绝对不会贸然进攻。林肯曾经这样形容自己：“我的心就像一块坚硬的钢铁，很难在上面留下印记，但一旦刻下了某些印记，将永远挥之不去。”

要想了解林肯对于从政的态度，就一定要听听他对于一个问题的大政治家般的回答。“先想方设法制造出一个问题，再为这个问题找到一个合适的原因，最后再对这个问题发起攻击。”这种说法一语中的，也折射出了人类智慧的光辉。这句话本身便透着一股讽刺的韵味，一针见血地指出了领导者的迂腐和被领导者的懦弱，但在说话人火热的内心之中，更希望能够看到人类社会的进步。

在林肯的头脑中，政治是全人类都要面对的问题。斯普林菲尔德和伊利诺伊州只是他的起点，虽然他始终被搅在地方政党的斗争之中，但他一直关注着华盛顿乃至整个国家的政治动向。他对亨利·克莱的评价，放在自己身上也同样合适：“他非常爱自己的国家，因为这是养育他的家园，因为这是一个自由的国度。”他还说道：“公众舆论总会有一个中心思想，然后从中散发出更多的思想。但从头到尾，人类的自由平等都应该是主旋律。虽然现在广大民众都在默默容忍着不公平的社会体制，但人类社会迟早要迈出公平的一步。”

这个敢想敢做的人，毫不犹豫地将这一思想复印了400份，四处分发。他认为，这对自己的政党非常有利。正是受到这种动机的鼓舞，以及内心的正义感和责任感的敦促，他竟然给国务卿写了这样一封信：

“经过我的深思熟虑，我决定给您写这封信，希望不单单是您，还有全体内阁成员以及总统先生，都要适当地考虑一下我所提到的问题。我只是一位普通公民，如有冒犯，还请见谅。总统先生按照政治惯例，把委任官职的权力交给了各部，由他们独立执行。一开始，我并不觉得这种做法有什么不妥之处；而现在，我却发现了这种做法不公平的一面。其他人对此事的看法我并不了解，但我认为，这种做法只会把总统先生变成一个权力的象征，必须及时纠正，否则后果将是不堪设想的。泰勒总统曾经与其他的官员们举行过一次国防会议，但他并没有与人数占优一方的意见达成一致。委任官员的制度一定要有所改变，至少要让人们觉得这是总统的决定。他也应该在必要的时候说：'永生的上帝，赋予我这样的权力。'这也是杰克逊将军曾经说过的话，我们没有理由漠视这些经验。"

他对奴隶制的反对完全基于人类遭受的痛苦。他忧郁的灰色眼神中，似乎映射出了饱受欺压的黑人兄弟的身影。他恳切地希望社会能够充满公正和宽容。当人们开始抵制大批移民到美国的德国居民时，林肯提出了这样一个问题："到底谁是美国真正的主人？不是那些头戴羽毛、身背猎枪的印第安人吗？我们将他们赶出了自己的家园，而现在，我们又要针对那些不幸的、不能跟我们祖先一同来到这里的人们！"

这一番发自内心的话语，正是林肯性格中最宝贵的东西。野心、金钱和家庭都不是他关注的，他并不会从个人的角度出发，而是会客观地审视一个问题存在的原因。纽约的一位商人写信来，想通过他来了解一个斯普林菲尔德人的经济状况，他在回信中这样写道："首先，他有一个妻子和一个孩子，加在一起应该能够值 5 万美元；其次，在他的办公室里，有一张价值 1.5 美元的写字台和 3 把总价 1 美元的椅子。另外，墙角还有一个大书架，应该也值得一看。林肯敬上。"

# 四、男女之防

"最近 3 个星期，我们每天都有应酬，这个星期还有两三场大型的宴会要我们去参加。你可能会觉得奇怪，每次参加完大型的宴会，我看起来都有些疲惫不堪，但好在现在已经恢复了，至少朋友们是这样对我说的。这一次，我们邀请了 500 人，但由于下雨的缘故，只来了 300 多位客人。"

这是玛丽写给姐姐的信，很显然，她是在炫耀。她乘着自家的马车——林肯为她买的，但他自己却从未坐过——到别人的家里去拜访的时候，虽然她身在小城，却找到了置身巴黎的感觉。林肯现在的经济状况已经比以前好了很多，不仅还完了所有债务，还拥有了一幢属于他们自己的二层小楼，看上去相当不错。而随着斯普林菲尔德的迅速发展，他们的房子也离市中心越来越近了，这对于玛丽来讲，是一件格外体面的事，但林肯对这一切却显得有些不适应。院子里最后的一棵树，也被玛丽叫人砍掉了。比起树木，她更喜欢那对漂亮的蜡台，因为坐在摆着两个蜡台的写字台上摆弄音乐盒，会让她心情十分舒畅。

诚然，他们夫妻俩的相处并不轻松。他常常在她准备好饭菜的时候还没有回来。玛丽就会打发两个儿子去找他们的父亲，而他们则经常会看见父亲坐在一个商店里，跟一群人有说有笑。当他起身回家时，又会停留在店外的人群之中，任凭两个孩子不停地拉自己的衣角，他也会把自己的故事讲完。

在家里，林肯对于任何事情都没有意见。他从不过问家里的日常开销，随她支配。家中的所有事物，都任由玛丽安排。他这种消极、漠然的态度引起了玛丽的强烈不满。

"他在家里简直就是个透明人，除了在火炉边烤火、看书之外，什么事情都不做，就连到市场上买东西都要我亲自出门，不知道要他还有什么用。"但当她的姐姐称赞她找了一位聪明能干的丈夫时，她又开心得不得了，马上改口说，林肯身上的缺点只不过是一些小问题而已。她还经常会跟别人争吵，无论是自己的姐姐、佣人，还是丈夫。

但林肯对于妻子跟他争吵这件事，始终坚持着自己原则：

"我从不争吵。真正想要作出一番事业的人，根本没有时间与别人争论一件无关痛痒的事情。争吵只会让人失去理智、暴跳如雷，所以，在一定程度上作出让步，是对待争吵的最佳办法。"

也正是因为林肯的这种态度，他们在一起的日子过得也还不错。无情的病魔吞噬了他们只有4岁的小儿子，也加深了他们之间的感情。但她总怀疑林肯得了肺病，经常会叫医生为他作一些检查。在一些重要的事情上，她不希望林肯好高骛远。林肯去世后，玛丽曾说道："虽然他看上去是个性情温和的人，但当他专注于某件事时，他的坚定会让所有人感到吃惊。也许只有我才知道，他在作出最终决定之前的情形到底是怎样的。一开始他总是面带微笑，然后紧闭双唇，陷入沉思。当我见到这种情形时，一定会按照他的想法继续进行下面的事情。"

林肯对于家里的烦心事并没有太多怨言。也只有在他跟赫恩登提起一些事的时候，别人才知道他在家里受的委屈。有时，他会从早上一直呆坐到下午，才告诉同事们到底发生了什么事情。有一天早晨，玛丽责骂他"起床时动作太大"，吵醒了自己。他所做的每一件事情，玛丽都能找到一些不妥的地方。但他通常会用嬉笑的方式来应对妻子的责骂，玛丽却很生气，有时反而会说个没完。他吃过早饭之后，便匆匆离开了家。但出门后，他又想起了一些事情，于是又折了回来，而玛丽看到林肯回来，又开始了喋喋不休的责骂。林肯终于忍无可忍，他抓住玛丽的胳膊，用力把她推进了厨房，又一直把她推到了大街的一个角落之中，并对着她大声地咆哮。从这里路过的人，都看到了林肯对他妻子粗暴的行为。事后，林肯也陷入了深深的自责当中。

在这样的家庭状况下，几乎没有几个朋友在他家用过晚餐，也就不足为奇了。当然，玛丽的坏脾气也是尽人皆知的。曾经有好几个人都看见，她用拖布杆把她的丈夫从家里赶了出来。

林肯的老家就在距离这里80英里远的地方，但她却很不愿意让他回去。就连林肯的堂兄汉克斯来家里做客的时候，玛丽都要让他做一些粗活。而她在面对南方来的一些社会上层人士时，总是一脸的谄媚，林肯对此也很是不满。

林肯的一位非常要好的朋友说过这样一段话：

"事实上，无论谁成为性格暴躁的玛丽·托德的丈夫，都不可能过多地体会到家庭生活的幸福。所以，她的丈夫就不得不把更多的时间和精力，花在事业或是其他方面。他不愿意在家里的火炉旁烤火，更愿意跟别人在一起看书读报、讨论政事，甚至是跟一群农夫挤在乡下的法庭或者商店里，讨论一些他们感兴趣的问题。但这也在无形之中，让他更多地融入了这个社会，也许妻子的坏脾气会成为他意想不到的升迁助力。"

长年累月在外漂泊的林肯，跟其他女人产生一丝暧昧的情愫也是在所难免的事情。但这个只会在感情面前扮演弱者的家伙，并不是一个放荡的人，他只是想要得到更多的同情和理解。如果他能娶一位温柔贤惠、通情达理的妻子，也许他在情绪上就能受到她的引导，也不会像现在这样忧郁，还有可能变成一个阳光、开朗的男人。林肯非常喜欢听一位女歌星的歌曲，甚至到了痴迷的程度。有人嘲笑他，并表示对他的行为无法理解。他却淡淡地说道："随便别人怎么想，我能在她的歌声中，体会到无尽的温柔。"但是后来，他的政敌们费尽周章地对他进行了一番调查之后，竟然没有找到任何一点能够拿来加以放大的政治污点。就连长期独守空房、生性多疑的玛丽，在他们生活在斯普林菲尔德的那段时期，都没有发现林肯有任何出轨的行为。

他是一个非常关注妇女的人，但又会跟女人保持一定的距离。有人问他对于女人的态度，对他来说，这是一个很难回答的问题。这让他想起了母亲为他做的蛋糕、胡桃树和邻居家的小孩儿。他并不想表现自己是多么的无私，只是单纯地对那些穷人表示同情。也许是胡桃树勾起了他对印第安纳悲惨生活的记忆。第一点便是自己丑陋的相貌，而后便是他那病逝的未婚妻。这一切都打消了他接近女性的念头与积极性。

# 五、故人难忘

"年轻"这个词，早就已经不能用来形容林肯了。他的第一个未婚妻已经去世20年了，他的那位情敌再也没能挽回自己的新娘。而当年的那位待人真诚、性格直爽的土地测量员，如今跟他的那位情敌之间的恩怨仿佛也淡化了许多。那个家伙还曾给林肯写过一封求助信，而对于这个给林肯留下过痛苦回忆的人，林肯还是非常平和地给他写了一封回信。

他与父亲和哥哥之间的关系，似乎比跟情敌还要疏远。年近六旬的父亲，一直也没有过上安定的日子，还跟第二次结婚之前一样，背着一身债务。迫不得已之时，他也会向林肯伸手求救。

*亲爱的父亲……我很高兴自己的20美元，能够帮您保住您的土地。但您似乎忘记了自己败诉的事实，而奇怪的是，原告似乎也忘记了对您的再次起诉，更奇怪的是，我并不认为您没有偿付这次欠款的能力。希望您能再次确认，是否自己已经支付过这笔欠款了。请代我问母亲好。*

*您的儿子亚伯拉罕。*

他旁敲侧击地对父亲的行为表示了怀疑，虽然说得比较委婉，但也足以达到目的了。他对所有不诚恳的事、不真诚的人都非常反感，即便是这样的事情发生在自己父亲的身上。

几年之后，他收到了哥哥的一封来信。信上说他们的老父亲最近身体大恙，可能时日不多了，希望他能回去探望一下。林肯回信说：

"你知道，虽然我并没有得到父母更多的照顾，但我还是希望他们能够保持身体的健康。希望你能以我的名义，去为父亲找一位医生，或者想其他的办法为父亲治病。我这段时间无法离开，因为我的妻子也病倒了……我发自内心地希望父亲能够尽早恢复健康。也请转告他，一定要记得向万能的造物主祈祷，那会让他对生活充满信心。上帝能看见即将摔落的麻雀，还能数清每个人头上的发丝，没有理由会拒绝任何一位虔诚信徒的祈祷。也请转告父亲，如果我们现在见面，痛苦一定会多于欢乐。但如果他现在已经注定要离我们而去，他也将见到那些许久未见的亲切的亲人和朋友。而我们其余的人，也会接受上帝的安排，在天堂与他再次相见。"

信中的一字一句，都在预言着一位行将就木的老人的命运。林肯并不会整天把上帝挂在嘴边，但无疑他比任何人都要坚信上帝的存在。这一番一般只会在临终涂油礼上才说的安慰性的话语，将他的天性和信仰显露无疑，也是他始终无法亲口表达的。当父亲看见一个高大的身躯弯下腰走进一间低矮的小屋，用他那双充满忧郁的灰色眼睛盯着自己时，他一定不会感到丝毫的快乐。但这位作了律师的儿子却非常害怕父亲的病榻，就像害怕自己的新婚喜床一样。无尽的孤独，挡住了他一贯坚定的脚步，让他在这件事情面前退缩了。

林肯虽然背井离乡，但却给了他同父异母的兄弟们极大的安慰和帮助。他究竟为他们作了些什么，这无从知晓，但可以肯定的是，他们从没有谁为林肯做过任何事。虽然他们并没有生活在同一座城市，但在别人眼中，事业小成的林肯，无疑成了他们寻求帮助和庇佑的最佳人选。在写了上一封信之后的不长时间，林肯又给住在父母家附近的一位兄弟写了一封信：

"亲爱的强森，你需要的 80 美元，我现在还不能借给你。在我每一次帮助你的时候，你都会说：'现在好了，我们足以应付接下来的生活了。'但不久之后，你又会陷入困境。如此说来，就只能在你自己身上找原因了。我想对于你的问题，我还是比较清楚的。你并不是个懒惰的人，只不过是你已经习惯了游手好闲的生活。我甚至怀疑，在我离开之后，你从没有认真地工作过一整天。你也并不抵触任何工作，只是认为工作能够给你带来的东西实在是太少了。这种荒诞的想法只会让你在混沌之中，消耗掉全部的青春，这也正是问题的症结所在。适当地改变一下固有的思维习惯，对于你乃至你的孩子们都是至关重要的。孩子们的人生之路还很漫长，养成良好的习惯，对于他们是非常必要的。每个人都需要钱，我建议你现在就去找一份稳定的工作，把家务和农活都交给父亲和孩子们，这样你才能尽早地还清债务。同时我也答应你，从现在开始到明年的 5 月 1 日，你每赚 1 美元，我就额外再给你 1 美元。也就是说，如果你每个月能赚到 10 美元，实际上你就能得到 20 美元。我的意思并不是要你到圣路易斯的铅矿，或者是加利福尼亚的金矿上去工作，你只要在家乡附近找一份收入相当的工作就可以了。这样一来，用不了多久，你就能把债务还清了，还能逐渐改掉欠债的毛病。但如果现在我替你还上了欠款，明年你还会弄一个大窟窿出来。你在信中说，给你 80 美元就能把你带上天堂，我是想说，上天堂其实很容易，只要你按照我说的去做，四五个月之后，你就可以达成目标了。你还说，愿意把你的土地抵押给我，倘若无法还钱，那块地就归我了，简直是鼠目寸光。拥有土地时你生活尚且艰难，一旦失去了土地，你还拿什么养家糊口呢？你对我一向非常恭敬，你有困难时，我也不会袖手旁观。只要你能听我的劝告，你会发现，那比 80 美元的 80 倍还要珍贵。你亲爱的兄弟林肯。"

　　林肯就是这样一位勇于实践的理想主义者和慈善家，他希望自己身边的每一个人，都能过上幸福的生活，无论是在理想中，还是在现实中。林肯并不会把金钱看得很重，但如果关系到自己继母的命运就另当别论了。父亲去世之后，约翰·强森企图侵吞家里的全部财产。那时的林肯，再也没有了往日的谦和，只有拿出强硬的态度，才能保护继母不受她亲生儿子的讹诈。

"前天我在查尔斯顿时听说，你正急着变卖自己的田产，移居到密苏里去。我思来想去，还是觉得你的这一举动并不明智。你肯定到了那里会比现在过得更好吗？是那里的土地更加肥沃，还是可以不劳而获呢？今年你也并没有什么收成，你心里想的只有如何挥霍变卖田产的那一大笔钱。我不得不阻止你美妙的计划，因为你不能只考虑自己，而不顾母亲的利益和感受。我希望母亲在有生之年里，能够完全保留房屋东边的 40 亩地。倘若你不愿耕种，可以把它租给别人，至少租金就足够养活母亲了。你可以拿走父亲留下的 40 亩地……但归根结底，出去工作才是你安身立命的唯一途径。"

后来，林肯确定了母亲的生活能够得到保障之后，他也就不再深究这件事情了。但他还是提出了一些条件："在我没有看到至少一成的利息保证金之前，我是不会在契约上签字的。"然而，约翰还是想从中搞一些名堂出来。两周之后，林肯又给他写信说道：

"虽然我并不赞成你变卖那 40 亩地，但如果你能保证母亲不会因此而受到委屈，我也并不反对。我觉得这是我们必须要考虑的问题，也是我们义不容辞的责任。而对于另外的 40 亩地，她也享有遗孀产权，现在却似乎已经成为了你的囊中之物。"约翰只想在变卖田产之后，付给母亲 200 美元年息的 8%，也就是说，每年只有 16 美元。"你若是想用这样的方式来对待她，我坚决不同意……那块地每年至少能为母亲带来 30 美元的收益。我也根本不会告诉别人，一位老人要靠16 美元生活整整一年。你的林肯。"

几年之后，林肯受邀到一座小城的教堂里发表演说。会后，林肯对当地的一位他比较信赖的朋友说："我非常想见你们监狱里的一个男孩儿，麻烦您帮我安排一下这件事。还有，我并不希望其他人知道。"那个男孩儿是一个偷窃惯犯，据说这次偷了一块表，可能还有一把猎枪。他就是约翰·强森的儿子。"我想要帮他洗脱罪名，但这肯定是最后一次了。如果他再犯相同的错误，我以后都不会再管他了。"林肯去了监狱，在低矮的木屋中，跟男孩儿进行了一番交谈。男孩儿手中拿着一本皱巴巴的《圣经》，痛哭流涕地对林肯作出了一番保证。于是，林肯私下找到了那位当事人，并说服他撤销了起诉，随后男孩儿也被无罪释放了。朋友说道："我从未见过林肯像那天那样忧郁和难过。"

诚然，当时林肯的内心极度忧伤。当他看见那位自酿苦果的晚辈时，他非常痛心。不仅是为了这个男孩儿，更为全人类感到悲哀。这位自青年时期就被称作"真诚的亚伯拉罕"的人，在为一座小城作演说的同时，还要去看一位屡教不改、身陷囹圄的小偷，并在私下里帮他洗脱罪名。而这一切，都是为了继母带来的几个孩子，或者直接说是为了那位让他感激终生的继母。然而，即使面对的是陌生人，他也会义无反顾地这样做，仿佛他做的每一件事情都会放眼全人类。博爱的胸襟，也促使他不断地去寻求法律与仁爱之间的平衡点。

# 六、浪漫的气质

"跟在他身后走路的人，似乎都会被他身上散发出的忧郁感染。"赫恩登用了这样一种独特的比喻描绘了他印象中的林肯。他的这种性格不正是来源于他的母亲吗？母亲的早逝，父亲对待生活的不安分，青年时代经历的一系列不幸与失败，以及他对于女性的恐惧和不安，都加深了他忧郁、深沉的性格。但值得一提的是，忧郁造就了他伟大的人格，也使得饱经磨难的他并不仇视任何人。

在他做巡回律师的时候，斯图尔特是这样向别人介绍林肯的：

"我看见林肯独自坐在议会大厅的一个角落里，与别人离得很远，仿佛有一件痛苦异常的事情压弯了他的脊背，那种景象十分凄凉。直到会议结束时，他才如梦初醒一般站起身来。"

　　林肯在听到自己喜欢的歌曲时，会请唱歌的人再唱一遍，并把歌词全部记录下来。他曾在一个本子上记录下了这样一首诗歌：

　　　　请听我说，飞翔的风，
　　　　呼啸而来的途中，
　　　　可曾留意过一个村镇？
　　　　那里有一条沉寂的小巷，
　　　　没有哭泣，没有苦难，
　　　　永远寂静，安宁长存，
　　　　安抚着忧郁的灵魂。
　　　　风，低低长叹，
　　　　没有……

　　　　请听我说，风的足迹，
　　　　圈圈扩散的涟漪，
　　　　可曾见过一处净地？
　　　　那里是一个幽静的孤岛，
　　　　没有不幸，没有悲伤，
　　　　永远幸福，友谊常在，
　　　　安抚着忧郁的灵魂。
　　　　风，驻足叹息，
　　　　没有……

　　有时，他也会失去对自己的控制，除非他能用幽默的光芒掩盖住暗淡的忧郁。有时，他的机智幽默还能帮上他的大忙，而那源源不断的幽默故事也成了他身心健康的基本保障。他经常会随身携带一个写满幽默故事的小册子，就像一些人习惯带一瓶酒或是嗅盐一样。这也正是他经常心不在焉的原因。有一次，他为一群人朗读一首非常无聊的诗，听众们也都觉得索然无味，但他却突然间放声大笑，弄得大家都有些不知所措。同样令人惊奇的是，他还会在某个场合突然之间冒出几句非常不合时宜的话。

有的时候，他的神经还会在危机面前完全崩溃。有一次，他到纽萨勒去参加一位朋友的葬礼。这是他第一次看见如此多熟悉的面孔聚集在一副棺材的周围，等待着他的致辞。忽然间，他没有了往日的镇定自若，脑中一片空白，一句话也说不出来了。他只作出了一个下葬的手势，而直到葬礼结束，他也没有说出一句话。他无法面对这样的情形，就像他结婚当天的表现一样。

这些心理上的特性，早就已经在他的体内生根发芽了。青年时代的林肯就非常好动，但喜欢安静的生活。跟许多哲学家一样，他经常会在走路的时候思考问题。每件事情对于他来说都显得特别漫长，他会专注地观察每件事情的发展过程。由此可见，这个善于思考和观察的大个子并不仅仅是位实干家。高大方正的鼻子，突出的两块面颧骨，以及微微探出的下巴上的两片干瘪的大嘴唇，都会让别人觉得他是一个唯利是图的人。但下面还有俊朗、结实的脖子在支撑着脑袋，突出而又饱满的前额，粗大的眉毛和那双反射着冷静光芒的灰色眼睛，都给人一种肃穆之感，显然，他的眼睛能够放射出一种特殊的力量。

各方面的特征，都使他看起来要比实际年龄更加老成。事实上，林肯根本就不能算作是一位热血青年。因为他在青年时期，就有着与青年人不符的哲学家般的兴趣爱好。他需要用很长的时间，来验证自己的想法是否正确。他对待所有问题的中庸思想，都出自于自己的本性，这也决定了他终身的政治思想。"我是个性格鲜明的人吗？不，我是一个中庸之人，只是从不喝酒而已。"

正是由于林肯这种奇特的性格，他从不会主观地对任何一个人进行评论。他会设身处地地站在不同的角度，去看待同一个问题。他很容易原谅别人的错误，因为他了解犯错人的真实想法。

然而，林肯也是个相对安分的人。他始终是一个乡下人，一位农夫。对于自己的利益，他有着敏锐的洞察力，也懂得该如何利用自己的优势去获得更大更多的利益。随着年龄的增长，这个昔日拥有雄心壮志的人，也为自己树立了解放被压迫者的远大志向。但想要阻止更多不公平法律的颁布，就必须站在一个拥有实权的位置上，这就是他重返政治舞台的真正原因。这一次，他要竭尽全力地向自己的目标迈进，因为他已经休息得太久了。他对一同参与政治旅行的赫恩登说："死亡其实很容易，但在没有把一个国家变成一个完美的国度之前，面对死亡是多么不容易啊。世界已经没有了希望，唯独剩下了人类近乎绝望的呐喊：'我们要做些什么？由谁去做呢？应该怎么做呢？'你也会偶尔想到这些事情吗？"

这些永不磨灭的词句，向人们展示了一位想要改造社会的政治家的决心。他不会像艺术家一样，拘泥于形式；也不会像思想家那样，只注重结果；更不会像社会上的某些人一样，以自己的利益作为改造社会的动机和归宿。这只是一段博爱者的自白，也是一位教育者的经验之谈。他会认真地扪心自问，自己是否真的有能力应对此事。他认为这是自己必须要做的事情，只是现在还不知道该用怎样的方法来解决这个问题。

# 七、若隐若现的上帝

这里是约翰·詹姆特的长眠之地，

仁慈的上帝，请赐予他更多的怜恤，

如若他是上帝，他也会这样做，

这就是约翰·詹姆特。


　　这是林肯为一位印第安人写的墓志铭。兄弟般的情谊，互相怜爱，互相搀扶，形成了他宗教信仰般的思想核心。这完全出于他对人类仁爱的本能，也是他最主要的人格特征。即便是一位穷苦之人，他的灵魂也应该与众生平等，这也是他对于正义的追求。在他的眼中，主人与仆人，受奖者与受罚者，本就不应有什么实质性的区别。他所有的朋友都能为他证明，无论在20岁还是50岁时，或者是在之后的日子里，他的这种宗教思想从未有过任何改变。在正派的基督徒眼中，这位无神论者早就已经是神的孩子了。在纽撒勒人的心目中，他是个没有信仰的无神论者、宿命论者。当他发现《圣经》并不能挽回未婚妻的性命时，他对神灵的怀疑达到了极点。

　　他的另一位朋友也说道："他相信灵魂永生不灭，并不认为灵魂会受到永恒的诅咒和责罚。"

　　还有一个人是这样认为的："他相信世间必定存在一位万物的主宰，不辞辛苦地运用自己的勤劳与智慧，为这个世界制定了一个必须遵循的原则，世间万物，各行其道，一切生灵也将照此繁衍。因为林肯看到了万物与自然之间和谐发展的良好秩序，并认为这一切绝非偶然，一定是一股异常强大的力量，经过了一番极其缜密的计划和安排的结果。虽然上帝的神圣非常令人怀疑，但基督教的体系确实顺应了天意，至少它向人们传播了'善'的思想。"

　　赫恩登还说道："没有人比他对于命运的信仰更加坚定，在他的后半生中，他经常会提到'上帝'这个字眼，很显然，他指的就是一个人的命运。我在1854年写的一篇文章中提到了'上帝'一词，让他给我提意见的时候，他却把这个词划掉了，因为我表达的全是对于上帝的信仰，而他一直坚信，世上根本就不存在这个上帝。"

从他的行为中不难看出，他对于宗教和道德的态度，一直都是非常坦诚和直爽的。在这一点上，教会里的一位老人给了他深远的影响。那位老人曾对他说："我做善事的时候，会觉得世界非常美好；而我做坏事的时候，内心会觉得非常不安。这就是我的宗教。"除此之外，他无法接受任何宗教。虽然如此，他也曾读过伊利诺伊州共济会的著作，以及苏格兰的一元论，但这些都没能引起他的兴趣，自然也无法打动他的心。他在为一位老妇人立遗嘱的时候，被要求背诵一首诗歌，他也会照做。在他的小儿子艾迪不幸夭折之后，玛丽加入了长老会。林肯也经常会在教堂中跟牧师交谈，但一直不愿加入教会。他说："恐怕我只能在黎明即将来临的时候，用自己的感情和理智来探寻生命的真谛。"

他从小就生长在一群单纯、质朴的农夫和伐木者中间，不仅无法摒弃头脑中根深蒂固的迷信观念，反而随着年龄的增长越发迷信了起来。但这对于林肯来讲，也是无可厚非的。孤僻的心灵和古怪的脾气，自然会让他把一些奇妙莫测的事情，归结于某种神奇的力量。"哲学中从来没有偶然的事件，每一个结果都有其原因所在。过去是现在的原因，而将来则是现在的结果，如此循环往复，无尽无穷。"对于意志的自由，他一笑而过，但在谈论到灵魂的自由时，他说道："我们头脑中的目的完全接受灵魂的驱使，也许其中还夹杂着一点意志的成分。"

他完全相信自己的预感和宿命，他曾说道："布鲁图斯被迫杀死了恺撒，他的意志已经超越了法律和情境的限制。"妻子则对他的这种想法表达了这样的观点："林肯唯一的哲学就是，他预料到的事情一定会发生，任何祈祷都是徒劳无功的。"他还曾对赫恩登表达过自己的悲观："恐怕我将来不会得到什么好的结果。"

一件又一件不期而遇的事情，让他更加坚定了自己的预感。任何人都无法改变事情的结果，尽管如此，林肯还是在关注着每件事情发生之前的异动。也许他能够给别人一些忠告，但却根本无法避免事情的发生。他虽无法改变即将发生的事情，但还是希望能够尽早知道将来要发生的事情。就连遇刺的前一天，他都预感到了即将出现的黑暗。

对待任何事情，他都要设法证实自己的理论，所有的信任，全部建立在了解的基础之上。所有的事情都早已注定，但我们又不得不去做，我们又为什么要费尽周章地去分析某一件事呢？林肯想要研究并改变人类的做事动机。"每件事情的发生都有其原因和动机存在其中。"赫恩登也曾试图反驳这一观点，但最终还是倒在了动机论的面前。这也正是两人现实中思维意识的真实写照。赫恩登希望通过一次坚决的斗争，彻底废除奴隶制；而林肯的思想重心则倾向于怎样阻止奴隶制继续扩张。相比之下，赫恩登是一位理想家，林肯则是一位实干家。

"林肯会更多地关注事物的静止形态，而忽略其运动性。他的心已经超脱了幻想的境界，眼中容不下任何虚无缥缈的东西。犀利的目光总会聚焦在事物的正反交点之上……这些优秀的品质完全来自于严密的思维逻辑。"

不断徘徊于仁慈与怀疑之间，寻找冷漠与同情之间的平衡点，是一位伟大政治家的必经之路。他将在经历过黑暗与荆棘之后，昂首迈向人生最伟大的目标。

# 八、南北之争

这种矛盾会在不断的摩擦中，形成一场大规模的争论，但用不了多久便会戛然而止。

80年前美国成立之初，想要劝说南方的奴隶主，把所有黑奴全部遣返回非洲几乎是不可能实现的。他们受到了传统思想的束缚，他们拥有的一切都源自于他们特殊的社会地位，如果他们接受了北方所谓的高尚原则，利益将会遭受严重的损失，利益驱使他们不得不这样做。

有一些南方人，对他们旧有的习惯作了些许调整。他们减少了奴隶的数目，改善了奴隶的待遇，或者是释放一部分奴隶，而能做到其中一点，就已经非常不错了。

在这个崭新的国度里，南北冲突愈演愈烈。在这个新纪元里，产生了一种新的奴化制度。人变成了机器的奴隶，生产出的商品也更加廉价和普及。穷人的劳力，全部转化成了富人的财富。机械化的发展缩短了主人与仆役之间的阶级距离，也催生出了一个新的阶级。棉花的产量也因此提高了近百倍，千百万人穿上了棉质的服装——但这些人几乎没有人愿意到亚热带地区去种植和收获棉花。与此同时，全世界都产生了一个共同的需求，黑奴成为了不可或缺的关键因素。而奴隶们应该冲破枷锁重获自由的呼声，也迅速在世界各地得到了响应。

为什么奴隶主不能让奴隶重获自由呢？是内心的恐惧，还是对自身利益的不舍呢？不用付钱便能得到劳动成果，谁会对此摇头呢？牛马就能做的事情，谁还会去付钱请工人呢？南方的奴隶主，可以蓄养几百名奴隶世世代代为其工作，老去的奴隶会有新生的奴隶取而代之。倘若有一天，他们身上的锁链被人打开，身边再也没有了皮鞭和火枪的看管，他们能够获得自由吗？他们还会继续遵循基督思想，对主人毕恭毕敬吗？他们可能会离开棉花园，砸烂主人的房屋，喝干所有酒桶里的威士忌，甚至杀了他们的主人以及其他白人，玷污贵族女性。无论如何，都不能让这种场面在现实中出现。唯一的办法只有忍耐和遏制奴隶数量的进一步增长，对那些传统的蓄奴州加以限制。如果这种"病情"能够得到控制，就不会对"生命"造成威胁。在这种形势下，虽然所有人都发现了矛盾的存在，但建立一个统一的国家是所有人都赞成的。南方人对于现状非常满意，黑奴们依旧在他们的棉花田里为他们创造利益。

但北方的实力也在不断壮大。人口、金钱和生产力，带着新机器、新思想跟一个崭新的时代紧密地结合在了一起，形成了一股威慑南方的力量。先驱者的斧头，在荒原之上开拓出了一条通向西方的道路，也引起了南方的恐慌。他们有种预感，在不久之后，北方的实力一定会超越南方，所以他们现在至少要取得国会中多数派的支持。不断移民入住的欧洲人，把森林变成了良田，荒原变成了牧场，草地变成了城镇。沉睡千年的土地，今朝已被唤醒。金、银、铁和铅矿的开采，把往日荒蛮的西部变成了南方的梦魇。这里的一切完全出自白人之手，一个个小蜂房堆砌成了一个富庶的大蜂房。南方人必须保持住他们在华盛顿的政治权利，一旦地位动摇，奴隶制的前途将幽暗无光。

用什么办法才能提升自己在北方面前的地位呢？只能用分裂进行威胁。当年的古巴与拉丁美洲，正如现在的南方各州，越靠近赤道的地方就越需要黑奴。英国一定会保护那些在18世纪跟他们作对的人，赞同分裂。因为那里本就是英国的殖民地，当年由于某些革命运动而脱离了英国的管制。没有人能够剥夺南方的自由，只是相对弱势的北方会因此放慢前进的脚步。或者会由于外部的一些经济干涉，被迫对欧洲作出让步，甚至割让土地。这是他们绝对不想看到的结果。

在如此复杂的情形之下，北方人愿意妥协。最先提出的办法是：将密苏里加入到蓄奴州之中，而其以西不允许再建立蓄奴州。之后又轮到了辉格党领袖亨利·克莱本人作出让步：从墨西哥接管的新州可以蓄奴，加利福尼亚州成为自由州，还加重了针对逃跑奴隶的刑罚。这也相当于间接承认了"奴隶属于不动产，而并不是人"的观点，北方对此也并没有表示反对。更令人气愤的是，法规中还提出：每个公民都可以抓捕逃跑的奴隶，每抓住一个，便可以获得10美元的赏金。

在两个极端对立面的中间，产生了持中立观点的中间派。克莱是美国最聪明的领袖之一，他曾多次为国会提出宝贵的建议。他的演讲，也曾多次在林肯的内心中激起波澜。现在克莱已经到了垂暮之年，但他高瞻远瞩地发现了美国想要维持到20世纪，必须要面对和解决的一些危机和困难。黑奴一定要获得自由，而种族的融合也将会带来新的问题。有人说:"我们种族体内流淌的血液,正是来自于千千万万的,曾经被当做牲畜买卖的那些人。"

而就在这时,出现了一个反对道格拉斯的声音:"应该有一种法律,凌驾于宪法之上。"说这话的人,就是10年后与林肯交往甚密的苏华德。

# 九、情敌变政敌

命运往往要通过两个遭遇不同的人才能体现出自身的存在。一位参议员希望自己被推举为总统,而一个奴隶希望自己重获自由。这位议员就是道格拉斯。他确信机会已经出现,是该利用自己的政治地位让更多人认识自己的时候了。但他陷入了党派分裂的混乱局面中,进而转入了一个全新的阵营,并竭力促成最终的胜利。那个奴隶名叫拉德·斯科特。他认为自己应该获得自由,因为主人带着他流亡到了一个非蓄奴州。虽然州法院通过了他的申诉,但却被最高法院改变了审判结果。一时间,事情引起了全国范围的轰动。最终,这两个人都没能实现自己的愿望。议员没能成为总统,奴隶也没有获得自由。然而,合众国统一的局面,并没有被多年的内部斗争和4年的南北战争所打破。国家重获新生时,那位参议员已经去世了。如果那位奴隶还健在的话,他也将同数百万黑奴同胞一样重获自由。

在1856年大选之前的两年里,道格拉斯在民主党中最具权势和威望,他现在必须把握好前进的方向和目标。只要获得来自南方的支持,他一定能够取得成功,但也只有支持奴隶制的继续扩张,才能讨得南方人的欢心。一年之前,他还把《密苏里妥协案》看作是神圣不可侵犯的,但现在,他却成了南方在北方的代表,同时还代表着成千上万的北方民主党。民主党不希望奴隶制的问题成为自己前进的羁绊，而新增的两个州，也为他改变自己的政治方向提供了机会。

堪萨斯州和内布拉斯加州还处于胚胎阶段，它们都位于《密苏里妥协案》中禁行奴隶制的区域。但现在它们陷入了两党的包围之中，必须要在赞成与反对奴隶制的问题上作出选择。无论是南方还是北方，都不会放弃这两个州新增的几张选票。而道格拉斯则恰巧是这两个州的事务主席，他不仅要解决这一问题，还要在南北方之间周旋。他认为限制新州的主权自由，有悖于宪法精神，各州的人民都应享有"人民主权"，是否在州内施行奴隶制，应该交由广大民众自主裁定。早在 30 年前，就曾有人说过："我们没有理由禁止任何人把奴隶带入其他城邦，这就如同不能禁止任何人携带牲畜、家具或者手杖一样。"道格拉斯说道："我们不能主观地决定，这两个州到底应该施行奴隶制，还是禁止奴隶制。新州的人民应该拥有自己选择的权利，这样才不会与联邦的宪法相抵触。过去人民的这种权利一直受到限制，现在应该还给他们了。"

这个议案的制定，似乎对克莱作出的让步表示了支持，也充分显示出了道格拉斯灵活的头脑和政治手段。这也赢得了辉格党人的欢心，因为他将继续坚持辉格党的政治路线。在北方人眼中，大部分堪萨斯人都是反对奴隶制的；而在南方人看来，只要把奴隶制引入堪萨斯州，他们就有获胜的希望。南方略施小计，便使得道格拉斯的草案在两院议会之中通过了，但未曾预见此后的暴风骤雨。最终，四分之三的票选让他们大胜而归。他们也在华盛顿鸣响了庆祝的礼炮。事实上，这也为 7 年之后的内战，拉开了序幕。

堪萨斯州的公民表决异常混乱。南方希望在这里建立一个蓄奴州；北方则认为无论是那里的气候还是土壤，都不适合黑奴的生产和生活，那里应该成为一个由白人控制的自由州。北方的一些州，开始帮助大批的移民移居到堪萨斯，以增强那里反对奴隶制的势力。虽然北方的移民不是很多，但他们对那里的影响却非常大。而南方也随即迁入了一些支持蓄奴制的移民。没过多久，堪萨斯就变成了举国闻名的动乱之城。人们称之为主张自由的一派与守旧派之间的战争，双方都在不停地指责对方。烧杀掳掠，时有发生。但来自北方的移民还是源源不断，不久之后，北方就取得了人数上的绝对优势。

这对于道格拉斯和他所在的政党是一个巨大的打击，加上他的参议员任期也马上就要结束了，所以他马上赶回了伊利诺伊州，为自己的下一次参议员竞选作准备。伊利诺伊州是一个面积很大但比较狭长的州，从纽约一直延伸到肯塔基州的边界，所以，这里存在着南北方的两种意见。而道格拉斯这个两面派，同时触犯了两方的利益。北方的舆论开始了对他极端的攻击，并揭穿了他的真实动机，以及一心只想着总统宝座的野心。他们咒骂他是个恶魔，是一个长着南方脑子的北方人。所以，他不得不再冒一次险。

到了芝加哥之后，他发现很多地方都降了半旗，在他去参加集会的路上，还听见了教堂丧钟的响声。成千上万过来听他演说的人，把大厅挤得满满登登。演说刚一开始，就有人向他提出了很多尖锐的问题，弄得他有些窘迫不堪。无法忍受的他，用近似于怒吼的方式，反驳了听众的观点。这引起了听众们强烈的不满，拥护他的声音也渐渐被压了下去。他哑口无言地站在那里，面色羞赧，眉头紧皱，两只手紧紧地握着拳头。"你是南方政权的傀儡！"听众的呼声已经吞没了这里的一切。这场暴风雨持续了近两个小时之久，到了午夜时分，他看着手表高声疾呼："现在已经是星期日了——我要到教堂里去，如果你们不愿意，就去见鬼吧。"

之后，道格拉斯又辗转到了斯普林菲尔德。在这里，他进行了一场长达3个小时的演讲，这里的听众并没有像芝加哥人一样中途打断他。他在演说结束时说道："我听说林肯先生并不赞同我的观点，希望他能对此作出回应。"

为了迎接这一次的挑战，林肯在第二天就作了一次更长时间的演说。针对道格拉斯关于堪萨斯州的议案以及蓄奴制，进行了一番彻底的辩驳。他的回应虽然并无亮点，但却十分深刻，这也是林肯第一次进行如此大规模的演说，道格拉斯也是听众之一。他在听完林肯的演说之后说道："我的朋友林肯先生邀请我过来听他的演说，并对我的观点作出了回应。非常感谢他的礼貌与诚恳。"

比起之后的辩论，这次对决仅仅是一个开始。


# 十、平等至高无上


13 年前，林肯在密西西比河上摆渡时，曾给斯皮德的妹妹写过这样一封信："我在船上遇到了一个非常好的例子，能够让人联想到人类无比幸福的情境。一位先生在肯塔基州买了 12 个黑奴，打算带他们到南方的农场去做工。每 6 个人被锁在一起，每个人的手腕上都锁着一个小铁环，一条粗大的锁链贯穿其中，每两个人中间都保持着一定的距离，看起来很像一群拴在绳子上的鱼。这些人从此将告别自己的童年、朋友、父母、兄弟姐妹或者妻子，永远过着与皮鞭和汗水做伴的奴役生活。然而，即使在这样的处境下，他们仍然是全世界最高兴的人。有一个黑人几乎整天吹着长笛，而其他人则会借着笛声的节奏跳舞、唱歌、说笑话、玩纸牌等。'上帝会为刚剪过毛的羊儿吹来温和的风。'这是多么字真意切的一句话啊，即使身处逆境，也能让人找到一些心灵上的慰藉。"

这就是林肯一贯的风格，他总能把自己的想法表达到极致。他也会思考自己做事的目的有无局限性，人类的幸福才是他要为之终生奋斗的。他喜欢讲故事，也能让他讲的故事走进听众的心里，这也是他一生之中不值得崇拜的能力，但这并不是他的终极目标。多年之前，林肯被一个半裸的女性黑奴深深地触动了，奴隶主们邪淫的目光与无情的鞭笞，在林肯的内心留下了深深的烙印。但现在，他已经不再是那个年轻气盛的小伙子了。经历了半生世事，他懂得了人类的快乐与忧愁与肤色并没有实质性的关联。激励人们前进的，就是人类对于尊严的追求。虽然他在船上看到的那些黑奴，并没有表现出失去自由的哀伤，但还是让他觉得怒火中烧。多年前的那封信中，充满了抒情的格调；而如今已经46岁的他，性格中也增添了一份坚毅与成熟。他也在给奴隶主朋友斯皮德的信中，凸显出了自己思想的成熟与深邃。

"我一直都反对奴隶制，你也知道这种制度并不正确。理论上我们并不存在分歧，你却说即使国家因此分裂，也不愿放弃自己手中蓄奴的权利。我认为没有人要你放弃这种权利，至少我没有这样想过。我承认，看到那些被抓去做工，可以被自由买卖的生灵时，我的内心充满了愤恨，但我只能握紧双拳，缄口不言。1841年，我们共同经历了一次无聊的航行……也许你记得，当我们航行到俄亥俄河口的时候，一位奴隶主带上来十多个身戴锁链的奴隶。那个场景至今让我难以忘怀。每当我来到俄亥俄河或者蓄奴制的地区时，多年前的情景还会浮现在我的眼前。你可能会认为这件事情根本就与我无关，我怎么会有如此强烈的反应呢？我所以要反对蓄奴制，是因为我无法违背自己的理智与感情。如果在这件事情上，你我存在分歧的话，我只能表示遗憾，并继续坚持自己的观点。你还在信中说，如果你是总统，你一定会把那些在堪萨斯实施暴力的暴徒们全部处死。在进行公平、公正的投票之后，无论堪萨斯实行哪种制度，我们都应该心平气和地接受。奴隶主们都会说这些冠冕堂皇的话，但从不付诸行动。我们朝着错误方向前进的速度是如此之快。我们曾大声喊出了'人人生而平等'的口号，但现在却只能理解为：'人人生而平等，黑奴除外。'如果一些小人得志后，还会改成：'人人生而平等，黑人、外国人和天主教徒除外。'如果真有那么一天，我宁愿移居到一个'不热爱自由'但没有欺诈与伪善的地方。"

理智和感情驱使着他的意志，但当他想要劝说自己的一位朋友时，就像他后来说服千千万万的民众一样，他并没有让自己的感情占据主导地位，以免自己的感情起到相反的作用。

心和脑的统一，对于建立公正是至关重要的。人们通常只能看到林肯想要解放黑奴的思想，却没有看到他想要让白人奉行人道的苦心。诚然，他有一次说得非常清楚，劝说白人不再做奴隶主，比解放黑奴更加重要。他对正义的追求，早已超越了世间的一切。道格拉斯的议案已经成为了法律，换句话说，堪萨斯州的一只脚已经踏入了蓄奴州的行列。倘若斯皮德继续拥护蓄奴制，即使需要断绝他们之间深厚的友谊，林肯也在所不惜。因为林肯必须面对友谊与自由之间的抉择，他的耳朵听不进任何的混沌之声，也不愿批判自己的祖国。他写道：

"当我们脱离了乔治的政治奴役时，'人人生而平等'成为了我们信奉的真理。现在我们有了充足的自由，却又想要成为奴役别人的奴隶主，公然做起了违背真理的勾当……也许当俄国沙皇放弃王位，宣布与庶民平等时，我们美国的绅士们都不愿意放弃奴隶主的身份。"

几年之间，俄国沙皇真的释放了所有的佃农，这是林肯始料未及的。从欧洲大陆吹来了一阵清新的风，他们也迎来了新旧世界的交替。

那种革新精神，在林肯的言语中体现了出来，他利用对奴隶制的看法，带出了白人内部的阶级问题。他对农夫们说，广阔的农场根本就是不切实际的，就如同工具不能过于笨重一样。在美国，没有人会一辈子守在田间地头。他继续说道："劳动出现在资本之前，并且能够独立存在。事实上，资本是劳动的结果。劳动可以脱离资本独立存在，但没有劳动，就不会产生资本。所以，劳动要远远高于资本。"

他还揭露了奴隶主们拥护奴隶制的本质所在：一个拥有许多奴隶的人，肯定要比拥有大片土地的人更加富有。奴隶是世界上最耀眼的财产。

一个人有了如此敏锐的感知能力，自然要有一番作为，但林肯并不急于行动，他与朋友们必须积蓄足够的力量。他并不是赫恩登那样的极端分子，主张用强硬的力量废除奴隶制。林肯经常会说："在一个法律健全的民主国家里，反叛和浴血抗争都是极端错误的，是有悖宪法的叛国行为……投票箱才是我们真正的战场。"

虽然如此，他们还是采取了行动。绝大多数律师都对为黑人辩护嗤之以鼻，但他却接手了很多黑人的案件。一个斯普林菲尔德的自由黑人妇女的儿子在新奥尔良做水手，由于没有通行证，被关进了监狱，随后便沦为了奴隶，她的母亲来请求林肯的帮助。林肯先后拜访了两位州长，希望能够将那位黑人释放，但他们都拒绝了林肯的请求。在那个动乱的年代，没有人会为了一个黑人趟这潭浑水。林肯无奈之下只能募集一笔钱，把那位黑人赎了回来。


# 十一、共和党诞生


道格拉斯的出现，激活了林肯压抑已久的那颗雄心。经过 5 年的磨砺，他决心再次竞选参议员。目前动荡不安的时局，似乎对林肯更加有利。他要利用政治家的本能，攻击道格拉斯的短板，让他无法应战。林肯描述自己的敌人说："他是自由最危险的敌人，因为他有用不完的诡计。"接着说道："没有人能推倒一座金字塔，我们要做的就是一块一块地搬走它的基石。"他对自己充满了信心，并写信给那些颇有势力的人，寻求他们的帮助。

此时的玛丽也对生活充满了热情，因为成为参议员夫人也是她多年来的梦想。她早已对华盛顿的生活充满了幻想和憧憬，自然会助林肯一臂之力。但林肯并不属于人才辈出的民主党，这让玛丽多少有些遗憾。林肯现在必须专注于党内事务，像一位政治家一样待人接物。民主党在斯普林菲尔德创办的《保守党日报》声势逐渐壮大，已经到了必须铲除的地步。林肯诱使一位头脑简单的编辑，转发了一篇极度拥护奴隶制的文章，并建议他印成小册子。这家报社就这样成为了政治牺牲品，不久便停刊了。

此时的辉格党，也无法知晓自己的影响力究竟有多大。几乎所有州的情况都跟伊利诺伊州一样，一部分民主党开始极力反对道格拉斯的政治主张，这也在无形中增加了林肯的胜算。但就在大选前夕，民主党的一位候选人也举起了反对奴隶制的大旗，这个人就是林肯的朋友川布尔。林肯再次铩羽而归，玛丽也大为恼火。因为在这之前，她几乎都已经坐在了参议院的旁听席上。

林肯在这种不利的局面之下，迅速举起了反攻的旗帜。第二天他就写信给朋友说："我再一次尝到了失败的苦果，非常遗憾，但这并不能打垮我的意志。"

随着总统大选时机的成熟，表面看上去坚不可摧的民主党，也走向了分裂的道路。一个崭新的党派也就此诞生，对旧党不甚满意以及一些反对奴隶制的人们，同很多社会精英，组成了被称为共和党的新党，并希望继承杰斐逊总统的遗志。杰斐逊在林肯偶像的位置上已经伫立20年了。他们选择费城作为党派的诞生地，并推举伟大的先驱者弗雷芒为总统候选人。无论在哪一方面，他都不会输给当时的民主党候选人布坎南。

林肯也成为了共和党的一位开朝元老，甚至有人觉得正是凭借他的力量，共和党才得以建立。这个在费城名不见经传的大个子，还差点成为副总统的候选人。一直以来，他的命运都完全掌握在自己的手中。放弃《密苏里妥协案》，建立《堪萨斯法案》，道格拉斯为了一己之利，一手造成了民主党的危机，也催生出了共和党。新政党建立之初，林肯肩负起了大部分事务和责任，自然也就得到了更多人的拥护和更广泛的影响力。一个新成立的委员会，竟要推举他为伊利诺伊州的州长候选人，林肯日渐增长的威望从这件事上就可见一斑。

每个人都知道，这是走向白宫的第一步。但他却断然拒绝了这一提议："如果我当选了，民主党人就会说，我们是在借尸还魂。我也还是会被视为辉格党的代表，那样我们想要传播的共和党新思想，也将成为泡影。"于是，他推举了另外一位更适合这一职务的共和党将军。谨慎小心已经融入了林肯的谦虚之中，无论站在哪个角度，我们都能看到林肯身上的自信。

在伊利诺伊州布鲁明顿举行的第一届共和党大会上，林肯作了一次融合了感情和智慧的演说。其中不乏外交家的手腕，充满信心的别出心裁，并且很好地汇聚了三方代表的意见。遗憾的是，这次演说并没有留下详细的记录，因为演说者刚讲了几分钟，记者们的注意力就都从手上转移到了耳朵上，甚至连呼吸的次数都减少了。当时在场的人描述道："他仿佛遇到了人生的危机，一开始刻意抑制的感情，逐渐得到了释放。他慢慢地走到讲台上，眼中折射出坚毅的光芒。"有一次，这个大个子竟然踮起脚来增加自己的高度。一位听众后来说道："那一刻的他，是我一生之中见过的最为光辉的人。"

林肯如此兴奋的原因，在于他看到了自己的进步。南方正在酝酿一场脱离合众国管束的运动，而林肯预见了这一危机的出现，他不愿看到那样的局面，希望能够阻止这一危险的发生。林肯这一次演说的重点，变成了国家的统一和完整，而并非奴隶制，警示的语句也代替了往日劝说式的口吻。他用简单的语句阐述了自己的观点，还提出经济和道德层面的问题已经转变为国家存在的基本问题。听众们狂风骤雨般的掌声和欢呼声，与他的忠告混合在了一起。林肯话锋一转，振臂高呼："我们不会破坏统一，你们也休想！"

这次精彩至极的演说很快便传遍了全州。只是人们没能看到这篇讲稿，只听到了当时在场的人们对于林肯总统般的评价。

# 十二、宁缺毋滥

民主党又一次取得了胜利，布坎南当选了总统，但刚成立不久的共和党也得到了三分之一的选票。爱默生、莫特利和朗费罗都推迟了自己的欧洲之行，只为投上自己反对奴隶制的一票。参议院的共和党领袖蔡斯，是一位曾撰写反对奴隶宣言的作家。他旁边的苏华德则是一位雄心勃勃、值得信赖的人物，只是有些过度乐观。旁边还坐着一些多年来为维护《密苏里妥协案》作出了不朽贡献的人们。

他们之中，有一个思维敏捷的人非常值得我们关注，他就是苏姆纳，一位参议员，哈佛大学教授。他是一个同林肯一样无所畏惧的人。他还曾受到反对派的攻击，以至于健康受到了损伤。

攻击苏姆纳只是内战的开端。在那段日子，最高法院的一项决议几乎起到了火上浇油的作用。一个南方人带着他的奴隶移居到了北方，他的奴隶认为，他们现在已经到了禁止蓄奴的地区，自己理应获得自由，并一路告到了最高法院。那时的最高法院几乎完全代表着南方的利益，最终裁定：黑奴无权在法院中起诉，任何部门都无权干涉任何人携带奴隶进入自由州。

《堪萨斯州法案》到了华盛顿之后，又起了纷争。以前的宪法完全是奴隶制的产物，民众的权利受到了限制，而新州的法案也就此陷入了两难的境地。

这如同两道闪电划过长空，瞬间就让人们看清了当下的时局。每个人都找到了一个自己应该坚守的位置，只有道格拉斯依然游离在各个阵营之间。他要怎样将自己的"人民主权"理论，同斯科特案件的裁决联系在一起呢？他要怎样才能在明年的竞选中，再次当选为参议员，并同时得到南方的支持，铺就以后的白宫之路呢？毕竟，黑奴的问题并不是他最关心的，堪萨斯的混乱局面已经把他搞得焦头烂额了。几经权衡，他认定北方的民主党选民在这时对自己是非常重要的，于是，他开始反对堪萨斯州的蓄奴宪法。一系列失败的经历，让他失去了信心，他只能返回自己的家乡，在伊利诺伊州作最后的争取。

此时的道格拉斯，已经没有了青年时的活力，他必须鼓足勇气，面对挑战。政治观点的转移，使得他站在了大多数民主党人的对立面上；而共和党则想趁机将其拉拢过来，对其才能和声望加以利用。格里利（《纽约论坛报》主编，这份报纸是当时北方最有影响力的报刊）、苏华德和其他一些新英格兰的领袖，希望通过多方面的调节，在道格拉斯的领导下，缓和新党与各政党间的矛盾冲突。格里利还特别指出，新党的政治立场有些过于感情化，应该提出更多切合实际的政策。他还建议伊利诺伊州的读者们，把选票投给道格拉斯，希望通过此举把他拉进共和党的阵营。

已经成为新党左派领袖的林肯，生平第一次表现出极其强悍的攻击性。他认为这种做法，对于一个新成立的政党是非常危险的。

"格里利的主张对我很不公平。我是一个真正的共和党人，并且一直奋战在第一线。而现在，我们竟然想拿着那个以前南方人手中的工具，来与之抗衡。他可能非常欣赏道格拉斯的地位、名誉、经验和才能，但这不能用牺牲我们新党的政治地位作为代价。我不认为他的当选，会比一位纯粹的共和党人当选给我们带来更多的益处。我不知道《纽约论坛报》对于道格拉斯的吹嘘和赞颂是出于什么目的，难道这是华盛顿共和党人的心声吗？完全忽略共和党的议案，单纯地树立个人的威信，就能提高新党的政治地位吗？如果真是这样，我们完全可以现在就举手投降，也省去了很多麻烦。目前为止，我还没有发现哪位共和党人是他的拥护者，但倘若《纽约论坛报》继续为他歌功颂德，就会有成千上万的伊利诺伊共和党人对他产生兴趣，那时的局面就难以控制了。我并不想抱怨什么，只是想客观地了解事情的真相。"

这就是林肯———一位新生代斗士。愤怒的他认为，为了一个狡猾的家伙作的任何牺牲都是不值得的。他多年的敌人摇身一变，成了自己的同僚，并一跃而上，站在了比自己还要高的位置上。也许在林肯眼中，他能容忍这样的对手，却无法接受这样的朋友。

这个政党仍然是崭新的、纯洁的吗？领袖们为了个人的利益，而并非政治原则不断争吵，甚至成为了彼此监视的对象。赫恩登是林肯最得力的助手，他也从东部带回了一些让人不安的消息。显然，满心嫉妒的苏华德，诡计多端的格里利早已盘算起了大选之后的事情。虽然林肯最近被提名为参议员候选人，但他没有对任何人使用任何阴谋手段。

"无论是总统还是州长的提名，我都没有做过任何手脚，无论是直接的还是间接的。我们虽然不能轻信别人，但也应该避免彼此无谓的怀疑。"

# 十三、旧人之子

政治前途明暗不定，林肯必须为此付出比法律事务更多的时间和精力。在他的律师事务接近尾声时，他又打赢了很多官司，这也进一步提升了他的知名度，也增加了他在政治竞争中的筹码。那场在伊利诺伊为国家铁路局打赢的官司，为他赢得了数千张选票。另外，他还参与了一个谋杀案的审判。这件案件涉及到了颇有社会地位的两个家族。一位年轻人因为观点上的分歧，在争论中失手杀死了另外一位年轻人。被指控的人，恰巧是曾在 20 年前指责林肯不是基督徒的加特利的孙子。为其辩护的林肯，把老加特利请到了证人席，陈述事实，并为自己的孙子作证。最终，法院裁定被告无罪，当庭释放。

那个年代的美国，常会出现由争论引发的命案。不是因为酗酒，就是因为政治分歧。有一天，林肯在报纸上看到了一段关于酒后杀人的报道。两个年轻人被控告在酒后杀死了另外一个人。其中一个已经认罪伏法了，但另外一个叫做阿姆斯特朗的年轻人却不服判决。当林肯看到这个名字的时候，不免为之一震。这会不会是他的老朋友阿姆斯特朗的儿子呢？

事实证实了他的猜测。林肯回想起了跟阿姆斯特朗共度的那段轻松的时光。想到了那个火炉旁摇篮里的孩子，如今却成为了一个站在被告席上的杀人犯。

"亲爱的阿姆斯特朗夫人，我已经得知了那个不幸的消息。我几乎不敢相信这是真的，您的儿子怎么会作出这样的事情呢？我希望他能得到一份公正的判决。无论如何，我都要感谢你们在我落魄时，给予我的帮助和温暖。我将竭尽所能地回报你们对我的恩情。"

这是一位律师写给一位已经20年没有见面的寡妇的信。他只是想表达自己埋藏在心中的谢意，并不是感情用事。他并没有作出任何许诺，只是在用农夫的口吻与一位农妇说话。

虽然如此，他还是非常谨慎小心地面对这个案件的每一个细枝末节。被告在当地的口碑极差，所以林肯请求到邻近的另外一个小镇进行审判。同时，他还发现对方的证人似乎对被告充满敌意。他言之凿凿地说，他亲眼看到被告用石头打在了死者的右眼上。事情发生在一片树林之中，并且当时已经是夜里11点多了。林肯问证人怎么会看得那么清楚，"借着月光。"

林肯叫人拿来了一本日历，翻看了一下，之后便放在了桌子上。被告的母亲也坐在听众席里，她的样子看起来非常担心，几乎快要哭出来了。林肯弯下腰对她说："放松点，汉娜，你的儿子在日落之前肯定会被释放的。"她抬起头，半信半疑地看着眼前这个高大的身影。

在那之后，林肯便开始了不慌不忙、逻辑严密的辩护。他再次拿出日历，推算出在事发当时，月亮的高度并没有升到最高。所以，当时的月光根本不足以让远处的人看清树林里发生的事情。证人的证词，也在那一刹那土崩瓦解了。

而后，林肯又展开了感情攻势。他讲到了被告的身世，以及自己跟被告一家真挚的友谊。还说到被告刚失去父亲，如果自己再被关进监狱，剩他母亲孤苦伶仃一人，难以度日……在场的所有人，包括法官，都被他煽情的话语打动了，阿姆斯特朗真的就这样重获了自由。

在林肯遇刺之后的很长一段时间里，人们还在街头巷尾互相讲述着这个故事。奇怪的是，命运怎么会将诱惑、机遇、困难和经验全部降临在一个人身上！林肯的那封信，表明了自己对待这件事的态度。他甚至还没有弄清楚被告是否真的有罪，就用自己缜密的思维和雄辩的口才，恢复了被告的自由。他总是充满激情，在面对奴隶制问题时更是如此。他用同样的精神，从绞刑架上挽救下了一条无辜的生命，几年之后，他又想为几百万黑奴争取自由的权利。他始终被一种务实的理想主义精神所引导，他的眼中只有正义，同时，他也知道该用一种怎样的方法来达成自己的目标。他在日落之前，解救了年轻的阿姆斯特朗，正如他在生命完结之前，解放了所有黑奴一样。他的智慧和忧郁，以及对于正义的信仰，不是很容易让人联想到犹太的民族英雄扫罗吗？

扫罗的身边怎么能少了大卫的身影呢？不久，林肯就找到了自己的大卫——雷蒙。他是林肯当年作巡回审判时认识的一个小伙子。林肯任命他做自己在一个小城的代表。他们在一起时，几乎很少谈论法律和政治，因为这位来自南方的小伙子，更加倾向于拥护蓄奴的立场。

雷蒙多才多艺，擅长唱歌，而林肯比较擅长讲故事，但相比之下，林肯更勤于思考。人们都弄不明白，为什么林肯会整天跟这样一位学识不足，却自诩为绅士，并且跟自己志不同道不合的人搅在一起。扫罗自然知道自己需要大卫做些什么。伤心失落时，他会让雷蒙用小提琴为自己演奏一曲。和谐。柔美的音符会让林肯如释重负，心情变得晴朗起来。林肯也会借这样的机会，回想一下他充满甜蜜与苦涩，再也回不去的青年时代。

# 十四、针锋相对

"一幢裂开的房子，是根本站不住的。"

在议事大厅内，林肯大声地说着《圣经》风格的语句，就像战场上的鼓角之声。演说之前，朋友们建议林肯不要使用这种过于尖锐、极端的语句。林肯反驳道："你们在与奴隶制斗争的时候，不也同样极端吗？"道格拉斯在伊利诺伊州油腔滑调的演讲，再一次激怒了林肯。"我再次申明，无论人数多少，一个由一半奴隶一半自由人组成的国家，根本无法长久地生存下去。"林肯向道格拉斯提出了质疑，希望他能够对堪萨斯州事件以及斯科特案件的审判作出明确回应，他到底是希望对蓄奴制加以限制，还是允许其继续实行。同时，林肯也并不主张用暴力解放奴隶，他更愿意利用合法的手段来解决问题。

几周之后，他又在芝加哥进行了演说："我坚决抗议那些诡诈的理论。竟然有人说我不希望一位女黑人成为奴隶，是因为我想要娶她为妻。实际上，我不希望任何一位黑人成为奴隶，仅此而已。我们都应听从上帝的旨意，尊重每个生灵自由的权利。无论你的身体里流淌的是什么样的血液，白人与黑人血液的交融是迟早的事情。"

激情四射的演讲，点燃了所有听众的热情，也再次成为了人们津津乐道的话题。林肯自己也非常清楚此次演讲的意义。"如果要我划去生命中所有的演讲只保留一篇的话，那我只能选择这一篇了。"未来的影子已经投射到了他的身上。他也隐约感觉到了自己极不寻常的未来。

道格拉斯也感觉到了这篇演说的历史重要性。敏锐的危机意识告诉他，一定要避免跟林肯正面接触。"全国人对我都有所了解，我也不想跟毫无名气的林肯进行辩论。因为如果他取得了胜利，他将赢得一切，而我将失去一切，而即使我赢了他，对我也没有多大益处。所以，我没有必要跟他浪费时间。"

　　然而，在公众面前，他又转换了一种腔调。他认为，林肯这位顽固的反蓄奴主义者，只是想煽动南北方的分裂与摩擦，这违背了大多数人的意志。林肯反驳道："走向死亡是必然的事情，但我并不着急。"道格拉斯也充满讽刺地说道："林肯真是一个仁慈可爱、充满智慧的绅士。"

　　自信的林肯，作出了一个美洲人从未尝试过的决定，他想要通过一场面对面的辩论，跟道格拉斯一分高下。"如果您愿意，我们可以约定时间和地点，面对同样的听众，交换和切磋一下彼此的意见。您可以跟把信送给您的杰特先生，商量具体事宜。静候佳音。"这种看似鲁莽的行为，让他抢走了很多道格拉斯的支持者。道格拉斯当然不愿意接受挑战，他只想用一些冠冕堂皇、虚情假意的话来搪塞林肯。但无奈林肯此意已决，所以，在对林肯进行了一番刁难之后，他选定了7个辩论的城市，并确定了时间和具体地点。"其他一些细小的事情，我并没有什么要求。只是希望，我们能有同样长的轮流发言时间。"

　　他们在渥太华打响了竞选参议员的揭幕战。道格拉斯先讲了一个小时，林肯接着讲了一个半小时，最后，道格拉斯又讲了半小时。数千人见证了他们的首次较量，伊利诺伊的新闻报纸也对此进行了报道，甚至还把他们的辩论用电报传到了其他州。三次较量过后，几乎大半个国家的人，都对这两个人产生了浓厚的兴趣。

　　只要见过他们的人，都会知道他们为什么会势不两立。一个是身材结实、肩颈有力、上身宽厚、充满活力的"矮子"，整洁的西服，洁白的衬衫，让他显得非常绅士。当他灰白的头发不停抖动的时候，他一定是在慷慨激昂地说着什么。深蓝色的眼睛有一种说不出的诱惑，只有在他安静下来的时候，我们才能看到他略带倦容的面庞。一双看上去非常白嫩柔软的手，一看就从未做过任何粗活和户外工作。

林肯却高大瘦削，几乎找不出一块多余的肉。鼻梁很高，目光里满是对未知的渴望，但并不具攻击性。满脸的皱纹和一身蹩脚的衣服，让人怎么也看不出他有什么过人之处。他走路很慢，但非常谨慎。粗壮有力的大手，很容易让别人联想到他究竟有着怎样的经历。一双鹰隼般的眼睛，仿佛能够洞悉世间的一切。

舞台上的两位对手，到底有着怎样的人生经历呢？今年45岁的道格拉斯，出身穷苦，但却依靠个人的天分以及后天的努力，成功地走入了政坛，同时，还在商界中显示出了精明强干的商业头脑。40岁时，他就已经成为了一位了不起的参议员和外交家，甚至还有希望成为总统的候选人。这位温文尔雅、魅力十足的富绅，毫无疑问地成为了民主党的领袖人物，美国政界为之倾倒的宠儿。

相比之下，除了坚毅的品格，林肯几乎没有任何优势。矮个子可以向人们炫耀王公贵人们对自己的毕恭毕敬；高个子却只能通过故事或者演说，来博得大家的尊重。多年之前，高个子曾经向那位受人尊重的矮个子借过100美元，后来又毫无感激之情地把钱还上了。只有在对待玛丽的感情上，林肯占得了先机，但那完全是那个女人自己选择的结果，并且还存在着许多未知因素。

道格拉斯所取得的成就与地位是毋庸置疑的，他简直就是伊利诺伊的国王。他会乘坐专列来往于伊利诺伊州的各个城镇之间，无论到哪里都是前呼后拥，一片热闹。人们经常会鸣32响礼炮，来迎接这位美国的政要。他只要坐在6匹马拉的马车里，牵着夫人的手，摘下礼帽，跟夹道相迎的民众亲切地打招呼就行了。那一刻，仿佛整个联邦都已经尽在他的掌握之中了。

境遇不同的林肯，只能跟普通人一样，挤在嘈杂的车厢里外出旅行。当坐在货车里的林肯看到道格拉斯的专车从旁边呼啸而过的时候，他调侃地说道："坐在专车里的先生，怎么能受得了普通车厢里的贵族气息呢？"迎接这位英雄的，并没有礼炮和乐队，只有朋友用来拉货的马车和马脖子上叮当作响的铜铃。

在演说之前，道格拉斯会放低自己参议员的姿态，面带笑容地跟每一位支持者亲切地握手，就像久未相见的老朋友一样。人们也会热情地送给他一些烟草和美酒，他的妻子就会在旁边劝诫他少喝一点酒，以免伤害到自己的身体或者耽误一些重要的事情。

林肯受到的待遇则与之大相径庭。人们对他都十分冷漠，甚至有些人认为，他连跟道格拉斯辩论的资格都没有。林肯不懂得如何用最快的速度取得别人的认可，只能像一根木桩一样，木讷地站在那里。

两位风格迥异的对手终于上场了。这次由道格拉斯先开始，他先是礼貌地回应着选民们的欢迎和掌声，接着，便用强劲有力又略带柔和的声调，开始了演说。他恰到好处地用动作配合着自己的语言，生动又不夸张。他列举了很多自己的疑问，并逐一进行辩驳。虽然他举的一些例子很平常，但他口中深奥的理论，却成功地引起了听众们的关注。之后，他又变换了语言的风格，直爽勇敢地表达了自己的观点和立场。丰富多变的演讲内容和方式，一时间引爆了听众们的热情，让人们有些忘乎所以了。

在一片雷鸣般的掌声中，道格拉斯结束了自己的演说，林肯也随之登上讲台。他的相貌并不出众，穿着也很随便，样子看起来并不紧张。讲台上高大的身躯，让他看起来就像一位正在审视着学生们的校长。说话时，他会把左手放在身后，右手放在腰上。说到重要之处，他会高举双手，表达自己的兴奋；紧握双拳，表示自己对于奴隶制的憎恨和诅咒。他的演说并没有多少华丽动人，但却能拉近自己与听众之间的距离，因为他的情绪完全来自于自己的内心，没有半点矫揉造作的成分。

刚开始时，他对对手的理论稍有让步。但他的正义感以及苏格拉底式的逻辑，却让他很快就抓住了对方的要害，并将对方的一些理论，逐一进行分解，弱点和不足一下就摆在了听众们的面前。听众们第一次完全听懂了演讲者的说辞，这让他赢得了大家的信任。他详细地分析了对手的观点，并站在农夫的角度，提出了很多朴实的见解和意见。

林肯辩论风格的转变，让道格拉斯多少有些措手不及。他指出林肯的观点过于粗俗，却无法进行有力的回击，只能依靠自己的支持者们为自己制造声势。但那位律师明显要比这位政治家更加善于辩论，庄稼汉似乎要比政客更清楚，听众们喜欢什么样的演说。如果说道格拉斯吸引了群众，那么林肯则是吸引了每一个人。前者的影响力巨大，但很容易消逝；后者的影响力虽小，但却渗透到了每个人的心里。听了两人的演说，人们会认为道格拉斯是个华盛顿的大人物，同时也会希望能够有一位林肯这样的人，在华盛顿为自己说话。

虽然道格拉斯在这次大辩论中取得了胜利，但却是非常短暂的，他的对手会告诉他，什么才是真正的胜利。


# 十五、一针见血的演讲


命运是林肯反对奴隶制的背后推手。大战在即，人们都会想到，两党之间的矛盾真的是不可调和的吗？伊利诺伊州的辩论并没有引发战争，但却产生了比国会讨论更大范围的社会反响。这场辩论引起了上百万人的关注，也让矛盾与冲突显得更加紧张了。

"我并不否认自己的私心，我也并不想虚情假意地说，自己不想进入参议院。我只想说，这并非儿戏。虽然这对于有些人来说无关紧要，但这却是关乎国家生死存亡的关键问题。"在一次演说中，林肯说道。

永恒的内在的道德，将指引着林肯一生的生活，也会把他引到十字架上。随着社会地位的不断提高，这个问题也频繁地在林肯的脑中闪现。

道格拉斯也发觉了命运的不可塑性。他叫人转告自己的对手说道："去告诉林肯，我已经打算孤注一掷了。"一反常态的道格拉斯，似乎已经相信了自己经常说的那句话："我不在乎是否继续施行奴隶制的投票结果，那只不过是二五一十的道理。上帝早已经在人间划好了一条界线，一边是黑奴辛勤耕作，一边是白人自由生活。"

林肯对他的观点作出了强有力的回击。"这是一个没有中立的世界，不愿做奴隶的人，必然会赞成废除奴隶制；而不想得到自由的人，肯定会成为奴隶。"但他仍然是个注重实践的政治家，"我相信独立宣言'人人生而平等'是我们宪法的基本原则。而奴隶制恰巧站在了与宪法相对立的一面，我们在建立健全新的法律法案时，也没有遵循宪法最基本的原则。每个州竟然可以单方面地决定是否继续施行奴隶制……虽然在建立新法案时，奴隶制已经根深蒂固地存在了，但在我们后加入的新州之中，则不应该延续蓄奴制。"

讨论到斯科特的案件时，他又说道："在那以前，奴隶主可以释放自己的奴隶，但现在这竟然变成了违法行为。"

他还提到了道格拉斯"人民主权"的政治论调，说那把奴隶制变成了一种可供国家选择的政治制度，也相当于敞开了买卖非洲奴隶的门户。

"就像我牵一匹马一样，没有人能阻止我把一个奴隶带到内布拉斯加州去。我们的先辈，为什么要严厉打击从非洲贩卖黑奴的行为呢？为什么人们会不愿接近他们，甚至不愿跟他们握手呢？为什么有些奴隶主受不了良心的谴责，把奴隶全部释放了呢？暂且不谈'人人平等'，如果我们认为黑人低人一等，那么下一步，白人之中会不会产生一些低人一等的白人呢？那我们一直遵循的'人人生而平等'就只能是一句空话了。统治者只会用一些帝王式的言论，把改变民众生活质量作为幌子，对广大民众实施压迫。"

林肯希望通过这样的方式，唤醒人们对社会平等的潜在意识。道格拉斯对北方制鞋厂工人罢工要求增加薪水的行为作出了强烈的谴责，但林肯却说道："感谢上帝，还好，我们生活在一个可以罢工的劳动体制下。"

他从不会在自己的演说中放任自己的感情。他异常痛恨那些没有鲜明立场、浑水摸鱼的人。他在一次演说中说道："我非常憎恨那些人对待事情冷漠的态度，它会削弱一个国家的正义感，给敌人诬蔑我们伪善的机会，同时又会让正义之士对我们产生怀疑。"

有时，林肯也会用道格拉斯的话，对其嘲笑一番。道格拉斯曾说："当白人和黑人发生争执时，我会站在白人的一边；但在鳄鱼和黑人之间，我会选择黑人。"

林肯反击道："如他所说，白人之于黑人，如同黑人之于鳄鱼。若是黑人对待鳄鱼非常公正，那么白人也应该非常公正地对待黑人。"有一次他还说道："'人民主权'是道格拉斯先生发明的吗？根本不是。那早在几百年之前就已经形成了。他发明的只是白人可以在内布拉斯加蓄养和虐待奴隶。"

林肯眼中就是容不下那些道貌岸然的人。有一次，道格拉斯质问林肯，为什么在墨西哥战争的时候，林肯反对为前线补充给养。林肯气愤地把道格拉斯的一位好朋友拉上了讲台——十年之前，他们曾同在议会中任职。林肯问道："这位先生，请您诚恳地告诉大家，道格拉斯先生刚才说的是不是真的？"在众人期许的目光中，他只能实话实说，否定了自己朋友的观点。

林肯嘲笑道格拉斯就像一只章鱼，只能在污水之中躲避敌人的攻击。

"道格拉斯参议员是一个响彻世界的名字，甚至很多人认为他将来会成为美国总统。人们能够在他圆圆的脸上，看到一位曾经的邮政部长、国土部长、内阁成员，也能够看到一双在利益面前不知疲倦的手。

人们围绕在他的周围，为他加油喝彩。而我呢？没有人会认为这个瘦骨嶙峋的大个子能够成为总统，这也是共和党人的悲哀。但我们必须坚持自己的原则，并不断为之奋斗。"

林肯在一次辩论中，为道格拉斯设下了一个圈套。

"美国领土内的公民，是否在任何情况下，都可以带着自己的奴隶从蓄奴州迁到任何一个州？"如果道格拉斯的回答是否定的，则意味着堪萨斯的法律，可以成为不允许自行废除奴隶制的法律基础，他也会失去伊利诺伊州选民的信任；如果答案是肯定的，那他就离白宫里总统的宝座越来越远了。绞尽脑汁的道格拉斯，想出了这样一个答案：

"这其中并不涉及什么抽象的问题，事实上，每个州都有权利通过制定地区法案，拒绝向奴隶制提供保护，以此来杜绝奴隶制的继续蔓延。"

成千上万的农夫和市民坐在听众席上，无不感叹问题的刁钻和答案的圆滑。两个阵营的乐队，几乎同时奏响了乐曲，来支持自己的竞选者。没有人能够理解这一问一答的深刻内涵，即使林肯的朋友也没有认识到。这位小律师俨然一位大政治家。

两年之后，林肯预想中的事情真的出现了。道格拉斯的回答传遍了整个美国，南方政府也开始了对他的声讨，因为南方需要的是对奴隶制的保护。虽然道格拉斯已经被选为了议员，但他已经没有成为总统的机会了。林肯说道："他的背后，有成千上万盲目的追随者，我要做的就是要那些人重见光明。"他跟道格拉斯的竞争还会继续吗？

林肯的一位党内的朋友，讲述了他在斯普林菲尔德的旅馆见到林肯的情形。

"天气很热，他忙里偷闲打算出来透透气，他刚一出门我们就遇见了。他把我拉到一边，询问了一下我所在辖区内的情况。我告诉他我们已经作好了准备，只是不知道他跟道格拉斯的决斗最终结果会怎样。他的脸上掠过一丝阴郁，接着又变成了微笑。我想，他听出了我的意思。他略带歉意地说：'请坐，正好现在有时间，我给你讲一个故事。'我们都坐在了旅馆外面的台阶上。"

"'你见过两个准备摔跤的男人吗？'

"'见过很多次了。'

"'那好。一个人在那里自吹自擂，摩拳擦掌，不断地喘着粗气，试图在气势上压倒对手。另一个人却默不作声地站在那里，双臂自然地垂在身体的两旁，紧握双拳，脑袋耷拉在肩膀上。他的样子是在告诉别人，即使他不能取得最后的胜利，他也会倾尽所能，血战到底。'"

# 十六、败而不倒

这次著名的大辩论，道格拉斯以压倒性的优势，取得了最终的胜利。他回到首都，继续做自己的参议员，林肯也回到小城继续做律师。林肯在辩论的过程中，遇到了很多难以预料的困难：在彼得斯堡，被人嘘了半个钟头；在渥太华，他被一群人举了起来，裤脚都已经卷到膝盖上了……这些事情都让他讨厌至极。还曾有一位女士，拿着一个黑人玩偶在他面前晃来晃去，无奈的林肯说了一句："太太，那是您的孩子吗？"她才羞赧地离开。

林肯虽然没有取得辩论的胜利，但却让全国人民都熟悉了"林肯"这个名字。不久后，由于道格拉斯模棱两可的处世态度，民主党撤销了他外事主席的职务。整个北方都认为，林肯击败了那位大人物。当时还有一句歌谣在民间广为流传：

> 西部的明星照亮了美国，
> 过去的母亲崇拜克莱，

现在的女儿仰慕林肯。

尽管林肯并不赞成，但伊利诺伊州一座新建的小城还是用他的名字命了名。

一位陌生人写信给他说："你就像白瑞安一样，一觉醒来，就已经名声大噪了。从一位律师一跃成了一个尽人皆知的人物。"这种局面一度让他的伊利诺伊州的支持者们认为，他不但能够借此提升自己在党内的地位，还将成为一代伟人。

林肯自己又是怎样认为的呢？

在辩论期间的一个晚上，林肯跟维拉尔一同在车站等车。突然间天降暴雨，他们便一同跑进了一节货车车厢里去避雨。在这种没有灯光、没有椅子的环境中，林肯回想起了自己20年前的境遇。那时还是一位售货员的他，最大的理想就是要进入州议会。他笑着说道："在那之后，虽然自己也去过参议院，但竞选议员还是一位朋友促成的。尽管我对自己很有信心，但还是经常会对自己说：'这个目标对你来说太难了，恐怕你根本没办法达到。'玛丽却极力主张我进入议会，甚至还希望我成为总统。"他坐在地上大笑着说道："像我这样的人，怎么能成为总统呢？"

黑暗的环境，让林肯紧绷的心弦得到了放松。他口若悬河地讲起了自己的经历，以及作为一个参议员的价值。空荡荡的车厢里，回荡着一位演说家激动的声音。跟那位美国著名的策略家交战了几个回合之后，他不仅打消了消极的情绪，还增添了几分自信。

作为一位政治家，他也开始了自己的白宫梦。他不再怀疑自己的能力是否能够实现妻子的愿望，理智已经向他展示了自己的真正实力。对手们都认为，他的举止跟他的社会地位根本不符，他更注重对事情的处理，而并非流于种种表面。华盛顿的上流人士也都以举止高雅为荣，虽然林肯没有像富兰克林那样做过印刷工人，也没有像杰斐逊那样学做过铁匠，但这个瘦高个儿并没有政治家们一贯的儒雅，那并不属于他。

这次失败的经历，使他声名远播，他的名字传遍了大街小巷。比以前更有信心的林肯，也要重新做好打算了。有人问他失败的滋味怎么样，他一言以蔽之："我就是一个受伤的男人，根本笑不出来，但已经是大人了，所以又不能哭。"

秋天的时候，他在街上遇到了一位熟人，并攀谈了起来。那个人说："经常会有人问他，林肯是谁？我就告诉他们：'伊利诺伊州有两个大人物，除了矮小的道格拉斯，还有身材高大的林肯。'我认为你一定会有所作为，甚至很有可能击败所有的候选人，当选总统。"林肯说道："可在伊利诺伊州之外，几乎没有人认识我，而苏华德和蔡斯才是共和党推选出来的两位候选人。"

熟人告诉他，共和党根本不希望纽约人成为总统，并希望林肯能够写一份自传，以便更好地宣传自己。林肯坦诚地说道："我承认你说的一切，也承认我想做总统的事实，我只是觉得做美国总统这样的好运怎么会落到我的头上呢？并且我的身上也没有能够引起大家兴趣的东西，就像戴维斯法官说的那样，'那根本不值得'。"

最后，在那个人的一再要求之下，他简略地介绍了一下自己的生平。

"我的父母都来自于弗吉尼亚的普通人家，1809年2月12日，我出生在肯塔基的一个小镇上。我的祖父老亚伯拉罕在1781年到1782年之间，从弗吉尼亚移居到了肯塔基。两年之后，他就遭到了印第安人的偷袭，死在了他们的枪口下。他的父辈都是贵格会的成员，都是从宾夕法尼亚州迁到这里来的。

"祖父去世的时候，父亲只有6岁。此后，他也几乎没有接受过什么教育。后来，我们搬到印第安纳州的时候，我已经8岁了。刚刚加入联邦的印第安纳还是一片不毛之地，丛林中满是猛禽野兽，我就生长在那里。虽然当地也有所谓的学校，但老师只能教我们读、写、算，仅此而已。在那之后，我就没有再正式上过学了。我所学到的，全部来自于自身的实践……

"我一直在农场里工作到22岁。后来到纽撒勒作了一年多的店员。在黑鹰战役时，我还被任命为中队长，那样的荣誉让我感到非常愉快。1832年，我第一次参加州议员的选举，结果失败了。那是我一生之中，唯一一次在人民选举中失败。接下来，我连任了两届州议员。之后，我就不再参加州议员的选举了。在做议员期间，我研读了法律书籍，又在斯普林菲尔德开始了我的律师生涯。1846年，我被选入了众议院，之后我便退出了政治圈。1849年到1854年之间，我把生活重心完全放在了法律事务之上。政治上，我一直都是辉格党的一员，但却一度失去了对政治的热情，直到《密苏里妥协案》的制定，又激起了我的兴趣。此后的情形，大家应该都已经知道了。

"说到我的外貌，我身高6英尺4英寸，身材消瘦，体重大约180磅左右，头发浓密，肤色较黑，眼睛是灰色的。除此之外，并没有什么显著的特征了。"

枯燥平实的语言，没有半个虚浮的字眼，也许这样一份自传，真的值得商榷。平时丰富多彩的修辞和细致的语言风格，在这段文字之中毫无踪影。只有对他非常熟悉的人才能明白他的用意，这份自传就像是一位厨师准备的一碗淡而无味的汤羹，只是为了满足一些人的窥视心理。然而，这段文字说得恰到好处，该说的说，不该说的只字未提。他告诉人们，自己的祖父是一位拓荒的先驱者，后来死在了印第安人的枪下，撇下了自己的儿子跟丛林中的野兽做伴。这些都可以让人们知道，也许还能帮自己拉一些选票。至于他在州议会以及众议院期间的工作情况则未作任何叙述。最后，他用一系列真实准确的数字和描述，结束了他的第一篇自传。

# 十七、朴实的"狐狸"

　　这次辩论对于林肯最现实的影响就是，体重增加了20磅，钱包里却少了几百美元。在这期间，律师事务都交给了赫恩登，而他自己的收入也比以前减少了一半。共和党的中央委员会主席贾德，也给他写来了催缴认捐款的信件。他在回信中说到："在财政方面，我愿意尽我所能地支付我该负担的一切，但目前手头资金确实有些紧张，还有几份债务等着我去偿还。我已经只出不进很长时间了，连家里的钱都被我花光了。倘若你能先为我垫付250美元，我一定会在最短的时间内把钱还给你。这加上我之前已经支付的部分，已经超过了500美元，这对没有收入的我来说真的是一个很重的负担，但相比于自己所获得的荣誉感，这样做还是值得的。"

　　在那个时代的美国，一个政党的领袖，理所当然地要为自己的政党作出各方面的贡献，当然也包括经济方面。但不同寻常的是，林肯虽然没有得到作为参议员的报酬，却为自己的政党作出了更多的贡献。好在作为曾经参加过战争的老兵，国家奖励给林肯一块土地，再加上之前别人欠他的一笔钱，他现在的资产已经达到将近2万美元了，而且律师的工作还能为他带来每年3000美元的收益。以后的日子，应该能过得不错。

　　但玛丽的胃口很大，一有了钱马上就买了一辆马车，林肯也只能默默地跟在后面付钱。毕竟他的妻子给了他非常大的帮助，不仅帮他维护名誉和地位，还让他在外人面前颇为体面。只是多年以来，她对赫恩登一直怀有敌意。她认为那个出身卑微，在小旅馆里长大的家伙，只是一个野蛮的激进派，没有做多少工作，却一直跟林肯平分律师费。

她希望林肯能够辞退赫恩登，跟自己肯塔基的一位亲属合作。林肯对此不以为然，他是不会放弃自己的朋友的。

这番经历之后，林肯变得更加现实了。他婉拒了许多来自各地的演讲请求，他苦笑着说道："贫穷的滋味实在是太可怕了，如果我再不赚些钱来，我就要讨饭了。"但内在的力量还是在驱使着他不断前进。他首先就想到了自己的演讲稿，他想把自己跟道格拉斯辩论的演讲稿收集起来，装订成书。但没有一家出版商愿意冒这种风险，所以他只能自己支付50美元，出版了自己的第一本，也是最后一本书。他在民主党的报刊上收集到了道格拉斯的演讲稿，并认为只有这样才是真正公平的。他不希望任何人对他的演讲辞进行修改，正像一位严谨的历史学家一样。几乎所有人都能预感到，这场没有硝烟的战争绝不会就此停息。

果然，没过多久，这两个人又出现在了西部的讲台上。林肯在肯塔基州和堪萨斯州的演讲，第一次显得如此激动："我们共和党人应该记住，民主党人跟我们同样坚定，他们甚至像我们的朋友一样，善良、可靠。也许有一天，我们还能娶他们的女儿为妻——他们当然都是白人，并且幸运的是，我已经拥有了这样的机会。"这种超脱一切的气魄，只有经验丰富的演说家才能表现得出来，他的思想已经进入了一个更深的层次。

有一次，一个帮助黑奴逃跑的人差点因此被关进监狱，他跟林肯抱怨道："蓄奴制不光是有悖宪法，而且也不人道。"

林肯激动地挥舞着双臂。"是啊！这是邪恶的！无比邪恶的！但这就是我们的法律，我们必须遵守。"

"林肯先生，您总发誓要效忠宪法！我们现在想要推举您成为总统候选人。您要怎样维护您口中邪恶的宪法呢？请求上帝的帮助吗？"

林肯垂下了头，失落地用手抓着头发。过了好久，他抬起头，眨了眨忧郁的眼睛，用奇怪的声调说道："不要总盯着身后的阴影看，那没有什么意义。"

不久之后，林肯终于有了在公开场合对此发表意见的机会。总统大选日益临近，当时已经到了1860年的2月，5月份就要提名总统候选人了。数十年来，联邦从没有过像今天这样的骚乱，因为所有人都知道这次大选将关乎到整个国家的命运和走向。南方有可能会脱离联邦政府，而北方却连一个统一的想法都拿不出来。人们并不希望共和党人当选总统。在宗教气氛浓郁北方，依然存在着老一派的守旧思想，也许还有东山再起的可能。而南方一直想用脱离联邦来要挟北方，以取得未来的主动权。北方早已对南方卑鄙的行径恨之入骨，并且两方都认为，自己手中掌握着整个国家的命运和未来。

在这种时刻，一切都充满了未知。东部人也想看看西部人心目中的大人物，亲耳听听他热情洋溢的演讲。原计划在布鲁克林举行的演讲，由于人们的兴趣十分高涨，最后被安排在纽约的库伯学院中举行。一开始，林肯想要应付这些聪明、高尚的绅士还有些困难，因为他们都披着南方奴隶制的外衣，而台上那位衣不合体的大个子，根本提不起他们半点兴趣。其实林肯的衣服是新做的，只是因为总也不穿，在箱子里压走了样。

他的演讲，竟然用道格拉斯的一句话作为基础。道格拉斯曾经说过："我们的先辈在创建我们的政府时，也意识到了同样的问题，甚至有可能比我们理解得更加透彻。他们早就制定了简明扼要的宪法，妇孺皆知。"接着他便组织自己的语言和逻辑，对自己的理论进行了一番表述。他还对当时并不在场的南方派说了一段话："你们竟然说可以为选举一位共和党的总统而破坏国家的统一，并把责任完全归结到别人的身上。"林肯气愤地说道："这种话真是莫名其妙，那就像一个歹徒用枪指着我的头说：'把钱全部交出来，不然我会打爆你的头，那样你可就成为凶手了。'"

然而，他也澄清了共和党跟约翰·布朗之间并没有任何关系的事实。毕竟在当时，那还会危及到共和党的名誉，这样做至少还能够稳定北方的民心。林肯返乡后，他在共和党草拟的候选人名单中，看到了自己的名字。就在几个星期之前，他还从未在公开的名单里看到过。不过他很早以前就表明了自己对蔡斯的态度："虽然我十分看重蔡斯，但我觉得他并不是总统的最佳候选人，至少我不会把票投给他。"

到了 4 月份，林肯在给川布尔的信中写道："坦率地说，我的头脑中已经有了一种先入为主的见解，它在某种程度上影响了我对事情的判断和分析。当然，我绝不会贸然提出任何意见，影响到我们共同的事业的发展，在这一方面，您完全可以信任我。"

这封信中满是真情实感的流露。他对自己的分析就如同对别人的分析一样，仿佛能够站在上帝的角度，客观地去审视每一个人，包括自己。他还曾说过这样自律的话："我知道，当一个人突然间被提升到一个很高的位置上时，都会有些头脑发胀，但我并不希望自己成为这样的人。"

如果我们认为此时的林肯已经陷入了被动，那我们就错了；恰恰相反，林肯表现出了自己少有的活跃。他给党内的领袖们写了很多封信，告诉他们应该如何应对挑战，朝着哪个方向努力等一些问题。一位朋友曾经说道："他的策略就是要先找到一个合适的位置，然后等着各种各样的事情过来找他。"而且他也学会了如何跟出版界打交道。几年之前，他曾给一位编辑朋友写了这样的信："亲爱的哈登，免费读您的报纸，已经有三四年之久了。随信为您附上 10 美元，请您不要客气。如果能在这星期的报纸上，看到洛根成为最高法院法官候选人的消息，我将不胜感激。"之后，他又花费了 400 美元，买下了伊利诺伊州的一家德国报纸，连赫恩登对此都一无所知，这家报纸就是专门为他作宣传服务的。

林肯有的时候非常聪明，但却并不像狐狸一样狡猾。利用这种手段并不是他的一贯作风，他只是在必要的时候才会以其人之道还治其人之身。几十年来，他一直在默默地作着奉献，就像一个忠厚老实的庄稼人，为了自己的国家和事业不作任何计较。

# 十八、近在咫尺的白宫

林肯承认，党内的斗争比党派之间的斗争更加激烈。共和党发展的势头非常迅猛，他们的计划十分详细和周全，并且充分考虑到了公众的想法和意见。这种情况下，共和党提名的候选人，很有可能成为下一任总统。也正是由于这个原因，很多人不希望林肯被提名。但林肯与竞争对手比起来，并无优势可言。赫恩登写道："他根本没有足够的钱来维护自己的政治地位，而且他也缺乏这方面的组织能力。苏华德却拥有他不具备的一切，并且还做过参议员。"实际上，无论是俄亥俄州的州长蔡斯，还是纽约市长苏华德，都比林肯更有竞争力。他们甚至比林肯更早进入反奴隶制的阵营。林肯却只在10多年前进入过众议院，也没有取得任何政绩。

出人意料的是，那一届的伊利诺伊州候选人选举大会竟然要在迪凯特举行，那里是林肯经常乘坐牛车出入的地方。人们希望能够在大会举行之前，达成一个统一的意见。酒店里，充斥着"寻找猎物"和追逐地位的人，他们需要对每个候选人进行分析，林肯也曾分析过道格拉斯。忽然，外面变得非常嘈杂，一列游行的队伍在门前走过，乐队的后面还有人拿着两根插着旗子的木桩。人们都跑了出来，林肯也跟着出来，想看看到底发生了什么事。

林肯一眼就在人群之中发现了30年前，曾和自己一同帮父亲造房子的表兄约翰·汉克斯。他诚恳地告诉周围的人们：当年他跟亚伯拉罕一同建造了当地最早的一座木屋。那时，荒原里并没有一条真正意义上的道路，是林肯的父亲，那位伟大的先驱者，用自己手中的斧头，在满是野兽的丛林中开辟出了一条道路。后来，林肯也成为了砍树能手，曾经亲手制作了 3000 根栅栏。他们手中拿着的就是其中两根。现在，他们又相遇了。

人们都被这种兄弟重逢的场面感动了，同时，眼前也呈现出了先驱移民者们的形象。这个曾经砍倒了上千棵树的林肯，在那一瞬间，仿佛比在辩论中击败道格拉斯的林肯更加伟大了。当时在场的一位聪明人断言道："苏华德似乎没有什么机会了。"一种新的现象诞生了，"造栅栏的伐木人"这个称谓比"真诚的亚伯拉罕"更被人们所接受，仅仅几个星期的时间，全国上下就都知道林肯这个名字了。他的表兄约翰·汉克斯给了他很大的帮助，也是唯一一位在林肯长大之后帮助过他的亲属。

5 月里，共和党在芝加哥召开了党代会，有将近 4 万人来到了这座新兴的城市参加会议。这次大会的目的，就是要推选出共和党第一位总统候选人，大多数人都相信苏华德能够笑到最后。他的拥护者来了很多，单单纽约的支持者就有近 2000 人，当然也包括一部分他自己雇用的人。林肯的朋友们也在积极地为他作着准备工作，赫恩登、洛根、戴维斯、斯威特，以及一些法官和他的律师同事们；《芝加哥论坛报》也对林肯进行了大量的宣传。还有一些选民经过一番观察之后，放弃了苏华德，转而来支持林肯。但到了大选的前一天，林肯还诚实地给朋友们发去了电报，说他不希望签署任何束缚自己的条约，也不想对自己的拥护者许下什么诺言。

这时，在斯普林菲尔德家中的林肯，兴奋得有些不知所措，朋友们的电报也纷至沓来。他尝试着用读伯恩的作品来放松自己紧绷的神经。此时的他，内心充满了憧憬和疑虑。有一天，他坐在朋友家的沙发上说道："我想我可能还会回来，继续我律师的工作。"但不一会儿，他又收到了一份电报，连送电报的人都惊奇地喊了出来："林肯先生，您已经被推举为总统候选人了！"林肯沉默了几分钟之后，小声说道："我家里的那位矮小的妇人，一定会喜欢这个消息的。"

恐怕这一次回家，是他们婚后最兴奋的一次了。

第二天，党代表正式宣布他成为了总统候选人。林肯只用几句话对此作出了答复，没有一点兴奋和不安。玛丽的眼光也得到了证实。一个代表对另外一个代表说道："我曾听您说过，他是一块未经雕琢的玉石。""是的，没有哪句话比这更有深意了。"另外一位代表也说道："或许我们能够找到更加光鲜亮丽的，但却找不到比他更好的了。"

22年的律师生涯，并没有让他对自己的接收函信心满满。虽然他曾给政府提交过上千份的文件，但在这一刻，他却对自己的文笔以及文法产生了怀疑。他把写好的东西拿给一位教育督察看，他说："尊敬的校长先生，希望您能为我校对一下这封信，帮我修改一下其中使用不当的文法。"督察在仔细看了一遍之后，作了几处细小的改动。

哪位帝王或者总统能够像他一样可爱呢？林肯并不是神话中放下锄头治理国家的帝王。他是一位年过半百，在政治和法律的世界里摸爬滚打多年的政客，现在终于成为了总统候选人。他知道，自己想要在这个位置上发光发热，就必须要学会面对一些琐碎的事情；要面对纽约人笔挺的西装和礼服；要注意自己的言行举止，哪怕是一颗纽扣，一个词汇。玛丽懂得在什么样的场合该穿什么样的衣服，也懂得文法，但他还是要去请教那位有学问的校长，因为他并不是个管不住自己嘴巴的人。

所以，这位准总统就跑到了那位老校长那里，学习了一些他在印第安纳根本没有接触过的知识，毕竟他在那里只学会了伐木和造栅栏。


# 十九、喜忧参半的新总统


一位诗人看清了这里发生的一切，布朗写道："一位穷苦的船夫，就这样成为了国家的领袖。"林肯的当选，也引起了一些民主党人的不悦。一位民主党人写道："我在街边的报纸栏里读到了这段新闻，那一刻一种苦楚涌上心头，仿佛挨了别人当头一棒，全身都有些瘫软无力。我感到我们的前程似乎已经蒙上了一层阴影。"

东方的各州也认为苏华德成了牺牲品，他才应该是新党的真正领袖。有人还给他提出建议，让他无视芝加哥大会的决议，要求重新推举自己为候选人。但苏华德是个真正的绅士，他立即对林肯表示了祝贺，并撰写了一篇毫无个人色彩的赞美林肯的文章。

民主党的报刊上满是对林肯的嘲讽。说他就是个乡下来的三等律师，根本是个无能之辈。他言语粗俗，又不通文法，整天穿着衬衫晃来晃去，只会劈柴、造栅栏，简直就像是一只非洲大猩猩。

自美国宣布独立以来，南北方的矛盾从没有激化到今天这样的地步。南方对北方的憎恨完全来自于北方人对奴隶制的态度。南方的一家报刊写道："'自由的社会'是一个让人头疼的词汇。那只不过是一些满身污秽的机械工、小家子气的农夫和一群不着边际的理论家们想出来的名词而已。北方的各州尤其是新英格兰的一些州，根本没有一位绅士。那些人甚至连做南方人奴仆的资格都没有。"但这时的林肯，已经被人们虚化为一位每天穿着礼服，举止优雅，妻子会说法语，儿子在上大学的绅士。甚至许多人手中，都拥有了林肯曾经"亲手"劈的栅栏。他几乎已经成为了总统的不二人选。

与此同时，民主党内部也发生了裂变，这是林肯在两年之前就已经预料到的。林肯擅长劈木头，道格拉斯却能分裂一个政党。南方人早已厌倦了他随风倒的政治作风，无论他怎么谄媚于奴隶制也都事无补了。不久，又冒出了三个林肯的对手，不过他们之间的相互斗争却比他们跟林肯的竞争更加激烈。如果说，道格拉斯凭一人之力就搅乱了一个政党，那么我们也可以说，是林肯自己决定了自己的命运。

在选举的竞争中，林肯也改变了他的一些习惯，但他的性格还是老样子。他每天早晨都会亲自到邮局去取信件，一路上跟熟人们打着招呼。即使受到了暗杀的威胁，他家的门也总是开着的。他还聘请了一位名叫尼古拉的德国留学生给自己当秘书；后来又请来了一位学者，他的名字叫赫。这两个人都成为了他日后的得力助手。

那段时间，很多年轻人涌入了斯普林菲尔德，他们过来打探消息，或者想在这儿谋求一个职位。林肯每天也都会收到堆积如山的信件。有时，他会一一作答，并给那些从没听过自己演讲的人，寄去一本他跟道格拉斯的《辩论集》。在遇到一些误会或者圈套的时候，他则不会轻易作答，他知道什么时候应该管好自己的嘴巴。他收到很多提问，了解对一些政治问题的看法，他会非常正式地对待他们的问题。

"阁下致林肯先生的信已经收到，类似的请他发表政治观点的信件，他已经收到过很多了。但也有很多人奉劝他，不要再发表相关的意见了，因为他的政治立场早已尽人皆知，再作过多的叙述，只会让大选之前的局面更加混乱。也希望您能理解，他不可能对每一封信都作出详细的回复。"这样的回信不会让他得罪任何一位写信的人，同时又用最体面的方式，达到了自己的目的。

几个月中，他收到的一封最奇特的信是一个名叫格蕾丝的姑娘写给他的。信上说，他的女儿一定会非常喜欢蓄着胡须的父亲。他消瘦的脸颊如果能留上胡子，一定能吸引更多的选票，因为当时的女性都喜欢男人留胡子。林肯回信说："亲爱的小姐，您于 15 日寄来的信我已经收到了。我要遗憾地告诉您，我并没有女儿，只有三个儿子，加上他们的母亲，就是我的整个家庭了。说到胡须，我还从来没有留过，但如果我从现在开始蓄胡子的话，一定会招来别人的嘲笑。您的朋友，林肯。"

不过，收到这封信之后，经过妻子的同意，他真的蓄起了胡须。几个星期后，斯普林菲尔德的人们就发现，这位熟人竟然开始留胡子了。这也让他那张瘦骨嶙峋、布满皱纹的脸看起来谦和了许多，还掩盖了他突出的下巴和长长的脖子。

11 月的大选终于来临了。从当时的形势不难看出，林肯的当选几乎已经是板上钉钉的事了。但为了确保万无一失，林肯必须争取更多北方人手中的选票。正如 25 年前在纽撒勒一样，尽管斯普林菲尔德的民主党不会选他，但他已经得到了大多数人的青睐，只是这里的神职人员一直对他怀有敌意，让他多少有些难过。

最终，190 万票投在了林肯的名下，道格拉斯只得到了 140 万票。另外两位候选人所得的票数加在一起还不到 100 万。就这样，林肯当选了美国总统。在 303 张直接选举选票中，他获得了 180 票。有 15 个州的选举人没有为他投一张选票，10 个南部州没有一位普通选民为他投票。但他创造了历史，北方第一次在人数上取得如此大的优势，但这同时也酝酿了一个严重的后果，一场战争随时有可能爆发。

战争真的要爆发了吗？从那之后，日夜焦虑取代了他当选总统的喜悦。他无时无刻不在考虑：自己真的能够取得这场战争的最后胜利吗？他真的能够维护祖国的统一吗？自己有足够的实力与道格拉斯抗衡吗？难道要亲眼看着父辈们披荆斩棘开拓的国家毁于一旦吗？虽然他得到了大多数人的支持，但还是有一些人把他视为眼中钉，肉中刺。

当他陷入沉思时，玛丽却站在一旁，不亦乐乎地享受着人们对总统夫人的追捧。她终于等到了这一天，这时的她开心得像个孩子。林肯却又回想起了自己在一座木屋里，靠在火炉边上，津津有味地读着华盛顿故事的童年时光。而如今，自己已经成为了继华盛顿之后的第 16 任美国总统。


# 二十、越挫越勇


事实上，4 个月之后他才能正式就职。这段日子，也成了林肯一生中最艰辛的时光。在以往的和平年代里，总统从被提名到任职之前，通常会有至少 10 个月的时间，来预先安排新一届政府的人事问题和制定未来的国政计划。大选后的第 4 天，南卡罗来纳州的参议员便离开了首都；一个星期后，他们宣布南卡罗来纳州将要退出联邦，成立自由并且主权独立的政府。5 个星期后，他们便在国会上正式宣布退出了联邦。

此时北方也有了妥协之意。他们认为，造成今天的局面，不能完全归咎于南方，北方的一些顽固的极端分子，也负有一定的责任，尤其是那位不知从哪里冒出来的新总统。指责和谩骂林肯的信，像雪花一样漫天飞来，其中也不乏一些恐吓与威胁信。但林肯却无心理睬这些，他的眼睛一直在盯着华盛顿。

那里的那位任期还没满的总统，掌握着这个国家的命运。如果他能坚决履行自己的誓言，维护联邦的统一，用强硬的态度对待任何叛国和分裂行为，也许还能够维持住国家的统一。到了 1860 年年末，距离上一任总统卸任只剩两个多月时，内阁成员布莱克也采取了跟斯坦顿相同的态度。几位南方的内阁成员，拆掉了北方的战斗堡垒，运走了国库里的全部军火。内务部长汤姆逊，也曾多次暗示北卡罗来纳州应从联邦中分离出来。

他对北卡罗来纳的一位议员说：

"我已经被委任为谈判代表，负责北卡州退出联邦的相关事宜。"

"我怎么一点都不知道，您已经辞职了吗？"

"没有，我也不会辞职。布坎南要我留任到 3 月 4 日再走。"

"那布坎南知道您在这里的计划吗？"

"当然知道。"

"我还从来没有听说过，"参议员诧异地说，"一个总统会派自己的内阁成员，去分裂自己的政府。"

南方的一些参议员，虽然知道国库早就已经支撑不住了，还在按时地领着薪水。他们在和平委员会里，听着苏华德妥协的建议，晚上就坐在一起，把那位新上台的乡巴佬总统作为谈论的笑柄。

此时，林肯正安静地坐在斯普林菲尔德的家里，不断地追问着自己的理智和良心。父辈们精心修筑的堡垒，就这样被一寸一寸地蚕食着。报刊上来自北方的消息和南方的威胁，将立刻演化成南北方兵戎相见，同室操戈。但无奈现在自己虽然身为总统，却没有一点实权。国会大厦里的任何一位秘书，都要比自己的权力大得多。

在这期间，来访者几乎把他的家变成了议会大厅。一位作家写道："在接待客人时，他很快就能摸透来访者的心思，并且滴水不漏地回答任何问题。多年的辩论生涯，总能让他在遇到与自己不同的意见时，占据上风。"当格里利来到斯普林菲尔德的时候，他并没有先来拜访林肯，反倒是这位准总统到旅馆去拜访了他。他们交谈了近两个小时，最终也没能达成统一的意见，失望的林肯连一个故事都没有讲就离开了旅馆。

他应该辞职吗？许多人都给了他这样的建议。"即使自己放弃了，又能带来哪些改变呢？我不能放弃，决不！"在这件事情上，这位新总统从一开始，就坚定了自己的信心。"有人告诉我，倘若我不向那些手下败将投降的话，在我就任之前，国家就已经分裂了。如果他们不是想逼我作出让步，就是真的想要那么做。但不管怎么样，我们一旦屈服，也就意味着末日要到来了。他们会想尽一切办法来对付我们，不出 1 年，我们就要步古巴的后尘了。"

大选几周后，他给朋友写信道："要防止我们的朋友对奴隶制的扩张作出任何让步，任何让步都会让我们前功尽弃。无论'密苏里界线'还是'人民主权'理论，都是一丘之貉，他们都会助长奴隶制扩张的气焰，我们要牢牢守住自己的底线。"当时苏华德又提出了一个与南方妥协的方案，也被林肯拒绝了。

南方与北方长期的斗争，也为林肯清除了很多障碍。对于权力与爱国心之间的冲突，林肯找到了一个非常合适的比喻："这就像我们在河边筛沙子一样，当我们用力摇晃筛子的时候，较小的石头和沙粒就会漏下去，留下一些比较大的石头；当我们再次摇晃筛子时，一些个头较大的石头就会被筛到上边来。倘若战争是无法避免的，一些小人物就会被混乱的局势淘汰。当然，留下来的都是相对杰出的人物，这种情形之下，便诞生了领袖。"

这就是林肯的天性，他会随时向命运发起挑战。但与日俱增的忧虑，让他寝食难安，身体也变得越来越弱，朋友们都非常担心他的健康状况，他却还尝试着跟朋友们开开玩笑。一个来自新英格兰的人来拜访林肯，还给他带来了一封当地工商界写给他的信。林肯知道那些人的脑袋里只装着金钱，他不愿意把自己跟他们扯在一起，更不愿意拿自己的原则作交易。随后，那个人又拿出了一封信，上面签着许多人的名字，并问林肯认不认识上面的这些大人物。"是的，我认识这些流氓和骗子，他们去年都在关于苏华德的宣言上签了字。"片刻过后，林肯又笑着说道："非常抱歉，是这些被人们敬重的名字惹恼了我。"

在林肯的心中，唯我的农夫本性和民主的哲学思想之间，生长着一棵古老的迷信之树，这两种心性都在它的阴影之下。他曾对一位朋友说："有一次我工作了一天之后，回到家里坐在沙发上。对面的写字台上，放着一面可以翻动的小镜子。我竟然在镜子中发现了两张面孔，两个鼻尖大概只有 3 英寸的距离。我当时害怕地站了起来，这时镜子中的幻象消失了。但当我坐下之后，那种幻象又出现了，甚至比上一次还要清晰。这一次我看到了一张苍白的面孔，我站起来之后，它又消失了。一段时间之后，我几乎已经把这件事情淡忘了，但当时的景象，偶尔还会在我的脑海中闪现出来，让我坐立不安。在那之后，我又做过一次试验，那个幻象真的又出现了。后来，我把这件事讲给了玛丽，并试图演示给她看，但可惜那幻象再也没有出现。玛丽也非常为我担心，她说那种征兆，有可能预示着我将第二次当选，但第二张脸却比我的脸苍白很多，可能预示着我在第二任的时候会遇到危险。"

这件事情真的让他感到有些害怕。在那之后的几个星期里，他一直很纠结：为了国家的和平安定，要不要辞去自己总统的职务，再重新组织一次选举，牺牲自己的利益，换取民众平静的情绪，以避免战争的全面爆发？按照林肯的性格，他是一定不会那样做的。现在，他只想先弄清楚那个幻象到底是怎么回事。如若不然，也许那3英寸的距离会陪伴他一辈子。这对本就忧郁的林肯，造成了挥之不去的影响。

但玛丽却并没有被这种预兆吓倒，仿佛任何预兆都不足以压垮她的雄心。正是她那永不退缩的雄心，催促着林肯不断前行，现在她距离自己的目标只有一步之遥了。不过，后来的事情验证了这个女人的预言。


# 二十一、等待的煎熬


到了3月份，南方的要塞就只剩下查尔斯顿海港还在中央政府的手中了。此时驻守在那里的安德森少校处境也非常艰难，华盛顿的命令也总是反反复复。但无论如何，他都需要足够的弹药和给养才能在那里继续坚守。其实他早已看清了政府的意图，无奈之下，不得不退守到了萨穆特。这时，国内已经谣言四起了。有人说在1月中旬的时候，总统曾经应民众的要求，派了一艘船去给安德森补充给养，但在途中遭到了南方的炮击。民众认为这已经可以算作战争的开端了。而在1月里，又有5个州相继脱离了联邦，它们分别是佛罗里达州、亚拉巴马州、佐治亚州、路易斯安那州和密苏里州，并且它们都已经作好了战争的准备。

此时在华盛顿，加斯和布莱克先后辞去了职务。国库总管也在国库亏空之时公开宣布，他将在辞职后到南部邦联任职。昔日的联邦政府，如今只剩下了一副空壳。北方这时候也恐慌四起，人们更希望能够维持住和平的状态。为了那些奴隶或者说是某种理想，我们就要毁掉眼前辛辛苦苦创造的一切，这真的值得吗？北方的一些领袖人物，纷纷给南方写信，希望能够通过一些让步，来继续商讨目前的问题。国会里的议员们，也在作着同样的努力。北方人根本不了解南方脱离联邦的真实动机，也没有意识到他们隐藏已久的真正意图。北方人并不知道，在建国80年后，南方的社会依旧盛行贵族制度，根本没有北方人口中的平等，只有极少数人会考虑到社会制度变革的问题。这一次的危机，南方显然要比北方更加充满激情，因为他们有无数个理由这样做。

　　南方要脱离北方独立生存，他们不希望北方人干涉他们的生活。在他们看来，如果因为这种分离引发了战争，他们就应该为自由而战，不然就会沦为北方人的奴仆。有一个南方人说道："我们希望能够重新开启非洲奴隶贸易，但国会驳回了我们的要求。所以我们可以占领墨西哥和拉丁美洲，在那里开辟出一条奴隶贸易之路。如果通过和平的方式无法解决这个问题，我们完全可以用武力解决。上帝创造了黑人，就是让他们伐木、挑水，为白人服务的。我们南部的居民是世界上最具德行、文化和实力的，只不过我们一直都缺少那份自信。如果爱国之心都无法阻止北方对我们的侵犯，我们就只能通过对棉花和烟草的控制，来阻止他们的行为了。奴隶制并不违反《圣经》和人道。"

　　这位"牢笼里的总统"只能通过一些私人的信件，来了解国家当前的形势。林肯从一封查尔斯顿要塞的军官写给他纽约的哥哥的信中，获取了很多对自己有利的消息。信中说，现任总统并不器重年迈的斯科特将军。这对林肯来说是件好事，因为斯科特有可能因此投奔北方的阵营，并且在这封信中已经有所表露了。林肯间接地答复了他："如果他能为保卫或者夺回要塞竭尽全力，我就任之后一定会重用他。"虽然林肯是民众推选出的总统，但他还是会小心翼翼地跟每个人打交道，仿佛身边潜伏着许多间谍一样。相比于斯科特，林肯更加信任川布尔。他们经常通过书信交换彼此的意见。

　　另一方面，林肯还可以通过一位南方的温和派领袖了解更多南方的情况。那个人就是佐治亚州的亚历山大·斯蒂芬斯。12 年前，他们曾同在众议院任职。因为斯蒂芬斯是民主党人，所以他们没有办法坐在一起，但这两位务实的理想主义者却有着心灵上的默契。当斯蒂芬斯发表反对墨西哥战争的演讲时，他们就已经注定要成为朋友了。除了满脸的皱纹和瘦弱的身躯，没有人能够看出他们有什么共同点。从那以后，他们的交往更加频繁和密切了，以至到南北冲突逐渐恶化，他们成为各自党派的领袖时，依然保持着来往。

在林肯被提名为总统候选人之前的几个月，他曾给斯蒂芬斯写了一封信，那是林肯一生中写过的最长的一封信。他在信中反驳了斯蒂芬斯的观点，那时他们的友谊就已经渐行渐远了。到了 12 月份，斯蒂芬斯发表了两篇反对林肯的演说稿。他认为："林肯被选为总统完全是违宪的，战争也许能够彻底废除奴隶制，但也有可能以南方的胜利，或者签订一份妥协条约而告终。"南方已经发出了最后的警告，把整个国家的时局搅得更加动荡了。持有不同意见的林肯，礼貌地给斯蒂芬斯写了一封回信，建议他修改自己的演讲稿。斯蒂芬斯也礼貌地告诉他，报纸上已经说得很明确了："国家正在面临前所未有的危机，在这种时刻，没有人比您的责任更加重大了。"林肯坦然地回答道："南方人真的认为共和党会直接或间接地干涉他们的奴隶制吗？果真如此的话，我愿意用您朋友至少不是敌人的身份向您保证，那是毫无根据的。我们只是认为奴隶制是不合理的，应该加以限制；而南方恰恰认为，奴隶制应该继续推广。这才是我们之间真正的分歧所在。"

这封简明扼要的信，还在利用最后的机会向南方领袖作着保证。同时，通过这两个人的对话我们也能发现，他们之间还是相互了解的。斯蒂芬斯的回信也很严肃和具体，他说林肯已然把奴隶制变成了半个国家的仇敌。尽管如此，斯蒂芬斯还是在竭力地避免佐治亚州从联邦中脱离出去。没过多久，佐治亚州周围的州全部脱离了联邦，最终，佐治亚州也没能抵挡住南方舆论的洪流，"皈依"了南方的分裂势力，斯蒂芬斯因此成为了南方独立政府的副总统。

2月初，南方7个州的代表齐聚蒙哥马利，宣布成立"南方邦联政府"，并制定了一部与原美国宪法十分相近的新宪法。一位来自于密西西比州的参议员被选为总统，副总统斯蒂芬斯也在几个星期之后对此作出了解释：

"新制定的宪法，将在最大程度上避免由奴隶制引发的社会骚乱。从伟大的政治家杰斐逊开始，人们就普遍认为这种非洲式的奴役制度，无论在社会层面、道德层面还是在政治层面，都是完全错误的原则。我们的新政府则建立在与之不同的原则上，以白人和黑人的完全不平等作为真理和基石。黑人本身就低白人一等，所以，我们的政府开创了世界历史的先河，建立在实践的、哲学的、道德的真理之上。而北方不愿承认这种道德上、政治上和宗教上的伟大真理，不愿以奴隶制作为国家的基础，今天分裂的局面早已成为了必然。诚然，只有人类的伟大目标与造物主制定的规章、法典相契合时，我们的目标才能得以实现。"

斯蒂芬斯的一番发自内心的呼声，给了林肯很大触动。他的心与国家紧紧地连在一起，但人类的幸福又是他不得不考虑的事情。斯蒂芬斯作出的选择，是林肯有生以来从未想到的。也许在林肯的心里，早已有了自己的答案。


# 二十二、入主白宫


"您被选为总统了。我对您表示祝贺，也要感谢上帝的恩典。19年来，我们想要废除奴隶制的愿望和目标终于达成了。现在，我们可以在安定、光明的基础上，重新制定一份自由的政策了。您现在是肩负重任的领导者，愿上帝赐予您承担重任的力量。”

林肯被选为总统后，收到的第一份祝福，竟来自于他的竞争对手蔡斯。林肯在选定内阁成员时，首先想到的就是要任命蔡斯和苏华德为内阁部长，尽管他们都是极端主义者。最终苏华德被任命为国务卿，蔡斯也接受了财政部长的职位。但这时，在其他内阁成员职务的确定上，却产生了一些争端，林肯认为这简直无聊之极。他跟一个朋友说：

“如果能选定一位我做巡回律师时的同仁作为阁员，就能避免这样的纷争了。”

“但他们都是民主党人啊？”

“我宁愿与我熟悉的人共事，也不愿跟一些陌生的共和党人纠缠不清。”

斯普林菲尔德的一家小旅馆，成了共和党人分配职务的地方。想要追逐一份权力的共和党人，都聚集到了这里。一些多年未见的朋友都冒了出来，就连法官戴维斯都想为自己和朋友谋求一份差事。被搞得头昏脑胀的林肯，对这一切已经厌恶透了。好在他跟副总统哈姆林还比较谈得来，他们的友谊一直保持到他们生命的终结。

在去政界诡秘复杂的华盛顿上任之前，林肯又回到了那座写满他儿时记忆的静谧的小城。他在那里骑马驰骋，探望自己的兄弟汉克斯和强森，还为自己的父母修缮了坟墓。人们再次见到林肯都非常高兴，跟他一同回忆着多年前发生的事情，还有人提起了他几十年前赶牛车的趣事。只有他的继母显得平静异常，只是告诉他一些以后应该注意的事情。汉娜也嘱咐他小心自己的仇人，林肯却笑着对她说：“汉娜，如果我被他们杀了，我就不会再死了。”家里已经没有什么事情了，房子也已经租出去了。他把所有没有用的文件和信件都烧掉了，只带走了他写的诗。

在这之前，他早就写好了就职演说稿，只参考了克莱、杰斐逊和韦伯斯特的演说以及合众国的宪法。他把自己关在屋子里，花了很长时间才完成这篇讲稿。后来曾有人怀疑，与林肯共事多年的赫恩登对林肯的演讲以及言谈都产生了一定的影响，但实际上，林肯从未叫别人给自己写过演讲稿，自己写完的稿件也几乎不作什么修改。总之，就职演说稿秘密地印刷好了。

这时的玛丽满心欢喜，她常常会说到"我们的升迁……"她带着姐姐，坐着专列到纽约买了很多东西，还为林肯买了一顶漂亮的礼帽。他们还举行了一场大型的宴会，尽管玛丽衣着朴素，但穿戴非常整洁。再加上一条漂亮的珍珠项链，让她显得光彩照人，第一夫人的气质已显露无疑。

在他临行前的一天下午，林肯来到自己的办公室整理一些文件。他像往常一样，默默地在沙发上躺了很久。

"威利，我们在一起工作多久了？"

"16年多了。"

"这么多年，我们没有吵过架吧？"

"当然，从来没有。"

接着，林肯又提起了几件以前在工作中遇到的事情。之后，他抱着一摞书和一叠文件走了出去。走到门口时，他又回头看了一眼那块已经生锈的牌匾。

"就让它好好地挂在那里吧，不要让别人以为，林肯当上了总统就跟以前不一样了。如果我能活着回来，我们还可以一起为当事人出庭辩护，就像什么都没有发生一样。"当天晚上，林肯就整理好了自己的行李，并在上面贴上了写着"林肯，白宫，华盛顿"的标签。然后他又自己把行李打好了包。

为什么即将成为国家最高领袖的他，还是用以前的态度对待一切事物呢？虽然他习惯于尊重每个人的尊严，但作为一个总统，必须要学会委派他人办事。有人建议他把那块律师公司的招牌摘掉，因为继续挂在那里有些不合适，并且有凭此招揽生意的嫌疑。林肯对此不以为然，一个在就职前一晚还自己打包行李的总统，他具备的才是真正的美国精神，也可以称之为"美国的思想"。

2月中旬的一个阴冷的早晨，成百上千的民众自发地来到小站为林肯送行。车厢里坐着的全是林肯的好朋友，贾德和戴维斯，还有两个他的新任秘书尼古拉和赫，旁边还坐着两位州长和几位军官。其中有一个人笑得特别灿烂，露出一排整齐洁白的牙齿，这个人就是"小山"。林肯打算把他也带上，因为扫罗王的身边不能没有大卫。

玛丽也在月台上，她要几天之后再去华盛顿，跟林肯一同开始就职旅行。今天，林肯就要独自离开斯普林菲尔德，也许永远也不会再回来了。天空落下了冰冷的雨点，林肯带着一顶高筒礼帽，站在月台上说道："亲爱的朋友们，你们根本无法想象此刻我内心的苦楚，我非常感谢这里的人民给予我的支持。在这里生活的25年间，我从一位青年变成了一位老人。我在这里养育了孩子，并且其中一个已经在此长眠了。这一次离去，不知道以后还能不能回来，因为华盛顿还有异常艰巨的任务在等着我去完成。如果没有上帝的帮助，我几乎不可能成功。上帝与我们同在，也希望他能给予你们更多的幸福。朋友们，再会吧！"

雨点打在每个人身上，也打在了每个人的心里。他那忧郁的言语，畏缩中的希望，深深地打动了每一个人。火车在浓浓的晨雾中逐渐消失了，人们都知道，这一路他必将遇到无数的荆棘与坎坷。

他在北部各州足足逗留了10天。无论走到哪里，人们都想见识一下这位会伐木的总统，但他总会让人们失望。因为当选之后，他的情绪一直非常低落，看上去没有一点神采，只有"小山"的琴声响起，大家欢快地唱起黑人的歌谣时，他才会稍微放松。他的每一次演说都不得不谨慎小心，有时还要根据亚拉巴马州传来的最新消息，对自己的演讲稿稍加改动。因为南方人正在那里举行他们的国会会议。尽管他的演说总是略显仓促，但那情真意切、平易近人的言辞，还是深深地走进了每位听众的心里。

在纽约："现在，我的朋友们，我想我说的已经够多了。"台下的听众们齐声喊道："还不够！还不够！"他接着说道："显然你们跟我的意见是不一致的，所以我不得不自己来决断这个问题了。"

在印第安纳波利斯："我希望大家能够记住，永远地记住，这并不是我个人的事业，而是我们所有人的事情。如果联邦的人民失去了自由的权利，对于一个52岁的老人并不算什么，但对于3000万公民和他们的子孙后代来说，却是一件非比寻常的大事。合众国的统一与和平，不应该由某一个人或某一个组织来决定，那个权力应该掌握在人民的手中。"

最后他到了费城，在这里，他完全利用了人们对于前辈的尊崇，也第一次提到了，"我们到底该做什么，不该做什么，什么是尚未完成的？"

相信大厅中的每个人，都感受到了这些话中包含的真理。即使过了70年，我们依然能够体会到那种真诚。林肯愿意为自己的信仰放弃一切，甚至生命。用不了多久，事实就会证明这一点。在他去巴尔的摩之前，有一位警员曾提醒过他，说那里有人想要暗杀他。起初他并不相信，但没过多久，苏华德的儿子也给他送来了一封警告信。林肯把两个消息进行了综合分析，最终决定临时改变自己的行程。有些人认为，他这样做会给别人留下不好的印象，但这时农夫式的智慧已经说服了林肯。他根本没有必要为了一些无足轻重的事情，拿自己的生命去冒险。巴尔的摩的战争已成定局，实际上总统只是到那里去壮一下军威。谁都不会傻到为显示自己不惧艰险的勇气而充当杀手靶子的地步。这种情况下，他宁愿从宴会大厅的后门溜走，他也的确那样作了。最后一次宴会过后，林肯戴着一顶不起眼的帽子，坐着一列普通的火车悄悄潜回了华盛顿。

与他同行的只有赫尔。他的妻儿和其他党内同仁，还是按照原计划坐上了总统的专列。从斯普林菲尔德到华盛顿，唯一与他形影不离的就是那位"小山"。

2月份早晨6点的时候，天色仍然昏暗。当人们还无法看清街道的时候，路灯就已经熄灭了。只有沃什·布恩和苏华德知道，今天抵达华盛顿的是谁。沃什·布恩和苏华德在车站接走了林肯和"小山"，他们一行4人驱车赶往一家旅馆。也许那些阴谋家们，正在焦急地等待着这场阴谋的最终结果，但林肯早已经安全地回到了华盛顿，现在正奔驰在华盛顿的一条小路上。

没有人会意识到，这位陌生的异乡人亚伯拉罕·林肯，已经悄然间来到华盛顿走马上任了。


# 二十三、鱼龙混杂的白宫


在这个灰暗的早晨，如果林肯与12年前他刚离开华盛顿时相比，他会惊奇地发现，自己已经取得了多么令人骄傲的成就，但他并不会想到这些。可能他只会想到，现在置身其中的这间小旅馆跟12年前是多么相像，今天的这种对于前路的迷茫跟当年是多么相像，此时自己内心的孤独与酸楚跟当年是多么相像！

苏华德在他面前，总是表现得沉默寡言。他的脸上永远阴云密布，即使在向林肯提出意见时，说话的语气也是冷冰冰的。好在"小山"一直跟在林肯的身边。边塞每天都会传来一些千篇一律的消息，不过"俄国沙皇解放了所有农奴"的消息却让林肯为之一振，他将要在美国完成这一惊天动地的壮举。当越来越多的人得知，新总统已经抵达了华盛顿后，他身边的气氛就开始变得活跃起来了。旅馆的走廊里挤满了来访者，就连他的老对手道格拉斯也来了。这一高一矮，两年前还在讲台上唇枪舌剑、相互抨击的对手，今天也终于握手言和了。这些天里，内阁成员的席位之争逐步升级，几乎已经到了白热化的程度。每个候选人的提名，都会遭到议员们的百般阻挠。他们把分配职务的地点，从斯普林菲尔德挪到了华盛顿，这场由新总统引发的闹剧不知何时才能收场。

林肯身边的苏华德，似乎每天都生活在痛苦和郁闷之中。一方面是因为，自己梦寐以求的职位被别人所占；而另一方面则由于林肯都没有要他帮忙撰写就职演讲稿。当林肯把已经写好的讲稿交给他，并征求他的意见时，苏华德对于林肯行文的坦率大为震惊："我必须坦白地跟您说，您讲稿的第二和第三部分，即便是经过大幅度的改动，也还是会给联邦州的脱离留下把柄，并且弗吉尼亚州和马里兰州一直都有分裂的倾向。您还说要用两到三个月的时间，来同南部争夺首都，但那样恐怕在波托马克以南，就不会再有效忠联邦政府的官员了。所以，我认为应该把这两部分文字完全删除，只有那些正中要害的论据和概括性的语言可以保留。除了这些，还应该灭一灭南方嚣张的气焰，同时要尽量打消东部的猜疑和恐慌。最后，还应该在后面加上几句煽情和振奋人心的话。"苏华德建议用这样一段话作为结束语："总而言之，我们不能把彼此当作陌生人和敌人来看待，我们是同胞，是兄弟。虽然我们之间的关系一直绷得很紧，但我相信它永远不会破裂。神秘的琴声，飘荡在战场和爱国者的坟墓旁，它能传到每个人的心中，编织成一曲保卫祖国的赞歌。"林肯则对此作出了这样的修改：

"我真不愿结束我的演讲。我们不是敌人，我们是朋友。虽然当前的形势非常紧张，但它绝对不会切断我们之间亲密的感情。记忆中浮现出了神秘的琴声，它从战场上和爱国志士的坟墓边轻轻飘过，飘进了每个人的心里，它将触动人们心中善良的天性，整个联邦必将再次奏响合唱曲。"

除此之外，林肯并没有接受苏华德的建议，因为他知道什么样的语言才能给听众们最大的触动。但林肯完全没有顾及到苏华德的感受，在他宣布就职的前一天，他收到了苏华德的辞呈。林肯在这种危急时刻，又受到了如此强烈的打击，他能做的，就是静静等待明天的到来。

3月4日终于到了。打赌林肯当不上总统的人可能会输得很惨，因为林肯今天就要宣布就职了。中午的时候，布坎南坐车来到林肯下榻的宾馆，正式迎接他进驻白宫。国会大厦周围戒备森严，一个方队从参议院的大门里走了出来。所有人的目光都聚焦在了那位大个子身上，他手里拿着帽子和手杖，迈着缓缓的步子，走上了东门口的演讲台。

台下坐满了美国的精英，有外交官，有参议员，他还看到了道格拉斯和自己的妻儿。他新蓄的胡子看起来并不怎么样，也还是一副毫无生气的面孔。他穿上了一套崭新的燕尾服，手里拿着一根巨大的手杖，手杖的头上还有一个鸡蛋大小的金手柄。走上台后，他显得有些拘谨和不安，手里的手杖和帽子更显得有些多余。经过一番折腾，他终于把手杖挂在了栅栏上，但手里的帽子要放在哪里呢？这时，台下的人们都向他投来了讽刺的目光。好在他的老对手道格拉斯看出了林肯的心思，像一个仆人一样，走上前去接过了林肯手里的帽子，一直帮林肯拿到演说结束。

道格拉斯虽然坐在台下，但他的注意力却全集中在了这顶帽子上。他想象着林肯戴上帽子之后滑稽的样子，或者他可以看看帽子里有没有文件之类的东西，因为众所周知，林肯习惯把帽子当作文件夹使用。或许他在暗地里比较帽子主人和自己的智慧，并认为自己始终要略胜一筹，但无奈现在站在演讲台上的是自己的对手。

林肯一开始就表明，他所在的政党，并不想对南部现行的制度作任何干涉，他们要做的只是发誓要效忠宪法。

"72年来，已经有15位总统相继治理我们的国家。如今，我也临危受命，肩负起了更加重大的历史责任。以前人们所说的国家分裂，如今已经赤裸裸地摆在了我们的面前。我将有效地利用宪法和人民赋予我的权力，竭尽所能地维护政府的财产和地位，征收各种国税。除此之外，我绝不会发动侵略战争，更不会对人民使用武力。然而，总会有一些人聚集起来，妄图破坏联邦的统一。无论他们有什么样的目的和借口，我都会跟他们斗争到底。如果真的存在这样的一些人，我也无话可说。"接着他又问道，"南北方为什么会形成今天这种分裂的局面？是否有必要使用武力来解决这一问题呢？结果又会怎样呢？"

"难道与陌生人签订条约，要比跟朋友制定法律更加容易吗？如果你想参加战争，那也不会无休无止吧？那样只会两败俱伤，谁也得不到任何好处。并且战争一旦停止，之前的问题还会暴露出来。无所不能的上帝，又会站在哪一方的立场上呢？无论哪一方获得最终的胜利，南方都没有任何收获。倘若北方赢得了战争，南方的情况就会变得更糟；而要是南方取得了胜利，无非就是让他们的制度得到巩固。其实它已经足够坚固了。"

每讲到精彩之处，台下都会报以热烈的掌声。连布坎南都在仔细地听着林肯的演讲，道格拉斯更是如此。演讲结束后，主持《圣经》宣誓的老法官走了过来，随后，在场的所有人都站了起来，当然也包括布坎南。一位穿着黑色衣服，年弱体虚的老人走上前来。他就是斯科特判决案的裁决者，最高法院的法官丹尼。林肯恭敬地看着丹尼，并把他的大手放在了《圣经》上，庄严地宣誓道："我，亚伯拉罕·林肯宣誓就职为美国总统，我将不遗余力地维护、保障和捍卫合众国的宪法。"

一阵鼓炮齐鸣之后，前任总统把新任总统带回了大厅。有一个人走在队伍的最后面，他是一位来自德克萨斯州的参议员，南方留在这里的最后一名议员，也是南方的间谍，林肯的敌人。

此时此刻，林肯的心情并不轻松，他在心中默默地问自己，除了死神还有什么力量能够把他们赶出白宫呢？这里的一切在过去的3个月里都经历了什么呢？等待自己的，只不过是一张书桌，只是能比斯普林菲尔德的那张书桌摆更多的东西而已。当天晚上，林肯写了进驻白宫之后的第一封信，信封上标注着"白宫"字样。这封信当然是写给那位辞职的国务卿苏华德的：

"尊敬的先生，2日那封论及辞去国务卿职务的信件业已收到。此事足以让我心痛不已，希望您能收回成命，衡量好公众利益与个人感情孰轻孰重。请您三思。希望我能在明日9点之前收到您的答复。林肯敬上。"信中既包含了君王般的庄严，又不失谨慎的态度，恩威并施地表达了自己的立场，落款也十分得体。

此时的合众国就像是一艘大船。船长可能会认为，那些不可靠的人肯定早已离开了。他又能在窗外的夜色中看到什么呢？间谍、杀人犯还是奴隶？这座城市里难道真的充斥着叛乱者的身影吗？一定会有一些善良的人民，此刻正透过明亮的窗口向外仰望，猜测着这位新总统能给他们的生活带来哪些改变。国库和军火库里的财产早已进入了南方的腰包，连一艘战舰都没有给北方留下。

遥远的波托马克河像海一样宽阔，透过窗口，林肯还能依稀分辨出那里的样子。那边的敌人掌握着堡垒、金钱和人才，心中充满了火一样的热情。或许几个星期之后，他们就会朝这边开火了。现在的林肯究竟是白宫的主人还是白宫的囚徒呢？

只要通过一件事情，就能看出命运之神是如何对待每个人的。

第四章　伟大的解放者

# 一、山雨欲来

如果我们用文字去描述这种对立，只能说这种对立是个悲剧。对立的双方都认为自己代表的是正义，并竭尽所能地去维护正义，且这种对立是无形的，姑且可以称之为信念之战。这种信念之间的战争在利益、野心和金钱的迷雾中展开，就如《荷马史诗》中与神有关联的英雄间的战斗一样，是平常战士难以企及的。如果我们把这种对立或是信念之战看作是悲怆的，那么美国兄弟间即将爆发的人民战争，就更接近于古希腊的悲剧了。同古希腊从野蛮时代进入文明时代一样，它开始激发起人们的同情和恐惧。结束时，也将唤起人们在暴风雨之后天地清新的感觉。

在那个特定的年代里，人们为"自由战胜奴隶制"而欢呼雀跃。他们也许会像林肯一样，作出那样的选择，但是他们没有权利去谴责或诅咒被打败的那一方。如果因为南方奴隶主的权利是建立在一些无辜的被压迫的人的基础上，人们就会轻视那些奴隶主，那么我们也没有办法面对自己的困惑，或者当时双方领导人的心理活动，甚至不能理解日后为什么会动用武力。只有以坚定的信念为基础，武力才能成为一种持久的力量。我们无法去对少数像特洛伊人那样，英勇抵抗4年之久的英雄作出正确的评价，也没有办法对北方领袖的坚韧不拔和节度法制作出正确的评价。在他就任总统的1500天里，无论从战场上传来的信息怎样变化，别人对他的评价是否属实，都没有影响到林肯。他总是那么的镇定，从没有丧失他的信念、幽默与睿智。面对这些困难，他依旧保持着高尚的德行，并在克服这些困难的过程中，提高了自己的领导能力，甚至把自己的弱点转化成了力量，去实现一个，不，是两个理想！这两种理想在他的心中渐渐合二为一，并注入了他特有的感情色彩。只有认识到南方人的激情，理解他们的正直和特有的倔强，才能欣赏到林肯的价值。

再者，我们很难对南方人的正义与否作出评价。所有的贵族都认为在这场主仆斗争中，自己始终是正义的一方。长久以来，他们享受的权利是合情合理的，是祖先带给他们的余荫。

南方人认为，北方那些冷酷心肠的商人是农民的后代，为了追逐利益而不顾其他。他们赚了很多的钱，过着奢侈糜烂的生活，他们不懂如何治理国家，也没什么文化底蕴，却想要得到国家的领导地位。南方人自认为他们是诺曼底贵族的后代，保留着美国政客间的风俗礼仪，他们的代表是白宫的常客。所以，他们认为南方人应该承担起国家的主导责任，他们在内阁占的比重，是北方人的两到三倍。他们单单是为了治理国家而生的吗？他们与生俱来的荣誉感就足够使他们无论在战争还是和平年代，都理所应当地成为国家领袖吗？无论别人怎样地斥责，他们都问心无愧吗？

这样的事情一代一代地延续着，但在最近的 10 年中，已经到了忍无可忍的地步——为什么呢？因为有成千上万的人移居到了北方，这些人生活得并不好，成为了多余的人。他们被加利福尼亚的金砖所吸引，觉得到了美国到处都能赚到钱，哪怕是做黑奴做的事也行。当然这不会是无偿劳动，于是每个人都在宣讲自由民主，因为金钱就代表着自由。蒸汽机代替了人力，也不需要那么多黑奴了。在那样的大都市里，发展起来了数目庞大的新兴工业。人们到处宣传平等，即便这与上帝的言论相抵触，因为平等对于他们来说丝毫没有威胁。于是在最近的 10 年中，北方聚集了 1900 万白人，而南方只有 800 万白人，鉴于此，北方人在众议院里拥有的席位也比南方多了三分之一，北方通过多数获胜也就不足为奇了。

南方的优越感，似乎通过国家法律和国家经济变得合法化了。权威的理论也说明，这个统一的政府，不过是大家签订的合法条约。若是哪一个觉得没有享受公平的对待，便可以自愿退出。至于上帝把肥沃的土地赐给了南方人，这是毫无争议的！当时有一位南卡罗来纳州的参议员这样说："没有人可以反对南方蓄奴！即便现在有短暂的骚乱，但棉花、烟草和小麦依然统治着世界。没有我们，北方佬就像嗷嗷待哺的婴儿一样，只有等着慢慢饿死。"

　　正因如此，气焰嚣张的南方全民皆兵，甚至妇女都保持着防御的状态。而这时，北方却没有丝毫动静，这使得他们不得不先采取行动了。南方4州，相继退出了合众国。他们想通过这种恐吓的办法让北方作出让步，就像之前一样。恐吓不成功的话，就不得不发动战争了。或者南方人也可以再等上4年，到大选再次来临时东山再起。总的来说，偏向黑人的现任总统，在两院中都得不到多数人的支持，在人民中也没有太多拥护者。

　　双方都为即将发生的战争积极准备着。几个月内，南方随处可见象征自由的木杆，人人都在歌唱《马赛曲》，可是他们不知道，他们拥护的是奴隶制而非自由。这也造成了一种可笑的现象，数以千计游手好闲的富家子弟开始练习骑马、打靶，希望不久之后可以在战场上一展拳脚。号角声、飘扬的旗帜和荣誉的光环，都让绅士们着迷。身边也没有了往常的牢骚和警告，如果能够成功退出联邦，他们便挣脱了各州的束缚，不用再去服从别人了。

　　南方人在军事上完全占有优势。尽管他们的人数不多，但在战争打响第一枪前，南方的军队人数是北方的3倍，只要在短期内结束战争，南方人就会得到各种利益。处在战争中的士兵更加服从命令；更有许多军官在历次战役中获得显赫战功，贵族式的生活方式以及他们的优越地位，都使得他们有更多的机会加入战争。南方内部没有党派之争，他们执行统一的方针，能够快速地集合部队。而北方恰恰相反，志愿军每个人都有自己的主见，每次下达命令，他们都有疑问。而军官们也都缺乏经验，部队里的士兵大多是城市人，经不起长途跋涉。本想包围敌人，却发现自己进了敌人的包围圈，周围都是奸细，这些都成为了他们的绊脚石。北方人没有意识到，他们的危险已经迫在眉睫了。他们缺乏凝聚力，没有激情，仅仅有少数人认为发动这场战争是正确的。

南方畏惧的只有一点，那就是打持久战。北方可以不断地增加它取之不尽用之不竭的人力和物力，训练军官和士兵。更重要的是，它可以对南方进行封锁，截断南方的粮食和武器供给，使南方陷入困境。只是当时北方的政治观念达不到统一，缺乏对战争的认识，更有部分人反对持久战。南方人愿意看到他们保持这种观点，这样南方便可以毫无顾虑，只需要找到一个可以率领各位将军的领袖，一个处于中心位置、强有力又深得民心的人，显然，这个人不可能是那个偏袒黑人的新任总统林肯。


# 二、一个人的战争


在就任总统的第二天早上醒来时，林肯发现了一封从萨姆特发来的公函，是那里的司令发给他这位新任总统的。前段日子，那个前任总统不能给他任何帮助，而今他给新任总统的信中提到，如果再不给他供给，恐怕要塞连几个礼拜都难以维持了。林肯想到了他昨天的宣誓，这个要塞能不能守住，就是他所要面临的问题。他对自己说："如果安德森从萨姆特要塞撤出去，我也就得从白宫搬出去了。"

萨姆特堡垒位于查尔斯顿港外的一座小岛上。这里只有不足200人看守，他们是否有充分的供给是防御的关键。苏华德建议马上放弃这座岛，就连斯科特将军都这样说。失望是一回事，但我们这位踌躇的总统，不得不亲自去鼓励将士们坚定信念，这不仅仅是勇气的问题，而且也是一种策略。如果放弃了这座城堡，就会使南方人更加嚣张，给人留下笑柄，并且也会给北方的反对派留下把柄。

最后，他终于找到了一个办法。那时已经到了3月底，安德森那里的情况也越发危急，粮食已经没有了，此时的白宫却正在举办总统就任后的第一场大型招待会。穿着燕尾服的林肯，携他光彩照人的夫人来到众人面前。上百双眼睛幸灾乐祸地看着他们，期待着他出丑。但他跟平常一样，与众人交谈、说笑。明天的报纸上，一定会有很多关于林肯的报道。在宾客们看来，似乎现在的局势并不那么危急，这也正是林肯想要的效果。但是在宴会结束后，他让内阁大臣们留了下来，严肃地对他们说明了现在的形势。斯科特将军催他赶快放弃萨姆特要塞，为此他们商讨了很长时间。第二天早上，又召开了一次会议，听取总统的意见。林肯决定派一艘船去给那个要塞送给养，并在这之前通知南部的官方，派送船只的目的只不过是救济那里的守军。如果他们允许船只通过，美国政府的地位将得到保障，名声也可以得到恢复。如果南方的态度还像几个星期前一样，那么这就是在挑衅，即便战争打响了，也是他们的错，他们应该为自己的行为负责。同时，北方人民的愤怒也会被激发起来，有了这种愤怒，我们一定能够取得胜利。

这种策略，来自于林肯的庄稼人思想和他的外交家谋略。事情的发展完全如他所料。知道北方的供给船出发后，南方立即调集部队一举攻入要塞，城头的国旗都被打成了两半，直到安德森投降并撤军为止。4月14日，南北战争正式打响，全世界都把目光聚集到了这里。也没有人会料到，4年之后这个日子又会发生什么。

这种举措的后果是可怕的，但却是伟大之举。北方人惊呼道：合众国的国旗被彻底撕碎了。很快就有数百万民众联合在一起，各党派人士也都表现出了愤怒的情绪，敌对的势力也不再争吵而是团结在了一起。所有人都认为，自从 80 年前星条旗第一次在华盛顿上空高高飘起以来，还未发生过如此可怕的事情。同时，林肯必须设法把整个国家的力量汇聚到一起。招募 75000 名志愿兵的命令一下，数日内就有 92000 人踊跃报名，到了 6 月份已经达到了 30 万人。但是受到法律限制，这里的士兵只能服役 3 个月。

很多天过去了，却没有看到一个士兵，可以调遣的部队只有 3000 人，征集起来的那些英勇的志愿兵都哪去了呢？怎样才能在短时间内把他们召集起来？怎样去武装他们？怎样训练他们？战场又应该放在哪里呢？面对这场突如其来的人民战争，政府还没有详尽的计划。边界各州会对此作出如何的反应？弗吉尼亚作为华盛顿的门户又该怎样应对？那边已经派人过来询问总统，他们应该怎么样去对待南部邦联。林肯引用了他就职演讲的两句话："我建议你们仔细研究一下这篇演说，它已经很好地阐明了我的观点。"

但是不久后，弗吉尼亚就宣布退出合众国了。于是，波托马克河便成为南北双方对峙的边界。在白宫里就能看到边界对面的敌人，这位刚刚搬进白宫才 5 个星期的新主人担心的事情终于发生了。

现在还看不到一个救兵。林肯焦急地在白宫里踱来踱去："援兵为什么还没到？"有消息传来，他们已经成为弗吉尼亚的阶下囚了。几天之后，林肯开始感到束手无策。他怆然地想到只要敌军派一个小分队渡过波托马克河，就可以轻而易举地把他和他的内阁统统抓起来。忽然，林肯好像听到了一声炮响，是他们来了吗？可是在大街上，一眼望去，一直到军械库都空无一人。他问一名站岗的士兵，听没听到远处传来爆炸声，回答是否定的。难道刚才是他的幻觉？没有人比他的神经更脆弱了，脆弱得就像他当初举行婚礼时一样。堪称美国历来最高统帅中最不擅长打仗的他，能经得住这场战争的考验吗？终于，带着希望的火车笛声终于响了起来。全镇的居民都聚集在火车站。纽约的军团终于来了！大家可以松口气了，可是其他地区的援兵又在哪儿呢？

"那些齐心协力的北方人哪去了？第七军是个神话，罗德也是个神话，只有你们是现实的！"

从这些话可以看出，林肯承受的压力有多么巨大！他对这里的一切都很陌生，一个外乡来的律师，现在突然间成了美国的最高统帅，还处在美国前所未有的困境中，孤立无援，没有可以信赖的人，什么都要靠自己。

整个国家再也找不出比李将军更合适的军事将领了，他就在弗吉尼亚。他对国家忠心耿耿，又反对弗吉尼亚退出合众国，但是当总统想请他担任统帅的时候，却遭到了他的拒绝。他说他不能加入侵略南方的行动，而后便马上向他的上司，同为弗吉尼亚人的斯科特将军辞去了军中职位。

南方军队展开第一次攻击后，北方军队撤到了城里，伤员们被抬进了国会大厦。林肯第一次看到，鲜血从一个刚刚包扎好的伤口中流出，这是他兄弟们的鲜血啊！面对这一切，他在想："这些无辜的年轻人，他们根本不知道政治是何物，他们既不反对也不拥护奴隶制，只是听说合众国就要分裂了，便跑来打仗。"这也让这位博爱的伟人知道了一个亘古不变的真理：抽象的理念在人们眼中，根本不足以成为民族战争打下去的理由。人民的流血牺牲，并不是为了非洲黑奴的自由，而是为祖国的统一。

# 三、平民总统

如果两个家庭发生争吵，反目成仇是件很容易的事情，但是一个家庭的两兄弟无论怎样，都不可能大打出手。这场兄弟之战发生以后，偃旗息鼓了长达3个月之久。双方都需要时间来调整，克服自己复杂矛盾的心理。这期间是军备期,同时也是双方相互礼让的阶段。

在7月4号召开的那次议会会议上,林肯作了一次出色的演讲。他谈到自己是如何在道德以及历史意义上来理解南北战争的。欧洲和美洲,都还没有出现过这种用演讲的形式来阐述战争爆发原因的先例。林肯要求各州向政府提供4亿美元和40万士兵,他说:"这笔钱对于那些准备捐出全部财产的人来讲,尚不及他们所有财产总额的二三十分之一。"接着,他又把现在的状况和国家刚成立时的状况进行了比较,总结出现在的条件要比以前优越很多。他说:"每个人维护自由的强烈愿望,都不亚于我们当初确立自由的愿望。"谈到有关国家权利的问题时,他表明:"国家用金钱买下了这片土地,建设了各州。现在那些州想要脱离联邦却一毛不拔,这样公平吗?"

不久,他又发现了一条新的理论依据。南方人建立了他们的邦联政府,南北派之间的区别就在于:"我们的敌人已经通过了一部《独立宣言》,其中删去了杰斐逊'人人生而平等'的字样。为什么呢?他们还通过了一部临时宪法,把'合众国人民'改成了'各个有主权的独立州的代表们'。"

他从中推论出了产生这种人民战争的本质:"联邦这方,它的存在是为了改善人们的生活环境,减去人民的重负,使他们的前途一片光明。我们的人民政府经常被称作是一种尝试。现在我们还要抵御想要推翻政府的敌对势力,并向全世界证明,能够公平选举的人也完全有能力去平定叛乱。我也必须向全世界证明,选票是枪弹的合法继承者,一旦通过选票作出了决定——当然前提是公开公正的——也就不允许在解决问题时再次使用暴力!这也告诉了人们,经过选举没有得到的东西,也别想通过发动战争获得。发动这场战争的人是多么的愚昧和无知!"

他的演讲颇具大家风范,先是形象生动地举例,而后阐述理论,先是对选举者,然后向全世界大声疾呼。相对于这个问题在政治层面的影响，它在社会层面更能引起注意。他在几个月以后的一次演讲中提到，战争的主要目的就是保住民主原则，因为南方的专制政府就是要避开民主。

"还有一点，我想大家需要注意。那就是，我们要把资本和劳工放在同等的位置上，正因为有了劳工才有政府。有人说，劳工只有和资本联系起来才能存在，换句话说，除非有人出了资本指使一个人去劳动，否则就没有人去劳动。有一种假说认为，资本可以雇佣劳工，是他们愿意工作，或者是买下他们，强迫他们劳动，我们称他们为奴隶。还有人作了进一步推断，一个人只要被雇用了一次，就终身成为雇工了。

"事实上，劳工与资本的关系并不像他们所设想的那样。一个人也不能因为被雇用了一次，就终身成为雇工。这两种假设都是无稽之谈。

"劳工是先于资本而存在的。资本是劳动产生的结果。如果没有劳工，也就没有资本，劳工比资本更应该得到重视。资本有其自身的权力，它也应该像其他权利一样受到保护。不可否认，在劳工和资本之间存在着一种互利的关系。那种观点的错误仅仅在于认为社会的全部劳动都存在于那种关系之中。

"资金掌握在少数人手中，他们不愿劳动，就利用他们手中的资金去雇用别人，或者买来一些人替他们劳动。然而大多数的第三阶级不属于这两种人群，他们既不为别人劳动，也不让他人为自己劳动。南方的各州中，有很多人既不是奴隶也不是奴隶主。他们在自己的农场上、家里和店铺中为自己劳动，不需要资金的援助，也不需要雇用工人或是驱使奴隶。有些人一无所有，只能靠自己的劳动力赚取工资；有些人除了日常开销外还能用剩余的钱买些工具，开始为自己劳动；最后他们会雇用他人为自己工作。这才是公正、合理的制度，它让一切变得公正，所有人都有机会获得成功。这是个发达的制度，改变了人们的生活，没有比劳动致富更让人尊敬的了。这些人不会把自己享受的这种政治权利交出去，也不会放弃前进的机会。为了保住自由，他们愿意接受任何挑战！"

这些话要是出现在课本上或是大学教授的嘴里，人们会认为这是理所应当的。但从总统的口中说出来，就变得有些不寻常了。它是写给农夫和雇员的，很快全国的农夫和雇员都能在各种报纸、杂志上看到这段文字。同时它也是写给南方那些穷苦的白人的，让他们看过后对那里的制度产生怀疑。但是，其魅力以及历史深意却来自于作者本身。作为一个懂得如何使用策略，懂得如何把握文风的人，自然能够在演讲中如鱼得水。他一直都在关注民生问题，况且在19世纪60年代，新的社会思想已经形成并备受人们关注。在这片自由的土地上，这个过去曾给人伐过木头、打过短工的林肯，不用刻意去隐瞒自己的过去，反而因为自食其力而备受尊敬。现在，他公然向敌人，向华盛顿的社会提出异议，认为那些曾被雇用过，而后又凭着智慧和勤劳白手起家的人，比其他人更应该得到尊敬。


# 四、化敌为友


早上6点钟，尽管春天的阳光温暖着大地，但是街上依旧人迹稀少。有个人路过白宫时，看见白宫门口有个大个子，穿着蓝裤子，脚踏着一双大号拖鞋。他俩认识。大个子亲切地叫了他一声："早上好，我正在找那个送报的小子。如果您路过那边的街角，请让他过来找我一趟！"他还像从前做律师时那样，用这种农民式的问候方式。虽然他不经常站在门口，但是仍然流传着许多关于他奇怪行为的故事。

如果他想要什么东西，只需要拉下悬在那张巨大书桌旁的拉绳，就会有人来帮助他。但他可能找不到他的秘书尼古拉，因为我们的这位总统是合众国最早办公的人。他平时不习惯遵守任何规矩，喜欢随心所欲，对一些事情听之任之，除非这件事情很重要。他的办公室就在白宫的南侧，他每天都要通过一个走廊才能走到办公室。如果去得晚，那里会聚集很多人，他必须从那些等他的人中快速跑过。直到3年后，他才找到另外一条通道，避免在去办公室的途中被人打扰。

9点钟后，他的内阁成员陆续到来，但从他们的外表上，根本看不出现在正在打仗。林肯组建内阁时曾使全国一片震惊，这同和平时期没什么两样。他坐在第一把椅子上，告诉大家发生的重要事情，听取内阁们的见解。他是那样镇定自若，信心十足，没有人会想到年满53岁的他还没主持过这样的会议。在那些见多识广的政治家眼中，或多或少都对他有些不信任。为什么我们这位新总统不挑选一些自己的朋友帮助自己呢？现在，他身边都是陌生人，一半是共和党的同仁，一半是反对他的人。当有人问他，为什么任命4个民主党人、3个共和党人做部长时，他回答："我自己也是共和党人呀，这样一来，两个党派就势均力敌了。"多么明智的政治思想啊，他用特有的宽容让他们为自己服务，这些政治家还以为自己是他的竞争对手呢。

可是，坐在林肯身边的苏华德，眯缝着眼睛打量着他，仿佛把他当作了嘲笑或是批评的对象。是的，无论从天资、资历、学历还是名望上看，苏华德都完全可以坐上这第一把交椅。而现在他却要听命于人，这难免会令他失望。他那英俊的面庞因为痛苦而扭曲着，眼睛里睿智的光芒完全被野心的阴云遮盖了。在新总统刚就任的几个星期里，倘若有人向他抱怨自己被大材小用而如何失望时，他一定会火冒三丈。有一次他说道："您是在跟我说失望吗？本来我是可以成为总统的，可现在却要听从那个小律师的！你还跟我谈什么失望！"

他当上了内阁成员，却对林肯一直耿耿于怀，他最希望别人称自己为内阁总理，弄得大家经常讽刺他。此外，他还愿意向外宣扬自己又得知了什么秘密消息。

坐在林肯对面的那个人，非常嫉妒林肯，但是从不说任何反对林肯的话，沉默就是他最好的武器。他曾经是林肯的竞争对手，也感到了命运的捉弄。他始终保持一副严肃的面孔，看上去，他仿佛正在期待着一次更好的机会使自己反败为胜。他就是绝不会向奴隶制低头的蔡斯，他那火热的激情跟苏华德和林肯不相上下。作为财政部长，他完全能冷静地控制那些财政数据，仿佛自己既是它们的主人，又是它们的仆人。有时候他难免浮夸，但是这种自信并不影响他对新任总统的崇敬；另外，他公私分明，因此总统便放手让他按照自己的想法大胆做事。按照他的性格，所有的干涉都是多余的。

坐在林肯附近的另一个人，他的才华众人皆知，看上去也有怀才不遇的苦恼。他就是吉迪恩·威尔斯。第一眼看到他，人们会联想到宽广的大海，看到他那锐利的眼神和他那整齐的胡须，便知道他是个善于言谈的人。他在林肯身边工作了4年，是林肯的得力助手。坐在林肯旁边的还有副国务卿弗克斯，他是个勇敢的人，也给了他那处事谨慎的上司很多帮助。

除了这几个人，还有一位部长引起了他的注意。灰白的头发，前额饱满，大鼻子，目光敏锐，是共和党共同选举出来的。他是当时合众国的战争部长，因为原本是个商人，不懂如何带兵打仗，所以无法行使自己的职权，在位的时间并不长。

这是一个由7位性格迥异的成员组成的内阁。林肯的首要任务，就是要向内阁成员证明自己的能力，并让他们在工作上服从自己的领导。如果可以经得住这次考验，那将是他长久以来取得的最大胜利，也是在战争中获得胜利的前提。由于几个州的脱离，南北不和似乎已经成为自然的事情，千百万人昨天还休戚相关，今天就成为了对立的双方。不同民族，不同种族，在人民内部的利益问题上起了冲突。在每次的内阁讨论中，大家都各抒己见，这些人并不是为了一个共同目标而聚在一起的，而是考虑到各个党派以及各州的利益均衡才被吸收的。现在他们对分派给自己的不寻常的任务，都感到有些忐忑不安。

涉及到这些事，门外汉比专家更加固执。

在起初的几个星期里，他用敢作敢为保证了自己的领导地位。在3月初林肯就任前，苏华德就有了隐退之心，在开战前夕他给总统写了封信。

"……第一，我们执政已经超过一个月了，但无论在内政还是外交上，我们连一个政策都没有。第二，这件事情已经影响到参议院对其他事情的处理了。第三，如果还不能制定外交政策，外界会对本届政府产生非议，这会危害整个国家。第四，为了稳定时局，我们必须摆脱那些权欲熏心的人。第五，关于内部政策，我还是坚持自己的主张，必须在人民面前放弃解放奴隶的举动，把重点放在维护联邦的统一问题上。第六，关于外交政策，我将要求西班牙和法国尽快表明态度，以便向英国和俄国提出要求。而后，向加拿大、墨西哥和拉丁美洲派遣代表，以便减少欧洲对我们的干涉。如果我们从西班牙和法国得不到令人满意的答复，我打算召开国会，对他们宣战！

"不管我们采取什么政策，都要坚持不懈地把它推行到底，但我们必须找个人来承担这份责任。至于这个人可以是总统，也可以是某个参议员。一旦通过了一个政策，就不要再争论不休，所有人都应该认可并将其执行到底。这完全是我的职权范围，我既不打算逃避职责，也不打算越俎代庖。"

这是苏华德最后的劝诫，虽然他上一次答应了林肯留在内阁，但他确信自己是不可或缺的人，所以这一次使用了一些手段甚至威胁，逼迫总统同意他在外交工作上的独立自主。从这封信里，林肯看出无论是对萨姆特要塞问题，还是对待自己的职责问题，苏华德都抱着一种自暴自弃的态度，这无疑会导致问题朝着错误的方向发展。在从要塞撤兵的问题上，林肯反对后退，因为每后退一步都会使南方得寸进尺，他同样也拒绝了苏华德的建议。这两件事情有个共同点，第一个问题是一群人，第二个问题是一个人，他们都要求总统在原则问题上作出让步。林肯曾经说过，安德森要是退出要塞，他就从白宫搬出去。如今，林肯决定，除非自己不当总统了，否则苏华德别想辞职，于是他在回信中这样写道：

"亲爱的先生，自从和你分开之后，我就一直考虑您的来信。我在就职典礼上说过，'我将有效地利用宪法和人民赋予我的权利，竭尽所能地维护政府的财产和地位，征收各种国税。'您当时是赞成的。我给斯科特将军下了死命令，不惜一切保住要塞，这其中就包含了您提出的国内政策。昨天收到了关于圣多明哥的消息，确实给我们的外交政策添了个新问题。直到现在，我们仍在有序地给各位使节发通知、指示等，一点都没有关于外交政策的批评。关于您最后提出的那些建议，我想，如果这些事情必须做，那我自然会做。在一项政策的总路线决定之后，就没有必要再争论或者改变了。如果出现问题，我会随时听取全体内阁成员的意见。您忠实的仆人林肯。"

听起来他仿佛已经是执政多年的领导者了。只要这位部长参与到这项计划中来，总统便会向他表示肯定，给他支持。至于欧洲两个国家之间的战事，林肯更是没有提及。他私下曾说过："现在的这场战争已经让人焦头烂额了！"关于外交事务的领导问题，就这样轻松地解决了，企图分化总统权力的想法也破灭了，林肯说得很清楚，他需要内阁提出意见时，自然会召开会议寻求帮助。回信落款还是，"您忠实的仆人"。


# 五、深入民众


无论是当年为顾客服务做伙计，还是日后为当事人辩护做律师，他都不会墨守成规。现在他成了总统，在与手下官员处理问题时，也同样不会拘泥于白宫的规矩。在战争期间，他的做法也常常会让人感到出其不意。有人认为，国家的现状可能比和平年代更适合林肯的风格。

"请财政部长接见我找来的这个人，他是个有才能的人。如果有人对此有疑问，那我只能说他比我要强上许多。"这是林肯写信的风格，关于协调委任的事，他说道："请您答应我的请求，切勿与之争执。他是我多年的好友，比认识你的时间还要长，有机会请您一定任用他。谢谢！"

另有封信：

"尊敬的先生，希望上帝能够帮到我！听说我伤害了您，请告诉我这是怎么一回事。您的挚友。"那个人回信说，他对此一无所知。

还有一次，他要一个可靠的人送信给德克萨斯州州长，"这是一份机密文件，除了我和我的内阁之外无人知晓，请您像部长一样在我面前发誓保守秘密，想象您就是我的一位内阁成员。"

"为什么您不派真正的官员去呢？"

"不，在那里，官员都会被绞死。"

"那么，我也一定会被绞死的。"

"我不会让你白白地去送死的，如果你觉得有危险，可以不去。我会先把你送到那里，生活一段时间平安回来后，再把任务交给你。"

就这样，他说服了送信人。但当一位州长因为迟迟没有发兵，向总统表示歉意并解释说，都是因为军需还没有准备好时，林肯严厉地回信道："请你告诉那些人，如果他们动作再不快些，那么我就要迅速地处理他们了。给两个军团发军饷到底需要多长时间？我们从没像现在这样迫切地需要他们的到来。"一次，一位参议员跟他说："您称您是人民的律师，这件事恰恰能让您得到人民的拥护。"林肯回答道："我不会让我的当事人来干涉我的判断，如果我不能很好地解决问题，可以不用我。"

到平民中去和他们交往，是林肯必须做的事。没有什么能够阻断他与人民之间的亲密关系，这种心态与日俱增，尤其是在战争时期。

白宫每周都会有两个接待日，届时，总统会穿着随意简洁的便装坐在那里，倾听来访者的心声。有人回忆说："他总是那么和蔼可亲，即便说'不'，也不会使人感到不愉快。我从他那里离开时总觉得信心倍增，大受鼓舞。"他总是那么有耐心地倾听来访者叙述，了解着他们的思想。一次，他看到门卫正在驱赶一位来访者，他马上停止了正在进行的会议，亲自跑到门外把那个人迎接进来。

他常常能找到一些例子或者故事，来劝说那些满腹怨气的人。有一次，他对这些人说："诸位，如果你把你所有的财产都换成金子，交给布朗丁，让他背着你的金子横跨尼亚加拉河的钢丝。在他摇晃时，你会呼喊：'布朗丁，站直些，走快点，往左点，往右点。'你会这么做吗？当然不会。你可能会屏住呼吸，什么都不做，拭目以待，等他安全到达。现在的政府就背负着极大的负担，而那些财宝都在你们的手里。不要去干涉，让我们带你们渡过难关！"

有谣言说，他访问一个军事研究所，是为了罢免一位将军。为此，他特意作了一次演讲："鸟兽在云雾中，看起来对它们很不利，其实并不是这样。我想这次访问也一样，这件事和罢免没有任何关系，我不能说得太明白。你们知道，战争部长对新闻界一直三缄其口，如果我说太多，他们或许会把我关起来。"很多人都相信了他的这种说法。

夸大其词是他不能容忍的。平时他会对一些专家和外交官的狂妄自大不予理睬，假装没有听到那些人评论他的衣着以及和他相关的故事。但是有一次，一个青年伯爵带着大使馆的介绍信，来请求获得军队的帮助。他向林肯炫耀自己显赫的家世，林肯像朋友一样礼貌地对他说："那没什么，这些不足以妨碍到你的进步！"

林肯的幽默诙谐无人能及，但这却不能帮助他应付那些求职者。在他就任总统的前几个星期里，无数人来找他寻求职位，这简直成了他的负担，他甚至觉得这比处理国家事务更让他为难，因为可以提供的职位真是太少了。

"在斯普林菲尔德，虽然求职者很多，但和现在比较真是小巫见大巫了。我连吃饭的时间都没有，甚至有些人把我当成了他们的法律顾问。"

开始的时候，从走廊到楼梯到处都是人，像菜市场一样。屋里屋外，甚至是在大街上都能遇到请求他提供工作的朋友。这表明我们这位新总统拥有实权了，但他只任命那些有能力的人。也许只有通过任命民主党人，才能真正体现共和党的共和精神。他也没有给自己的亲戚安排过任何官职，在国家的生死关头，他只选对国家有用的人，鄙视那些权欲过旺的人。他用这样一句话概括道："房屋已经陷入火海，但我还要费尽周章地在这座房子里，为一些人寻找安身之处。"

他一直保持着他的耐性，除非对方提出无理要求。一次，一个人想用林肯的名字做广告来实现他赚钱的计划，并且屡遭林肯拒绝都没有放弃，林肯暴跳如雷："你以为美国总统是货物代理人吗？你来错地方了，谁再想提这种建议，可以直接从那边的门出去。"有一个伤了腿的人来找林肯，说他在战争中受了伤，但却拿不出证据，林肯对他说："没有凭证？那我怎么知道你不是在果园里摔断的腿呢？"这位农民的儿子，早就看透了这些小把戏，他根本不会上当，但他还是为这个残疾人写了封推荐信。

幽默使他能够从更高的层次去思考问题。他总能用他聪明的脑袋想出办法，出奇制胜却又不会伤害别人。他仿佛回到了做律师的那段时光，求职者就如同对方的律师，既是有理的，也是没理的。一次，一个西部人跑来求职，语无伦次地说了很多，林肯把手放在那个人的肩膀上说："你兜里装着的是邮政局长吗？"来访者被问得莫名其妙，他接着说道："显而易见，没有推荐人，您不可能来找我。这些日子我遇见的人，都是一些外交官、国税局长之类的人。在我看来，您起码带来了一位邮政局长！"

有一次，林肯为摆脱一位求职者的纠缠，当着那人的面问自己的私人医生："医生，我手上的这些斑点是什么？"

"这是天花！"医生配合着说道。

"我全身都有些不舒服，这东西会不会传染啊？"

"当然是会传染的。"医生看了林肯一眼答道。

这时，那位求职者早已不见了踪影。

# 六、长袖善舞的外交家

他的内阁成员和政治家们，到底相不相信他处理外交事务的能力呢？这位乡下农民出身的小律师怎么懂得外交方面的技巧呢？道格拉斯可是研究了几十年，才在华盛顿的社交圈子里如鱼得水的。苏华德会写照会，曾担任参议院外交委员会主席的萨姆纳精通欧洲各国风俗，凯麦隆知道怎么利用手段让人替自己当挡箭牌。但新任总统会什么呢？讲故事？

他在处理与中立州关系的过程中，表现出的机敏、耐性和细心，使得那些对他有偏见的政治家和存在错误认识的人都对他刮目相看。这些经验是他这个年过五旬的人很难学会的，但他好像天生就具有这样的能力。

他对待反动派报纸的方法，更证明他是位出色的外交家。他知道，政府需要势力强大的拥护者，比如格里利。虽然斯普林菲尔德的那次会议使两人不欢而散，但现在，林肯却愿意把政府的所有计划告诉他。在这种信任下，格里利也愿意把他的报纸变成政府的喉舌，为政府作好宣传。"实际上，他就是我的代言人，我非常信任他，他的作用非常巨大，有了他的支持，我的身后就像有10万大军一样。"

有时，格里利也会发表一些不同的意见，即便林肯不接受他的观点，他也会表明自己的理由。"我很高兴他能坦坦荡荡地告诉我他的观点，若对我有帮助，我一定会采纳。我和他并肩作战，不能有任何的隔阂，我们的目标是一致的。州长先生，就写到这吧，这是我这个月以来写得最长的一封信了，当然，不包括写给格里利的信。"这封信经过了林肯的深思熟虑，字斟句酌。因为他知道，格里利一定会看到这封信，这会调动起对方的积极性，增加双方的信任度。

边境各州的问题越来越棘手了。战争的成败，在一定程度上取决于中立州的态度。田纳西州和阿肯色州现在只有少数人支持北方，林肯根本无法阻止这两个州退出合众国。特拉华州虽然没有接到官方通知，却仍然为合众国派出了军队。还有马里兰、肯塔基和密苏里三个州，他们并没有对外宣布支持南方政府，虽然那里有许多奴隶主。阻止这几个非蓄奴州的分裂，对于合众国也是至关重要的。密苏里州州长虽然拒绝为北方招募军队，但那里的德国人却坚决支持北方，自愿参军。另外，南方也想在伊利诺伊州和宾夕法尼亚州站稳脚跟，所以，争夺的重点就集中在了这几个态度不够明确的州上。

在这种情况下，必须避免在法律上对他们施加压力和言语上的过度刺激。比如，当肯塔基州州长要求撤军时，林肯这样回答道："我理解阁下维护肯塔基州和平的愿望，因为那也是我的故乡。但令我很遗憾的是，在您的信中，丝毫没有看到您要维护合众国利益的想法。您的忠实仆人。"只用了一句话，他便礼貌又不失嘲讽地切中了整个问题的要害。他把"故乡"的概念从肯塔基提升到合众国，也让那位州长有些自惭形秽。25 年前，他就是用这种方法，成功地从那个肥胖的女人手里挣脱了出来。

林肯仿佛是个执政多年的统治者，在接见外国使节时，他也懂得因人而异，知道该如何去迎合他们。一天晚上，4 位非常有社会影响力的加拿大人来拜谒林肯。其中有一位教授，他试图用数字来向林肯说明，战争给工业带来的伤害。只见林肯翘着二郎腿，脚上趿拉着一双大拖鞋裤脚那儿还露着蓝色的绒袜，丝毫不为所动。在那之后，他讲了几个关于黑人的故事，结束了谈话。事后，这几位性格迥异的客人都对总统极为赞赏。那位教授是因为总统提出的数据非常详尽，其他人则对他的人格魅力臣服于心。还有一次，在接见两位分别来自瑞典和挪威的军官时，林肯朗诵了一首译成英文的瑞典名诗，这首诗描述了他们美丽的家乡和古老的传说。

泰国国王赠送给林肯许多珍贵的礼物，他也为此特意写了封致谢信："您的礼物已经收到，贵重金属精制而成的宝剑一把，陛下和公主的照片一张，贵国特有的长象牙两根。陛下在信中表示，知道美国总统不能私自接受贵重的私人礼品，可以由国会代为收纳，现已交予国库。"而后，他又为作战用的大象向泰国国王表示感谢："感谢您送来如此贵重的礼物，如果在现在的情况下它们能派上用场的话，我们会毫不犹豫地接受这份大礼，但是我们的地理环境，无法让其更好地生存和繁衍。现在铁路和轮船是我们主要的运输工具……您忠诚的亚伯拉罕·林肯。"

他眼睛里闪烁出的智慧，在这里得到了充分体现。政府目前还没有专人负责与泰国的外交，苏华德既没有这种想象力，也不会这种写作风格，根本写不出这极有礼貌又暗含讽刺意味的信。而这位没见过什么大世面的乡下律师，却具有政治家和诗人的才华，在百忙之际仍能设身处地地考虑泰国的情况。

当年那个内向、怕羞的人经过这10年的历练，早已能够充满自信地应对任何事情了。虽然现在常常遭到批评、嘲笑和攻讦，但他却能凭借自己的顽强来巩固自己的权力。而对战争中的千百次危机，他大多采用说服而不是命令的方式来控制局面。在这个年轻的民主国家里，最终也只能借助领袖在运筹、作战以及和解方面的才能，才能平息这场内战。

当然，在军队里，依然存在着很多政治腐败和攫取职位的现象。

# 七、战前易帅

欧洲没有哪个国家的战备像美国那么差，而美国北方更无军事人才。北方有很多士兵，即便在萨姆特要塞沦陷之后也还有激情，有劳动力也有资本，但就是缺乏将才和统领。总统就是陆军和海军的最高统帅，但他和前任一样，对带兵打仗根本一窍不通。即便他是位饱经沧桑的老将军，也无权按照自己的判断来任命军队的统帅，因为公众舆论才是真正的最高统帅。在美国，舆论的力量远远超过了英国，欧洲的其他国家就更无法与之相比了。各个党派、各个州都企图借助报纸、政治俱乐部、委员会的力量来让自己的人取得军队的领导权。为了达到目的，他们不惜向政府施加压力，甚至以武力相威胁。

那些州长们要是得不到重要的职位，又怎么会积极地征集部队呢？战争初期，那些将官常常为争夺职位而相互指责。总统为此只能在心底提出无声的抗议，他明白相对于外表的浮夸，务实更为重要。

他常常因为缺乏专业知识而感到苦恼，有些知识单靠自学是没有办法掌握的。他通过自学成为律师，有时也客串法官；他会木匠活，是能工巧匠；盖房子能活斤成风；摔跤场上，是佼佼者；懂得驯马喂牛；懂得江河航运。可是遇到战争问题时，他却显得有些缺乏自信，还要依靠内阁成员。南方已经召集了许多优秀的军事人才，其中就包括威名显赫的李将军，但北方还没有一个可以托付重任的人。

此刻，报纸正大肆鼓吹应向里士满进军，他们担心欧洲会出兵干涉，趁现在敌人还没作好准备，应该马上发起进攻。南方政府竟然把首都定在了华盛顿附近，这是在挑衅吗？为什么不设在新奥尔良或者其他地方，偏偏把首都定在离华盛顿不足两百英里的里士满呢？因为弗吉尼亚对南方很重要，在这里，他们更容易向边界各州施加压力，同时也是在向世人宣布，他们轻而易举地就能夺取华盛顿。所以，这次战争的主战场就局限在东部的这块立锥之地了。

新兵不断被送往那里，人数已经超出了人们的期望，但他们缺乏训练，又没有人领导。合众国的首都离战场只有一步之遥，有1万大军在边界安营扎寨。总统也不断徘徊在边境附近，颁发旗帜，访问战地医院，参加阅兵等等。但面对士兵们高昂的斗志，林肯却不能下达进攻命令，因为这里没有能指挥作战的人。最后，林肯任命了两位默默无闻的将领：布埃尔为俄亥俄军团司令官，麦克道尔为东北军区司令官。只有西部军区，他委任了著名的弗莱芒特做司令，全国的信心也都寄于后者身上了。

尽管形势急迫，但林肯并不急于发动总攻。他指出了铁路交通存在的问题，建议先从侧面攻打敌人，分散敌人的兵力，以避免大规模的失败。但斯科特却对此充耳不闻，仍然下令军队全线进攻，结果在波托马克河的支流布尔河沿岸遭遇惨败，东线部队仓皇而逃，回到了首都。战役打响之前，许多参议员和一些关心战事的人都对胜利抱有很大的渴望，这样一来，失败就显得更为惨痛了。一时间谣言四起，大家都认为南方一定会乘胜追击，直逼首都。就连部长和议员们都有些张皇失措，总统却表现得比平日更加理智和冷静。他在采取一些措施后，给战败的将军发去了电报："保卫首都，保护军队。"那一夜，有个朋友来拜访总统，林肯对他说："战争部长不让我在军事方面过多地发表言论……"

对林肯和国家来讲，现在的当务之急就是要找到一位新的司令。国家需要一位年轻的英雄，75岁的斯科特已经无法满足公众的愿望了。到哪儿找一个既受军队拥戴，又为民众熟知，而且还有作战经验的人呢？谁有这么大的影响力？谁能吸取开战3个月以来的经验教训呢？麦克莱伦新建了忠于合众国的西弗吉尼亚，他把亲南势力赶了出去，得到了公众的一致好评。他虽然没有多少带兵打仗的经验，但与其他人比起来还算不错。虽然他并非现役军官，现在负责铁路行政事宜，但他曾经参加过墨西哥战争，被人们称为"拿破仑第二"。他也并不是共和党人，只是因为他在战争方面的过人才能，才被任命为司令官。

麦克莱伦三十出头，待人随和，是一名注重礼节的优秀骑士。大鼻子、眼窝深陷，跟拿破仑一样矮小的身材，被任命时也拿出了拿破仑式的激情。他把东部的军团命名为"波托马克军团"。骑马外出时，后面总是跟着许多随从。"我在做一件伟大的事，一鼓作气肃清叛军。"他在给妻子的信中写道："人民召唤我去拯救国家，我必须那样做，不惜一切勇往直前。"

新的总司令要花上 3 个月去训练 15 万军队，林肯对此眉头紧锁。田纳西州已经受到了南方的威胁，并一再请求支援，无论如何都要保住这个桥头堡。但新司令并不认同林肯的观点，在他面前，林肯变成了一只笼中之鸟，毫无行动能力。民众们也认为，内阁应该信任这位"拿破仑第二"。一位朋友向林肯透露，麦克莱伦想当总统。林肯随即答道："只要他能打赢这场仗，我无所谓。"但眼下，除了在波托马克河训练军队外，他什么都做不了，现在只希望西部能够取得胜利。

# 八、再次易帅

在圣路易斯，一位将军举行了就职典礼，他就是弗莱芒特。他拥有轰轰烈烈的过去，他是西部的先锋，一个懂得浪漫的人，还曾经被共和党提名为候补总统，是林肯的竞选对手。而现在，林肯请他加入了内阁。虽然先前他和同仁们一样，在波托马克河畔的战役中惨遭失败，但他为自己训练了一个特殊的防卫队，把自己隐蔽了起来，他甚至不愿对政府的来函作出答复。只有在对华盛顿政府的轻视上，东西方的军队是一致的；但在其他方面，他们总是针锋相对。

相比于东方部队，西方这位统帅即使在和平年代也没为军队作过什么贡献。曾被军需供货商骗得一塌糊涂的他，现在正要背着总统任命团长呢。几个星期后，控告弗莱芒特的信件，从他的围墙之内被源源不断地送往华盛顿。这个曾经落选了的共和党主席，被控告正在密谋建立一个西北联邦。这种谣言根本没有依据，林肯也没有理会。由此可见，当时北方的政局的确不容乐观。

8月的一个早上，林肯在报纸上读到，弗莱芒特将军下了一道命令，把曾经反对过合众国，或是与南方有密切联系的密苏里人的财产充公，并立即释放那里的奴隶。林肯当时便大吃一惊。作为一个有自制力的政治家，国家的负责人，在战争之初，他就在竭力回避关于奴隶制的问题。因为他知道，他的首要任务是拯救合众国，也只有这样，才能获得大多数中立州和民主党的支持。如果他直接申明，战争是为了维护奴隶的利益而进行的，那么毫无疑问，他将失去整个北方的拥护，甚至会导致这场战争的失利。而这位不知轻重缓急的将军，破坏了整个计划。第二天，北方舆论一片哗然，激进的报纸对这位将军大加赞赏。而那些边界州，尤其是肯塔基州州长对这项举措的目的大为恼火，又以退出合众国相威胁。林肯该怎么做呢？把这位将军革职吗？

令人惊奇的是，林肯表现得非常平静。他不希望动用自己的权力去命令那些德高望重的人，但现在是不得已而为之了。结果又如何呢？开始时将军那里音信全无，后来他写信给总统，让林肯自己修改公文。此外，他还让人称将军府"总指挥官"的妻子派来拜访林肯。

这不是玩笑，事情就是这样的：这位将军夫人害怕她的丈夫被撤职，决定去大闹一场。她半夜到达白宫，要求立即会见总统，并威胁他说，弗莱芒特完全可以建立一个新政府。林肯要以牙还牙吗？他仍保留着庄稼汉的品性。有人说他不懂礼数，举止粗俗。他后来却说："我必须想办法避免与她的争执。"他不能采取强硬的态度，他和他的国家也没有能力去承担和她闹翻的后果，他不想贸然行事。最后，他还是同意以自己的名义对将军的公文进行修改，尽管这有损他的声誉。这样一来，北方的民众便开始指责总统的软弱无能，并视那位将军为英雄。有些报纸还宣称，不如让弗莱芒特代替林肯。有位作家写道："为了保住肯塔基州，我们还要丧失多少尊严？"

林肯认为策略才是最重要的，对此他表现得若无其事。从下面一段话便可以看出他独特的思考方式，"我十分敬佩弗莱特芒将军的才能，但事实上，任何运动的先驱都不能获得最后的成功，就像古时候，摩西发起解放犹太人的运动，但最后却是由耶和华完成的。所以说，第一个改革者往往会遇到很大的阻力，甚至唾弃。最终，当人们发现他们的确需要改革的时候，就会比较容易在另一个人的带领下实现了。"

麦克莱伦现在在波托马克河做什么呢？他训练 15 万大军已经 3 个月了，现在还不准备动手吗？总统是准备直接下命令进攻呢，还是向这位将军提出建议呢？麦克莱伦根本不需要任何人的建议，哪怕是总统。他甚至写信向林肯抱怨说，总统经常访问军营给他带来了很多麻烦："我忍受不了这种方式，内阁会议无聊至极，那里端坐的都是世界上最愚蠢的猪猡。"

这就是骑士对哲学家们的讽刺。但为什么他不在战场上表现自己的英勇无畏呢？是敌人过于强大吗？麦克莱伦没打过一次胜仗，就白得了"拿破仑第二"的称号，他是怕吃了败仗而名誉扫地吗？他继续要求军队整星期整星期地和敌军对峙，军队士气也在逐日下降。南方怕他偷袭而撤离的时候，他就追击几步，然后安营扎寨。他每天都要报告："波托马克防线平安无事。"全国人民怒不可遏，起初是发些牢骚，而后是嘲笑，最后把所有的怨恨都变成了对他的怀疑。他不会是有什么政治目的吧？

林肯能撤了他的职吗？不能，斯科特将军光荣谢任后，总统任命了麦克莱伦做陆军总司令。为什么呢？因为总统别无选择。有一次，这位将军回家时正碰上总统和苏华德在他家里等他，他竟然直接上楼并让人转达他太累了，不便会见他们。苏华德对此气愤不已，林肯却很平静。此后，林肯再也没去找过他，下命令的语气也越来越强硬。尽管如此，林肯还是在国会的监督委员面前替他说了不少好话。同时，西部军队也没什么动静，这位总统总是应各位司令要求提供士兵、武器弹药、战马及其他给养，但各路军队都无意进攻，这让他觉得自己受了骗，却又无权干涉。战争面前，北方只有一个不懂军事的最高统帅和两位不愿出兵的将军。

然而，还有件事令林肯很不满意，凯麦隆自作主张地释放了很多奴隶。他私自下令："所有发动战争企图推翻政府的人，将被没收宪法赋予他们的一切财产、特权等。"林肯不得不再一次出面阻止。那时是1862年年初，林肯认为时机还不成熟，事实也确实如此。于是，他命令邮局将凯麦隆所下的命令书全部收回，并删去了那段话。

这就是林肯，如果他的部长们有什么困难，他一定会鼎力相助，但是如果涉及到国家利益，他也决不姑息任何人。他十分同情他的部长，尽管他可以采取另外一种有利于自己名声的做法，但他更关心谁能使国家脱离险境，所以斯坦顿成为了新任战争部长。林肯当选总统令斯坦顿十分诧异，不仅仅因为他是民主党，更因为他从没把林肯放在眼里。他跟麦克莱伦说，为什么要到非洲去找大猩猩，斯普林菲尔德不就有一位吗？林肯也深知他对自己的态度。

可现在，林肯却让他来当这个异常重要的战争部长。自此，两个人就要朝夕相处了。他所以这样做，是因为斯坦顿对联邦绝对忠诚，他有见识、谋略、勤奋和勇气。林肯考虑问题过于周全，而斯坦顿为人处事则稍显鲁莽，他们正好可以互补，相得益彰。不久，他们便成了好朋友。

# 九、学习军事知识

　　林肯开始了对于战争策略和战术的研究。严冬里一直没有战事，每个将军都能说出不出兵的理由，他们之间的分歧也与日俱增。林肯觉得，是由他自己来主导这场战争的时候了，很快他就发现，处理外交问题和处理人际关系其实是一样的。现在他是宪法规定的最高统帅，既然没有人可以委以重任，只能自己亲自上阵了。

　　他的秘书说，在整个冬天，尤其是在 12 月和 1 月这两个月里，林肯没日没夜地在一堆战略著作、军事地图、军事领袖的档案、军队给养以及进攻学方面的书本中埋头苦学。他善于比较，富有想象力，天生就是个统帅，也是个实干家和谋略家。可以说，他具备了所有取得成功的先决条件。他始终记得同印第安人打仗的情形，头脑中也渐渐有了清晰的图像。他在地图前钻研了很久，准备包抄敌人。他通过自学掌握了作战的基本策略，虽然我们不知道他的作战方法，但战争结果却能证明一切。

　　现在，将军们都对他另眼相看，不再把他当做门外汉了。1 月份，他给比尔将军写了封信："直至现在，我也没为军队作出什么贡献，我不想给您下命令，但请您认真听我的建议。如果我真向您下达什么命令，则不需要您作任何考虑，一定要坚决执行。我要谈谈对这次战争的看法：在士兵的数量上我们占优势，但敌人可以迅速集合部队，如果我们不能速战速决，必将品尝失败的苦果。我们必须在同一时间不同地点同时发动攻击，敌人肯定会暴露出自己的薄弱点，我们就对其进行集中的打击。"

　　麦克莱伦又以生病为借口推迟进军。林肯写信提了很多问题，他却用铅笔写了封回信。于是林肯又询问了麦克莱伦的上级，虽然新任战争部长和麦克莱伦的私交很好，但他也对推迟进军大为恼火："军队不是战斗就是逃跑，看看积极备战的西部军队，波托马克河畔的养精蓄锐行动也该停止了。"

林肯依旧小心谨慎，他请那位将军来参加内阁会议，让怒气冲冲的部长们提问。麦克莱伦却说，除非总统命令他，否则他不回答任何问题。听到这里，总统问他打算什么时候进攻。

"我已经决定好了。"这位将军简单地答道。

"会议到此结束。"林肯宣布。林肯自己也在庆幸，又避免了一次内部的分裂。但是，斯坦顿却怒发冲冠："我们有 10 位将军，个个都怕打仗……即便麦克莱伦有 100 万军队，他也会找借口说，'敌人有 200万。'他只会在那里坐以待毙地想要得到 300 万。"

林肯没有什么表现，只是继续学习着。他现在正在钻研军需问题，所以他可以对将军们不合理的要求说不。他发现自己还不懂得战舰的原理，就立即到一家造船厂去向人请教。他曾给海军部长写了张便条："我想，我刚看见 3 艘轮船驶向基地了。请马上派人看看，它们是干什么的？"

终于，林肯下了命令："1862 年 1 月 22 日，集合所有部队向敌人发起攻击，门罗堡垒及其附近的部队、波托马克军团、西弗吉尼亚军团、肯塔基州部队以及墨西哥湾的海军兵团随时作好进攻准备。"

然而，这又和麦克莱伦产生了分歧。林肯说："若以下问题你能作出令我满意的回答，我就放弃我的计划，听从你的安排。第一，你的计划是否比我的计划需要耗费更多的时间和金钱？第二，你的计划是否比我的计划更有把握获胜？第三，你的胜利是否比我的胜利更有价值？第四，你的计划能否破坏敌人的交通线？我的可以。第五，你的计划里能寻找到的撤退路线是否比我的安全？"

麦克莱伦回答得含糊其辞。在不久后举行的军事会议上，大多数人还是赞成麦克莱伦的计划，林肯不认同也不妥协，但是他还是遵从了大家的意见，因为当时人们还看不出哪一方是正确的。

在战火纷飞的时候，林肯度过了一段最为黯淡的日子。他受到各派的夹击，人民的不理解，将军们的轻视，不知何时才是尽头！就在这时，他的两个小儿子病倒了，他最疼爱的还不满 12 岁的三儿子不久便死去了。他和护士一直守护在病床前，那位护士是位虔诚的基督教徒，丈夫和孩子早就上了天堂，她一直毫无怨言地承受着这一切。而林肯内心对上帝的热爱似乎比和平的年月更加深厚了，他相信上帝会让一切都好起来的。

有人告诉他，许多人正在为他祈祷，他说："很高兴听到这个消息，我需要他们的祈祷，更希望自己也能拥有他们那样虔诚的信仰，上帝定会赐给我这种信仰。"之后，他谈到了他的母亲，现在葬在印第安纳州。"我还记得她的祷告，那声音仿佛一直伴在我的左右。"

他经常不顾国务卿的反对，在应该严执军法时赦免犯人。一个年轻人在站岗时打了瞌睡，本应该被判死刑，但林肯认为："我不能双手沾满这样一个年轻人的鲜血，他是个乡下孩子，日出而作，日落而息，是十分自然的事，不能因为半夜打了盹就失去生命。"

有一位军官，在白宫时和林肯很要好，战争初期不幸牺牲了。林肯给这位年轻军官的父亲写信说："您儿子的阵亡对我的打击不亚于您二老。那么多和他一样立志报国的青年离我们而去，国家的损失是如此巨大。无论从哪个角度上看，他都只是个孩子，可他却有着非同一般的领导才能。他为人谦和，待人礼貌，虽然我和他认识还不到两年，但我们却已经成为了亲密的朋友。现借此篇，悼念我亲爱的朋友和你们英年早逝的儿子。"

战乱之际，他还能写出如此忧伤的文字！当听到老朋友贝克阵亡的消息时，他面色苍白，呼吸急促，双手捂着胸口，泪流满面地走出了将军府，连卫兵的敬礼都没有看到。一年前，他还和老朋友在斯普林菲尔德家里的壁炉前畅饮谈笑。

但他必须振作起来，国人还等着他的决定呢！


# 十、"他对美国的贡献比谁都大"


他的老朋友都到那里去了？他们应该聚在周围帮助他呀。大多数朋友的表现还不如林肯过去的竞争对手。战争刚开始的时候，道格拉斯面见总统告诉他，伊利诺伊州正在争取舆论反对北方，他希望林肯来安排自己的去留问题。矮小的道格拉斯和高大的林肯又在一起了，这次他没有捧林肯的帽子，他只是想问一问总统，他该做些什么。林肯过去总想把他赶出伊利诺伊，但现在却决定把他留在那里，向北方军队提供支持。道格拉斯走后，没多久便不幸中风身亡。林肯在白宫为其降半旗以示哀悼。

那位被称作"小山"的赫尔，已经当上了军官，这其中自然少不了林肯的帮助。但他却并不领情，甚至还曾写信反对林肯。而其他的朋友，也在林肯的推荐信中被称作"我的好友之子"或是"我的一位特殊朋友"。他只有对赫恩登的称呼既简短又亲切："亲爱的比尔，你30日的来信我已经收到了。关于账务的事情就按照你说的办。你知道我很忙，很抱歉就此停笔了。上帝保佑你，你的朋友林肯。"倘若赫恩登能来身边帮助自己，林肯一定会非常高兴，但赫恩登从未向他提过任何要求。

除了几位挚友，其他朋友都对他侧目而视，林肯还常常会收到老朋友的谴责信，让他收回弗莱芒特要求解放奴隶的言论。林肯回信说："本月17日的信已经收到了，这是你写的？真让我难以置信。你一个月前提出的建议，现在却反对我那么做。保住肯塔基最重要，这关系到密苏里州和马里兰州的去向，也关系到战争的成败。如果你不那么急于寻求新的立场，还像以前一样支持我，那我一定能获得胜利，你的朋友。"

当他无法忍受别人的斥责时，他会立即写信回击。他这样的做法会使他原来的拥护者心灰意冷，让人觉得他太小心眼了。但他常常能让对手对他刮目相看，并最终拥护他。首先就是苏华德和斯坦顿，随后便是整个内阁。就连曾激烈地反对林肯的萨姆纳，最后也加入了内阁。他和林肯一样高，但他举止间流露出的风度和儒雅是林肯望尘莫及的。

多年来，萨姆纳一直近似于疯狂地反对奴隶制。他有些教条主义，如果有人告诉他事物是有正反两面的，他一定会厉声答道："根本没有另一面。"像这种狭隘又不轻易妥协的人，是很难理解林肯的，而善于比较分析的林肯接受了萨姆纳的性格。林肯入主白宫后，萨姆纳也曾对这位新总统的行为举止表示不满。这个在哈佛大学受过教育的美国东部人。对林肯身上的欠缺深感遗憾，另一方面他也对林肯本人表示同情。林肯愿意听这位老前辈对自己的谆谆教诲，而萨姆纳却无法接受林肯缓慢的思维方式，也无法理解林肯的幽默。有时，他还要林肯解释故事中的某个情节到底是什么意思。

但不久后，他们便建立了对彼此的信任。从此以后，萨姆纳成为了总统最可靠的政治顾问。在反对奴隶制的问题上，他们始终站在同一战线上，而且他们都是和平主义者。早在15年前，萨姆纳就曾在一次大型演讲中说："我们的时代中不会再有非正义的和平，也不会再有正义的战争了！"他们都认为拯救合众国是此次战争的首要目标，但萨姆纳更认为战争是打倒奴隶制的武器。

当时，除了萨姆纳之外，很少有人了解林肯。当人们嘲笑和讽刺他的时候，赞美之声显得那么的微弱。诗人惠特曼就曾极力赞美林肯朴素的穿着。和那些带着卫兵招摇过市的将军完全不同，他戴着灰突突的黑色硬边帽，穿着一身不起眼的西装，站在保护他的 30 个随从中一点都不显眼。

　　爱默生了解林肯的为人，他曾写下这样一句话："林肯承上帝的旨意来为美国做事，他对美国的贡献比谁都大。"卡尔虽然厌恶总统，但他也写下了一段赞美林肯的话："他尊重别人广博的学识，但他不会为此退缩。他既不惧怕任何人，也不惧怕任何事，因为他很清楚自己的能力，有时他还会主动放弃自己的判断。面对比自己强大的人，他无所畏惧，就像他经常和这样的人打交道一样。他赞美别人的功绩，丝毫不怕淹没在别人的光辉之下。没什么可以束缚他的手脚，没有人比他更能接受别人的建议，即使受到了别人的攻击和误解，他也会想办法改变别人的看法，而不是撕破脸皮。"

　　林肯还在世的时候，舒尔茨就在一封信中表达了自己的观点："他没有什么天才般的伟大抱负，也永远不会对社会造成危害。他是个极具人格魅力的人，他领导的政府是有史以来最具代表性的。我大胆预言，50 年后，林肯的名字将被载入美利坚合众国的史册，而且就排在华盛顿名字的旁边，对手们的子孙后代也将对他感激不尽。"

　　英特雷当时在外交领域供职，他和俾斯麦是密友，所以他在对两位伟大的政治家作比较时说道："我和林肯谈了一个小时，我很高兴有这样的机会，否则我离开华盛顿后，就不会对林肯有正确的认识了。他是个天生睿智的人，坦诚、高尚、果敢、实事求是。尽管他还不太了解怎么处理国家事务，特别是外交事务，但他并不想掩饰这一切。他的谦虚化解了一切批评，国家在他手里是极其稳妥的。"后来他又写道："他是真正忠诚的美国式民主的代表。他是忠诚、聪明、勇敢的人，虽然有时被人指责，但他总会朝着正确的目标前进。"

# 十一、家有妒妻

　　玛丽失望透了，虽然她实现了成为白宫女主人的目标，可她又能干些什么呢？战争使她没法举办大型庆祝会，她举办的唯一一次舞会，也遭到了舆论的强烈谴责，每一次在公共场合的露面也会引来一通批评。这些年的殷切期盼却忽略了一点，那就是自己也许无法从小乡村一下融入到华盛顿这座繁华都市。这次的成功来得太突然了，她和丈夫都毫无准备。对于这些，他们夫妻二人的心境并不相同，她觉得自己的雄心大为受挫，而林肯则不为舆论所动。那些因婚姻或政治原因被困在北方的南方妇女，对同样来自南方的总统夫人有些看不顺眼。她们对总统夫人充满仇视，就像是对她们留在北方这么多年的一种报复。林肯对于各种批评毫不在意，一心想着办实事，但玛丽不行，她心浮气躁，已经有些忍无可忍了。

　　对玛丽而言，现在最紧迫的就是服装问题。在林肯当选和就任的这段时间里，她曾去纽约订作了衣服，现在，她想去看看朋友们的裁缝手艺如何。她最后选中了一个黑人女裁缝，这位女裁缝曾为敌方的总统妻子做过衣服，玛丽对她既羡慕又有些轻视。这个裁缝过去作了30年的奴隶，最后却成为了玛丽唯一的女友，她为玛丽制作了18件衣服。她做的第一套衣服让人有些哭笑不得，是为了参加宴会赶制出来的。那是一件玫瑰色带云纹的拖地长裙，穿在玛丽身上显得高贵典雅，也遮住了她那有些臃肿的胳膊。林肯看到玛丽后吹了声口哨说："上帝啊，我们的小猫长着这么长的尾巴呀！"玛丽刚想发火，他又说道："这件衣服真美，只是如果头和尾巴近些的话，也会同样好看。"按照老规矩，参加宴会时，总统应该与一位有身份的女士首先来到餐桌前，但玛丽不同意,她可不允许别的女人在她之前走进宴会厅。于是,她牵起林肯的手,直接走进了宴会大厅。

她很清楚,他们并肩行走的样子非常滑稽。有一次,林肯幽默地向少部分人作了介绍:"女士们,先生们,我们是总统夫妇,白宫里最高和最矮的人。"正因为这样,玛丽从不肯和林肯一起照相,只允许把他们的单人照同时刊登在报纸上。

只有萨姆纳让他们夫妇二人都喜欢,林肯看重他的才能,玛丽则看重他的温文尔雅。玛丽身边总是围绕着许多目的不纯的人。维拉德曾写道:"玛丽给林肯带来了不少麻烦。她不仅在分派低层职务时横加干涉,甚至还要干涉内阁成员的委任。许多人知道她这种性格,都来大献殷勤,借此对总统施加影响。有个叫维可夫的冒险家,是一家报纸安插在白宫里的眼线,举止文雅,善于交际。我曾听见他极力地恭维林肯夫人的美貌和穿着,我本以为玛丽会面红耳赤地离开,没想到她却觉得他很有礼貌、知识渊博。他甚至成了总统的家庭和私人问题的顾问,常出入白宫,甚至有时还会跟总统夫妇同乘一辆车。

因为家庭的关系,她和南方人联系密切。她有 3 个表姐,她们的丈夫都是南方军队的军官。战争开始的时候,住在华盛顿的一位表姐来看她,临别之时对她说:"亲爱的丽兹,我希望你呆在这里不要感到孤单和失望,在这里等着,我们很快就会攻占华盛顿了。"


# 十二、废奴势在必行


内战的目的渐渐改变了,开始的时候是为了合众国统一而战,但现在战争的目的变成了废除奴隶制。由于第一个问题还没有解决,而解决第二个问题又只能在第一个问题的基础上,所以就发生了一系列啼笑皆非的事，矛盾冲突也随之出现了。这都要依靠他的智慧和能力，林肯肩负着所有责任，也作出了许多政绩。

刚开始与反叛军作战的时候，北方团结一致，但战争变成了持久战，党内便出现了分歧，民主党人和共和党人之争首先是两个党派内的中间派和激进派间的争执。

欧洲的一些中立国对北方也颇具威胁，他们总是仇视北方，特别是英国。对南方进行封锁就会影响英国获得原料，建立合众国已经使英国不舒服了，现在还给它带来了经济上的极大不便。林肯不得不喊出废除奴隶制的口号，这样一来，英国人就不会拥护南方的那些奴隶主了。

黑人们的悲惨生活让人触目惊心，这已经折磨林肯很长时间了。他不愿意把这个问题向内阁成员提起，甚至对苏华德都没有提过。他宁愿写信和斯皮德探讨，因为很早以前，他们二人就讨论过这个问题。如今，斯皮德也算是林肯在肯塔基最信得过的人了。他似乎也和萨姆纳谈过这个问题，还找到了一个过渡的办法，就是由合众国赎买所有的奴隶，让他们重新获得自由。改革可以从特拉华州开始，通过给奴隶主补偿的方法逐渐解放奴隶。林肯给那些拒绝这种做法的参议员写信试图说服他们，让他们知道，买下 4 个边界州的奴隶只需要耗费 87 天的军费。他告诉萨姆纳，他们必须耐心等待，直到这项决定不会影响到北方的统一。这使得萨姆纳对林肯的优柔寡断牢骚满腹，他建议林肯在 1862 年的新年之际，把已经起草好的《解放奴隶宣言》当做新年礼物送给国会，还用名誉诱惑总统，但林肯却对他说："别再说了，我知道和这个议案有关的人永远不会被人遗忘。"

林肯 28 岁的时候就说过这样的话："如果不能使自己在同时代人的心中留下深刻的印迹，我会死不瞑目。"他在 25 岁时，就崇拜那些历史上的英雄。现在他作了总统，更不会满足于现状，眼下的状况点燃了他的雄心壮志，他举起瘦长的手指指向优雅的萨姆纳，"我自己知道。"我们无法了解他当时内心深处的想法。他犹豫了很久。他是个博爱的人，浓烈的理想主义者的情感驱走了所有政治上的怀疑。在他的内心，现实和理想，律师和哲学家的斗争从没有如此激烈，没有什么比这一刻更能体现他人格的伟大了。

他儿子死后的两个星期，战事仍毫无进展，这个时候，林肯突然通知萨姆纳来见他："我要把致国会的咨文读给你听，你要是觉得可以，我今天就送过去。"他终于不再踌躇了，他下定决心开始行动，向外界公布自己的想法，以防有什么疑虑会再次影响这个决定。他把国会上的演说词用电报发给了舒尔茨。午夜的时候，舒尔茨在库伯学院朗读了这封电报，听众们都备感振奋。几年前，林肯就是在这所学院里首次征服了这座城市。

这段演说，并不是要消极地限制奴隶制度，这是林肯极其谨慎地向国会提出的一个议案："合众国必须联合各州采取逐渐废除奴隶制的方法，各州需在经济上给予联邦援助。在我看来，最有利于和平的一种方法，就是逐步分批地解放奴隶。联邦政府没有权力去干涉各州的奴隶制，只有每个州自己和它的人民有这个权力。"

国会通过了这项议案，宣布凡是释放奴隶的奴隶主将得到 300 美元的津贴。但边界各州对此却置若罔闻，经过 4 天不安的等待，林肯召见了 5 个州的代表，用极其诚恳的话语向他们阐述了自己的观点，但收效甚微。

不过收获还是有的，边界州表示它们愿意遵循宪法规定，尽最大的努力给予补偿，但同时强调说，如果不用这个办法，他们也可以采取别的方式。现在激进派和中立派联合起来制定了法规，禁止陆军、海军追捕逃亡的奴隶。他们也承认利比里亚和海地为奴隶制国家。一家报纸报道说："攻击萨姆特的炮火摧毁了我们四分之三的边界线，这篇咨文又摧毁了剩下的那个部分。"

自开战以来，这是总统首次得到民众的拥戴，他终于实现了 14 年前提出的那个议案：华盛顿所在的哥伦比亚地区宣布废除奴隶制，向忠于国家的奴隶主们提供 100 万美金的补偿，为黑人建立学校，提供教育。

可在几个星期后，又出现了差错。亨特将军在报纸上发表看法："奴隶制与军法是不相容的，佐治亚州、南卡罗来纳州以及佛罗里达州的所有奴隶，将永远获得自由。"林肯随即反驳道："我，亚伯拉罕·林肯在此宣布，合众国对亨特将军发表的观点一无所知，再者亨特将军以及其他将军都没有权力宣布释放任何一州的奴隶，他宣布的内容无效。"这是林肯一贯的作风。他不能反对某位将军或者自己的同仁，同时又不能反驳舆论的主要立场，只有否认其观点以解燃眉之急。对于这次宣言，各州长仍持观望态度，林肯只能软硬兼施："我不是想为自己辩驳什么，您了解当今的时局，在考虑到政党和个人的关系之后，请您心平气和地考虑下这个问题。我的建议并不是表里不一的，我们计划的变革都犹如天降露水，它不会摧毁任何事物。您真的不赞同吗？现在上帝把这光荣的任务交付于您，如果您不接受，将会受到后人的责骂。"

他温柔的劝说没有让任何人回心转意，他再一次被参议员们包围了，他们请求将释放的黑奴编入部队，因为战争就是因他们而起的，他们也应该出来帮忙。林肯回答道："我已经将数以千计的武器交给了田纳西州、肯塔基州以及西弗吉尼亚州忠诚的公民们，他们曾经说过，如果他们有枪，他们就能保卫自己，现在我已经把枪给了他们。他们这些人不想让黑人入伍，如果我那么作了，他们就会把枪口对着我，我失去的恐怕要比我得到的更多。我找不出什么理由必须要那么做，也许你们是对的，但我不能用辞职的方式来赞成哈姆林先生，哈姆林先生也不会这么做。"

熟悉林肯的人肯定知道，林肯的内心就像要塞一样，不过他要去攻打的要塞，却和他的内心一样坚不可摧。

# 十三、亲临前线

内战已经打了一年了，西部的战事还是没有什么进展。麦克莱伦仍然不肯主动出击，他坚持要把军队运送到约克河和詹姆士河之间的小岛上。为什么他迟迟不肯开战呢，因为他那假惺惺的勇士精神？还是他作为一名民主党人，想拖延时间，等到两军都筋疲力尽的时候，最终达成协议，他好以总统的身份控制全局？林肯对他起了疑心，开始留心麦克莱伦的行动了。他研究得很仔细，甚至连战争部长都没有注意到的细节问题，他都作了研究。他写信给那位令人琢磨不明白、但在公众面前又不得不用的将军："请允许我再次向您提出建议，现在是出击的时刻了。我也是迫不得已，我一直都坚持认为，要在沿海湾寻求战斗，不去马纳萨斯作战，那只是在逃避困难。不久后全国上下就会注意到——其实现在人们正在注意着——现在犹犹豫豫不向敌人进攻，只不过是马纳萨斯的旧事重演。我从没有像现在这样支持你，就我的判断，你必须采取行动了。您忠实的仆人。"

这位"拿破仑第二"的心性就像女孩子一样敏感，别人只能用温和的态度对待他的错误，总统也要顾及他的感受，还要对他表现得信心满满。有一次，林肯想从他手里调走一支军队以作它用，却犯了他的大忌，最后不得不向他表示歉意："您如果了解我当前的窘境，一定会向我伸出援手的，更何况作为国家的元首，我也绝对有这样做的权力。"

几经犹豫，总统最终决定要对东部的人事问题进行处理。弗莱芒特将军虽然很有能力，却迟迟不肯进攻。所以，总统在撤销麦克莱伦最高指挥权的同时，还收回了弗莱芒特的一部分战斗指挥权，并把这些权力都交给了一位叫做哈勒克的理论家。那个家伙只是一位思想上的巨人，只会纸上谈兵。而这位总统却早已经学会了足够多的东西，同时也建立起了足够的自信心。

当时，北方的海上力量几乎已经被南方的大举进攻所淹没了。同时，南方出动了他们的名字叫做"马瑞麦克"的第一艘武装巡洋舰，在佛罗里达海岸击沉了很多北方的船只。林肯的秘书说道："这个消息让我们的内阁第一次乱得像一锅粥一样。"如果任由敌人的巡洋舰继续大肆破坏，北方的舰队也将不复存在。这时只有林肯的头脑还是清醒的，他认真分析比较了每封电报，并向前线的军官们提出了很多问题。第二天，一艘名叫"莫尼托"的战舰就击败了那艘"马瑞麦克"，一下就扭转了局势。8个星期之后，林肯亲自带着蔡斯和斯坦顿来到了战争的最前线，林肯和蔡斯也找到了进攻诺福克的最佳路线。被打得措手不及的敌人，只能抱着玉石俱焚的心理炸毁了"马瑞麦克"号，以免这艘巡洋舰落到北方军的手中。随后，北方军昂首阔步，一举占领了南方最大的城市新奥尔良。这也动摇了欧洲承认南方政府的决心。

但里士满仍然在敌人手中，所有人的目光都聚集到了这座城市。6月末，犹豫已久的麦克莱伦终于发动了进攻，没过多久，便攻到了距离南方首都只有5英里的地方，但却在那里停止了进攻。这也让敌人有了喘息的机会，几天后便大举反攻，北方军被强势的敌人打得落荒而逃。"再为我调拨1万人，明天我就能打败敌军！政府并没有为我的军队着想，不该让我对此承担责任。"曾经蒙蔽了所有民众的他，也害怕人民对他失去信心。

林肯也给这个失去理智的家伙回复了一封口吻怪异的电文："6点15分的那份电报，让我感到痛苦异常。我已经把我能给您的一切都给您了，并一直认为您会尽最大的努力完成任务。但您却认为我并没有给您充分的供给，这着实有些让人不解。"从来没有一位总统如此客气地对待一位败军之将。通常情况下，这些事都应交由国防部处理，但这次战争的特殊性让这种责任发生了转移，在国家的危急时刻，国家领袖一定要肩负起这样的重任。

　　这种时候，林肯必须把所有的权力，都逐渐集中到自己的手中。林肯用十分平和的口吻，分别给各州长写了一封信，希望他们能够以大局为重，尽早派出援兵增援前线。他还亲自来到阵地视察，之后便匆匆赶去参加波托马克的一个军事会议，在那里召见了北方军的各级军官。

　　"你们认为现在我们有多少军队？"

　　"大约 8 万吧，至少也该有 7.5 万人。"

　　"他们的健康状况如何，现在敌军的阵地又在哪里呢？"

　　每位军官都给出了不同的答案。林肯立即又给麦克莱伦写了一封信：

　　"我听说您的部队在上岛之初已经达到了 16 万，而根据计算，目前只剩下了 8.65 万人，刨除那些死伤和失散的人不算，也有将近 5 万人不知了去向。他们究竟去了哪里呢？我认为，他们之中至少一半以上都是有服役能力的人。如果他们还在您的军队里，不出 3 天，您就能够攻进里士满了。您又该怎样避免这样的情况再次发生呢？"

　　这位平民总统，不仅把这些写在了纸上，还亲自进行了计算，并采取了实际行动。这位连动物都不愿伤害，还曾放走过一位印第安人的和平主义者，现在俨然是一位将军。他又找来了苏华德，跟他仔细地讨论了一番之后，写下了一份总结性的命令："我希望把这场战争进行到底，直至胜利，无论我们战败或是战死，还是我的任期结束，甚至我被国会或者国家所抛弃。"林肯已经表明了立场，这是充满了逻辑和感情的决断，坚强有力，伟大耿直。

　　检阅海军时，他在海军士兵面前静静沉默了几分钟，之后从地上提起了一把大斧，士兵们无不惊奇——他仿佛已经把国家的命运紧紧地握在了自己手中。

# 十四、以退为进

这场战争已经将解决奴隶制的问题推到了刻不容缓的地步。战争形势越恶化，奴隶们也就有越多的机会，那样会使前线的士兵放弃逃亡，北方的极端派也会感到满意，甚至还会对欧洲的局势产生影响。信函、报刊和电报都在关注着这样的事：北方的部队期待着奴隶的解放；瑞士的一位政治家说，拿破仑三世也倾向于帮助南方；贵格会的教徒和牧师都到伦敦去请愿了；肯塔基州也派了代表，想要干涉奴隶问题。

林肯在给边境州发去的公文中说道：

"我并不想谴责或埋怨任何人，既然你们都为我在 3 月份提出的逐步解放奴隶的决议投了赞成票，这就意味着战争实际上已经结束了。我要让那些叛国的州看一看，不管怎样，你们都不会加入到他们的联邦之中，那样也许他们就不会继续发动战争了。但倘若你们想在自己的州里继续实行奴隶制，那他们始终都会对你们抱有幻想。如果战线继续拉长，贵州的奴隶制也根本经受不起任何打击，为何不尽早结束战争，节省更多的资源呢？现在你们可以作为卖主，国家可以作为买主，为何不尝试一下两全其美的办法呢！"

可惜边境州拒绝了他的建议，边境州的顽固也让林肯寒了心。得到这个消息时，林肯正在跟维尔斯、苏华德坐在同一辆去公墓的车上。斯坦顿的一个儿子去世了，他们去参加葬礼。斯坦顿的悲痛，也勾起了林肯心中的那份忧郁。一直以来，他总是把事情藏在心底，就连他那年 3 月份作出的一个决定，都没有跟内阁成员们商量。现在，他第一次提起了这个问题：

"如果可能，我们一定要竭尽所能地挽救这个政府。我想再次重申，不到最后我是绝不会屈服的。如果我们想要拯救政府，就只能不惜使用武力，解放所有黑奴，不然等待我们的就只有屈服了。"

"解放所有黑奴，不然等待我们的就只有屈服了。"以前的理想，已经在这一刻发生了转变。战争的起因，已经变成了战争的手段；而过去为战争辩护的伦理，现在却变成了结束战争的理由。林肯也陷入了这深深的矛盾之中，也许命运不会让他非常轻易就获得成功，他要一步一步慢慢地向目标逼近。

对此他作出了一份详尽的计划：只有南方的奴隶们乖乖地在地里劳作，白人们才能安下心来应对战事。一旦宣布奴隶解放，一定会有很多奴隶想要逃跑，敌人的力量便会被削弱不少；而从南方逃跑的劳动力势必会涌向北方，北方的实力也会因此得到增强。目前，只有借助战争的力量才能解决这一切，毕竟经过一番艰苦卓绝的斗争之后，拯救合众国的希望已经成为了泡影。如此情形下，为解放奴隶而战，就变成了林肯无奈之下找到的一种全新的道德基础。

林肯心中想的事情，都写在了一年以后他给肯塔基州一位朋友的信中："我从一开始就反对奴隶制，如果奴隶制是正确的，那么世界上就没有错误的事情了。不过我从未想过，可以利用总统的权力对此作出一些改变，我们不得不在宪法和国家面前顾此失彼。

"正常情况下，人的生命和四肢都应该得到保护。但有些时候，我们又不得不弃车保帅，因为生命远远比肢体重要得多。所以为了挽救合众国，做一些有悖宪法的事情也是很有必要的。我在 1862 年的 3 月份、5 月份和 7 月份，先后向边界州递交了有偿释放奴隶的建议，但他们都拒绝了。现在，我只能在破坏宪法和武装黑人之中作出选择了。为了合众国的利益，我只能选择后者。"

林肯作出的决定，就像当初结婚时一样突然。他给法院的朋友斯威特发了一封电报，让他用最快的速度来白宫一趟。在这种时候，一位朋友提出的中肯的意见，要远远比那些老政治家的主意更靠谱。

第二天一早，斯威特连早餐都没有吃就去了白宫。一番寒暄过后，林肯给他读了一封防务司令写来的赞成立即解放奴隶的信。之后，林肯便自顾自地开始论述这个问题。讲完自己的立场后，也没有向老朋友征求意见，只是让他给其他的朋友代个好，祝他一路平安，而后便草草地结束了这次会见。紧接着，他便紧急召开了内阁会议，并宣布他已经下定了决心，他并不想听取大家的意见，只是想当众宣布自己的决定。他表现出的自信，已经近乎于一位专制的君主了。

"我，亚伯拉罕·林肯，美利坚合众国总统，陆海军总司令，现在宣布：在此后的战争中，我们的目标只有一个，那就是恢复合众国与各州之间的宪法关系。本次国会的目的在于，我们要在下次国会的时候提出一个切实可行的方案，对当时所有没有反叛合众国的州予以嘉奖，但是否接受此项嘉奖，由各州自主决定。当然，我们也要事先征得非洲后裔以及移民接收地政府的许可，才能实施。

"自 1863 年 1 月 1 日起，合众国的所有蓄奴者，都应无条件释放奴隶，否则一律视其为叛国。"

这就是《解放奴隶宣言》。在最后，林肯还特意提出，禁止任何人使用暴力手段将逃跑的奴隶遣返回奴隶主的身边。"凡从叛国州或被合众国军队占领的区域逃亡的奴隶，应视其为永远的自由人。"

合众国的人民，已经被奴隶主与奴隶之间的斗争搞得精疲力竭了。现在这种斗争已经升级为战争，白人同胞为了黑人已经兵戎相见了。如今，自由主义者已经等到了解放奴隶的最佳时机。就连在北方人鞭长莫及的地方，那里的黑奴都已经把他们当做朋友了。所以，一个无法解决的问题摆在了这位高尚的思想家面前，除非使用武力，不然他们根本没有获胜的希望。事实的逻辑把林肯带入了一种境地，他不得不放弃北方的奴隶制问题，而要先解开敌人手中奴隶的枷锁。

内阁成员对此都感到十分惊奇，斯坦顿说道："这个方案超越了我们所有人的想法。"但苏华德却提出了一条建议："我赞成这份宣言，但我不确定现在是否到了发表这份宣言的最佳时机。人民的情绪压抑已久，我担心公众会认为，这是我们想要破釜沉舟的一种举动，是我们发出的一种求救的呼声。所以，我提议延后这份宣言的发表时间，直到我们取得了一定程度上的胜利之后。"

林肯立即接受了这一建议，把那份宣言锁在了抽屉里，静静等待着胜利的到来。

# 十五、令人尊重的对手

南方的那位领导人，年轻时就因为相貌出众而闻名遐迩，而林肯却有些平淡无奇。虽然他的运气不错，但他却并不具备林肯身上的品格与优长之处。

那位与林肯同龄的戴维斯出身高贵，在西点军校毕业后便成为了一位军官。当时的林肯还在一家杂货铺做勤杂工；而当林肯还沉浸在失去未婚妻的悲痛之中时，戴维斯已经成为了一位上校的金龟婿；此后的一年中，林肯不得不靠律师的职业来维持生计，戴维斯却已经拥有了大片的田产和数量可观的奴隶，夫妻二人已经过上了幸福甜蜜的生活。后来，虽然他们都进入了政治圈，但林肯却在经历了十几年的摸爬滚打之后，依然毫无地位可言。当他在参议员的竞选中名落孙山时，戴维斯已经成为战争部长，在政府里有了一定的影响力。

戴维斯步履轻盈，言辞有力，遵守"宪法"，并对自己的表现非常满意。像他这样的一个人，又怎么会知道压抑的滋味呢？他从来不会对自己的观点产生任何疑问，人们的想法和愿望对他来说也无关痛痒。大多数黑人都是比较贫穷的，人们应该给予他们更多的帮助，用《圣经》来抚慰他们的心灵。但白人与黑人之间不可能存在完全的平等，那样也不符合独立自由的精神。虽然他年轻时曾患上了严重的眼病，也并没有林肯那样健康的体魄，但他却有一位令人羡慕的，愿与他同甘苦、共患难的妻子。

小他20岁的现任妻子是他原配去世后的续弦，她非常了解戴维斯。她17岁与戴维斯订婚时，曾给母亲写过一封信："他总是一副唯我独尊的样子，他的自负已经伤害到了我，但他非常平易近人，声音也很有磁性，对于自己的意见也总能表述得非常清楚。我想，他是一个会不顾一切从疯狗嘴里救人的人，但他却并不会关注伤者的情况。"

这样的一个人，面对任何人对南方的侵犯，都不会淡然置之。早在战争爆发的12年前，他就曾发表过这样的演说："南方祖祖辈辈承袭下来的制度，绝不允许受到任何怀疑和侵犯。面对反奴隶制者的公然挑衅，我们不能作出任何妥协和让步。即使爆发了战争，我们也要跟他们血战到底。"这位南方政府的总统在就任前的演说中说道："虽然过去我们之间发生了很多不愉快，但在万能的上帝面前，我还是希望他能够保佑你们。总统先生，各位参议员先生，现在我能做的就只有这些了。"

之后，他便在里士满接受了总统的职务。他充满激情地在就职演说中说道："我非常感谢大家，也非常荣幸地宣布，上帝一定会眷顾我们的新联盟。我也要把自己郑重地交给万能的主，愿他能够保佑我们的国家和事业。"但林肯曾在自己连任总统的就职演说中说道："矛盾的双方都希望能够得到上帝的庇佑，但他却无法同时帮助相互对立的两个阵营。"

哲学家与政治家的对立，理想主义者与现实主义者的冲突，都是无法避免的。虽然他们都算不上是合格的基督徒，但他们之间的斗争，却体现了南北方在思想和观念上的大相径庭。

而李将军则跟这两个人完全不同。他是军事家们口中的军事奇才，美国历史上的不朽人物。当父亲在独立战争中去世时，他还是个尚未成年的孩子。21 岁时，他娶了华盛顿的孙女为妻。这位华盛顿的孙女继承了先辈们的精神，为国家作出了不朽的贡献。李同林肯一样，有着一颗炙热的爱国之心，他也不愿看到合众国解体或分裂，但造化弄人，他却扮演了助纣为虐的角色。虽然在与墨西哥的战争中，他战功卓著，但实际上他是一个跟林肯一样的反战主义者。"我的心在滴着血，并不是担心士兵们的安危，而是为那些无辜的妇孺感到痛心，没有人能够想象出战场上凄惨的情形。"这段话足以说明，这位美国的战略家是个彻头彻尾的和平主义者。

然而，那个时代的暴风已经吹开了政治书的封面。林肯的当选，让李将军不得不作出一个决断。他给儿子写信说道："没有什么比破坏联邦的统一更加邪恶的了。我决心，不惜牺牲除了荣誉以外的一切来防止它的发生，因为脱离联邦就相当于叛国。依靠炮火和刺刀来维持统一，合众国内的兄弟相残，都是我不希望看到的事情。如果联邦的破裂和政府的瓦解已成定局，那么我宁愿回到自己的家乡，与那里的人民共担忧患，共同拔出保卫家园的利剑。"虽然态度还是那样的不置可否，但我们还是能看出他避免战争的愿望和心情。

3 个月后，命运为他开启了一扇大门。林肯清楚李将军的军事才能，希望他担任北方军队的统领，这对他又是一次考验。不久前他还在考虑革命和叛国之间的关系和界限，现在又要自己率领北方军与自己的家乡为敌，这是他根本做不到的，他断然拒绝了林肯的美意。几天之后，他辞去了自己在军中的职务，打算退避三舍，告老还乡。但这对于他来说，又谈何容易呢？30 年的南征北战，森林、湖泊和小山早已融入了他的血液。南北方边界的形势十分危急，维吉尼亚已经陷于水火，而自己又是阿灵顿这块国家圣地的主人，除了拿起保卫家园的枪，他别无选择。在这片他再熟悉不过的土地上征战，要比自己率领北方军队出征更有胜利的把握。

然而，他对于正义的追求却从未停止。他让自己的妻子给时任北方军少尉的儿子送去了一封信，让他一定要尊重自己的选择和判断，走好自己脚下的路。当年，他的岳父在遗嘱中写下了释放奴隶的具体时间，他便遵照岳父的遗嘱，在1862年释放了所有奴隶。这位南方军队的统帅，亲手释放了自己的奴隶，并把他们安全送过了封锁线。

杰克逊与李将军同样优秀，他们既有相似之处，又有各自的特点。杰克逊出身平民，青年时期的困苦造就了他极强的责任感和决断能力。他是一位虔诚的教徒，每天定时的祈祷让他在战争岁月里显示出了比别人更加坚毅的品格。他同样相信命运，但对于宗教的虔诚，也让他在死亡面前显得异常平静。临终时，他只留下了一句话："很好，一切都正常了。"

在对于正义的追求上，他跟李将军是一样的。这种思想不仅对于军事非常重要，而且更多的体现在人性方面。他受伤后，李给他写来了慰问信："得知您失去了左臂，我就像失去了右臂一样痛苦。"像他们这样爱好和平，又满腹才能的将军在欧洲都很难找得到，深埋于杰克逊心中的基督精神，让他从一开始就排斥这场战争。"你们不知道战争的恐怖，我已经看得足够多了。如果南方为了联邦内的利益发动战争，那岂不是更好？"战斗还未打响，他就接到了南方的呼唤，回到了南部，去保卫自己的家乡，虽然他对于黑奴的境遇非常同情。

在工作上，杰克逊与林肯的风格迥然各异。出于自己与生俱来的责任感，他不会向任何人低头。有一次，一位牧师想要为4个逃兵求情，被他拒绝了。他先是沉默了一会儿，那位牧师说道："将军，请您想一想自己在上帝面前的责任。"这一下就把他惹恼了，他把牧师赶了出去，大叫道："这就是我的职责！你也应该做好自己该做的事情！"他的刚毅，完全来自于无可比拟的勇气，他的这种勇气又完全来自于无所不能的上帝。"我的信仰告诉我，在战场上面对敌人，要像躺在自家的床上一样安稳。上帝早已安排好了我的命运，所以我无须多想，只需随时作好准备。"

杰克逊的死极具讽刺意味，这位非常受士兵爱戴的将军，竟然不幸被自己的士兵击中了。在他被送往医院抢救的途中，一位抬担架的士兵也中了一枪，命运就这样跟他开了一个玩笑，无辜地断送了一位虔诚的将军的性命。人们都说，如果他还活着，也许战争的最终结果将会改变。但实际上，一场战争不可能被某一个人的生死所左右，在此之外还有很多不确定的因素。北方人数上的优势和他们施行的封锁政策，都是他们能够取得胜利的关键点。

但是，北方想要取胜，还要再等几年的时间。

# 十六、中流砥柱

然而还有欧洲站在双方的身后，只是他们更同情南方。拿破仑三世一直对墨西哥虎视眈眈，早在两年前他就想要出面干涉美国的战事，但由于他的真实目的有些不切实际，所以他一直没有明确表态。对于内战，俾斯麦一直保持中立的态度，但其实他心里还是比较同情南方。在美国内战爆发之初，刚刚废除农奴制的俄国沙皇，则公开表示了对北方的支持，这也能让他披上一件道德的外衣。

作为英国商界不可或缺的合作伙伴，英国自然会全力支持美国的南方。南方向英国输送原材料的通道被北方封锁，英国的经济特别是轻工业受到了前所未有的影响。英国人没有任何理由指责南方的分裂行为，因为美国也是在几十年前刚刚从英国分离出来的。如果美利坚合众国维持住团结统一的局面，不出 30 年，他们的实力便足以与英国并驾齐驱。格莱德斯通认为这场战争本身就非常荒谬，狄更斯更是一位和平主义者。迪斯累利一直保持中立，但达尔文、丁尼逊、约翰·斯图尔特和米尔则坚决反对奴隶制，多少为英国挽回了一点名声。

英国的参战已经大势所趋。当时，北方的一位英勇的船员拦截了英国的一艘名为"特伦特"的邮轮，并且扣留了船上的两位南方代表。北方已然成为英国的敌人，英国也有了参战的借口。伦敦和纽约爆发了大规模的舆论战争，林肯却始终不动声色，但他也意识到了世界历史的发展趋势，他决定再作一次勇敢的尝试。

"无论何时，叛国者都像过街老鼠一样，我们也必须依照美国一贯的原则来对待中立。我们与英国之间的争端，也正是尊崇了这样的理论和实际。如果英国要求我们释放人质，我们就必须那样做，并且承认是我们首先违反了原则。"伦敦方面听到了释放代表的消息后，大为震惊，并表示愿意接受这样的行为，只不过迟到的南方代表受到了英国的冷遇。林肯又一次在危机面前拯救了自己的国家。

对待已经收复的土地，林肯极为小心，并没有实行任何惩罚措施。

"破了的蛋是无法修复的，我们只能把路易斯安那州这颗破了的蛋排除在外。我们行动得越快，需要修复的地方就越少。我们的政府不能总是拿所有的东西孤注一掷，敌人也必须投入他们的赌注。他们应该明白，长达10年的企图破坏国家统一的活动失败后，他们会得到怎样的结果。如若他们还想恢复联邦的统一，那么现在时机已经到了。"

林肯焦急地等待着战场的捷报，到那时，抽屉里的那份宣言便可以与民众见面了，但他等来的只有更加混乱的时局。一位新任的将军在8月末被李将军打败了，这也让华盛顿陷入了恐慌之中。这次失败主要归咎于麦克莱伦，他错过了进攻的最佳时机。林肯为了鼓舞军队的士气，并没有撤去他的职务，但事实证明，林肯高估了这位将军的道德品质。

无论如何，在当前的形势下，林肯在信仰与迷信之间发出了一个誓言，这暴露了他复杂的内心世界。他向上帝宣誓，如果敌人撤出马里兰，他一定会宣布解放奴隶。无论他面对的是上帝，还是自己的良心，或是同时面对二者起誓，他都将用自己的原则来指引自己的行动。

他提到的那些上帝、基督之类的名词，只不过是一些虚无缥缈的意念。

经常会有一些神职人员来拜访他，他们都是坚定的反奴隶制主义者。林肯对他们说："等到时机成熟，我将全力以赴地投入到与奴隶制的斗争中，哪怕战斗到生命的最后一刻，我也在所不惜。"还有一次，一位来访者说，林肯做的事已经违背了他当初的信念，林肯对此作出了有力的回应："的确是这样，但我认为人的目光总是要朝前看的。"

有时，他也会在自己的语言中加入一点神秘和讽刺的色彩。从芝加哥来的宗教代表，对此一定不会没有察觉。

"我遇见了意见相反的两个教派，我告诉他们，他们一定都代表着上帝的旨意。但也许其中的一方是不正确的，抑或两方都是错的。也许上帝想通过我的职务把他的意志直接展示给人们，如果真的是这样，我一定会尽力让它实现。因此，我必须把与这相关的一切都研究透彻，然后去确定一件事的可能性。目前的局势之下，一份解放奴隶的宣言能解决什么问题呢？现在在一些发动叛乱的州宪法都无法实施，我又拿什么给奴隶自由呢？《解放奴隶宣言》又能给奴隶们带来怎样的影响呢？即使我们把黑人全部武装起来，用不了多久，武器就会落入反叛者的手中。事实上，现在连我们自己的军队都还没有足够的装备。联邦有 5 万名士兵来自蓄奴州，如果他们因为那份宣言而转投另一方，后果将无法预料。无论做什么，我都一定会遵照上帝的旨意。希望我说的这一切没有伤害到你们的感情。"

林肯就是用这样的言辞攻破了神父们的心理防线，并清楚地告诉他们这将关乎人类的幸福。但在此之后，人们都开始谈论起了那位不近人情、对奴隶没有同情心的总统。说他不敢直面"奴隶制"，还把它偷换了概念，变成了"黑人问题"。《纽约论坛报》的著名撰稿人格里利，也公开斥责了总统在处理路易斯安那州问题时的软弱无力。他说："林肯无疑是受了那些老古董政治家们的不良影响，可能对于我们大多数的军官来讲，拥护奴隶制的想法要比消灭反对派更加强烈。"

在报纸发表的当天，林肯就对此作出了苏格拉底式的回应：

"我看到了您 19 日发表的文章，即使您认为我的观点是错误的，我也不想在此反驳您，更不想与您争论。如果其中有缺乏耐心以及过度专断的言语，我也会当做是朋友间的苦口相劝，因为我相信您的正直。

"我要维护联邦的统一，我想用最简单的方法保卫我们的宪法。在这场竞争中，我的主要任务并不是解放奴隶或者废除奴隶制，而是要拯救联邦。我对黑人和奴隶制做的所有事情，都要建立在维护联邦利益的基础上。我会经常调整自己的思路，取其精华去其糟粕。无论是在对政府职责的理解上，还是我长久以来的个人愿望上，我都认为所有人类都应该是自由的。您的林肯。"

欧洲向来没有一个国家的元首公开发表过这样的信件，甚至在和平时期也从来没有。在合众国的历史上，更是前无古人。林肯总能用通俗、浅显的话语，有力地反驳别人的观点，同时还能让所有人都清楚他的真正意图——上自东部的政治家，下至西部的庄稼汉。他的演说总是逻辑缜密、政治性强、实事求是，并且凌驾于高尚的道德之上。林肯认为格里利对他发动攻击的时机恰到好处，并给朋友写了一封信："这件事情让我想起了一个经常挨老婆打的丈夫，他从来都不反抗，别人问起时，他会从容地说：'随她去吧，如果她并没有真的伤害我，还能证明她是善良的。'"

# 十七、身心俱疲

那份解放奴隶的宣言，还要在抽屉里锁上一段时间。因为这位长时间身陷窘境、艰苦奋斗的总统并不是个感情用事的人。他很清楚自己肩负着重大的责任，做每一件事情之前，他都会经过一番谨慎的思考和理智的判断。他在任职期间，对于自由的重视程度已经远远超越了黑人问题。但用合众国的利益来换取自由，又是他无法想象的。他的这种态度，在他跟黑人的交谈中就已经体现出来了。

一个委员会的几位黑人领导，到林肯家来拜访他，想听听他对于被释放的黑人移民问题的看法。当时国会已经通过了一个决议，并调拨了一批专用款项。林肯坦率地说道：

"黑人由于生活在白人中间，承受着巨大的痛苦；而白人也因为黑人的处境备受煎熬。但这至少为我们的分离创造了一个很好的理由，我想今天到这里来的人都已经是自由人了吧？"

"是的，总统先生。"

"恐怕你们很早就应该拥有自由，或者一出生就应该是个自由人。但你们这个人种遭受的不公，是其他民族无法想象的。即使你们已经不再是奴隶，你们也无法跟白人平起平坐，即使在对你们最友好的地区，也依然存在针对你们的禁令。这是尽人皆知且无法改变的。也正是因此，才爆发了这场战争，所以我们的分离，对大家都有好处。只是那些已经获得自由，生活上也还过得去的人们，并不会像仍然身背枷锁，希望通过移民来获得自由的人那样坚定移民的信念。

"在我们的人民中间，存在着一种非常残酷的思想倾向，他们不愿意让自由的黑人跟自己生活在一起。倘若你们愿意帮助白人完成这一举措，将有更多的黑人能够获得自由。但我知道，这对于你们来说可能并不容易，但如果在座的几位能够起到带头作用，相信这件事很快就能促成。无论我们的肤色如何，我们在乎的都是自身的利益。希望你们能够三思而后行，好好考虑一下这一造福全人类的事业。"

被一屋子黑人围在中间的情形，对于林肯来说还是第一次。尽管坐在自己对面的黑人，举止言谈都非常得体，但林肯还是感觉到了白人与黑人之间那道无法逾越的鸿沟。"遗憾的是，对于那些针对你们的禁令，我也是爱莫能助。我也不指望你们能爱我们。"在那之后，林肯又把话题引到了华盛顿，他想要告诉黑人兄弟们，为了让所有黑人同胞都得到解放，他们必须作出应有的牺牲。

那份解放奴隶的宣言，已经静静地在抽屉之中躺了多时了。林肯每天早晨都会习惯性地到国防部去转一转，看看有没有什么最新的消息。有一次，他对一位军官说："有时我到这里来，完全是为了躲避一些人的纠缠。那些人经常会请求'耽误我一分钟时间'，但实际上，他们会唠叨个没完，只是想让我用一分钟的时间来答应他们的请求罢了。"他会在国防部的电报室认真阅读每一份电报，以免自己与世隔绝。他经常会亲自起草电报，静静地思考，眼睛望向窗外，用一只胳膊支撑着脑袋，仔细地斟酌着每一句话，跟他年轻时一模一样。

小小的电报室对他来说真的是一个"避难所"，那里不会有任何陌生人来打搅他。对于胜利的渴望，让他有些坐不住了。趁着夏天的机会，他带着全家到几英里以外的一幢小房子里去度假。在那附近有一个伤员疗养院，他每天都会看到许多从前线送回来的伤员。一位和他共同前往的朋友说："透过他当时的表情和神态，我已经看到了他痛苦的内心。他指着那些伤员说道：'看看那些可怜的人，我真的有些无法忍受了！这种痛苦和死亡真是可怕极了。'"朋友提醒他说："不要怕，胜利就要来了。""胜利一定会到来，只是它来得太慢了。"

到前线视察的时候，他比那些乳臭未干的少校表现得还要谦逊，因为他知道自己毫无实战经验，"士兵们都围在我的周围，这种情况下，我只能自愧不如，更没有脸面发表演讲。"他还曾对一位士兵说："你们的团长告诉我，你们对于我采取的策略都很赞同，我要感谢大家对我的支持。但我想说的是，你们为国家所付出的一切都要比我更加伟大。"

然而，林肯的期望却变成了他体内的不安因素。经过了一年半的日夜煎熬，他早已身心俱疲，积压已久的情绪随时可能爆发。一天晚上，一位刚刚康复出院的上校来拜访林肯。那位上校告诉他，自己的妻子是如何在医院中照顾自己的，但她回家的轮船却在半路沉没了，他今天来就是想要向总统请假，去打捞妻子的尸体。由于现在战事十分紧急，他的上司不予批准，所以他只能来找总统当面请假。林肯一动不动地坐在那里，旁边堆放着很多文件，一直一言不发。但突然间，他跳了起来，对那位上校怒吼道："我不也同样没有休息时间吗？我不也要整天面对那些紧急的事情吗？你为什么跑到这儿来跟我说这些事情呢？你为什么不到战争部去？战争部长不是已经拒绝你了吗？那你就不要去了。我每天都有忙不完的事情，你为什么还要到我这里来讨同情呢？现在是战争时期，每个人都苦难缠身。请不要再拿这些事来烦我了，我的压力已经够大了！"

这位一直听说林肯是如何仁慈、和蔼的上校，被林肯暴风骤雨般的怒吼吓得有些不知所措，心灰意冷地离开了白宫，回到了自己的旅馆。第二天一早，便有人敲响了他旅馆的门，敲门的人竟然是总统。总统用力地握住他的手说道："亲爱的上校先生，我为我昨晚的粗鲁向您道歉。我真的不该如此对待一位为国家献身的军官，尤其是当他满心痛苦地向我寻求帮助的时候。我非常后悔，希望能够得到您的原谅。"之后林肯告诉他，事情都已经安排好了，还从斯坦顿那里为他带来了放假许可证明，而且马车就在楼下，他们可以一同去码头，赶最早的一班轮船。


# 十八、石破天惊的《解放奴隶宣言》


胜利的消息，终于在 9 月中旬姗姗而来。麦克莱伦发动了总攻，并在安提塔姆击败了李将军，这场战役并不能决定战争的胜负，但李却被迫撤军了。虽然敌人只后撤了几英里，但这场胜利对于焦虑的北方和态度游移的欧洲来说，都是至关重要的。林肯给麦克莱伦发去电报说："我们要乘胜追击，不能让他们全身而退！"但懒散成性的麦克莱伦并没有执行总统的决议，只追击了一段距离就下令收兵了。

北方一定要利用好这个时机，因为在这之前，英国已经准备承认南部邦联为独立国家了，但南方的这次溃败，势必会影响整件事情的进程。

这次胜利也让林肯兴奋到了极点，他终于可以大干一番了。

安提塔姆大捷后的第 5 天，林肯召开了内阁会议，并拿出了那份尘封已久的《解放奴隶宣言》。这时的林肯已经不再彷徨，埋藏在心中20 年，并为之苦苦等待了一年半的目标终于可以实现了。"我相信上帝，他用真实的事件告诉我，我并没有做错任何事……"现在几位内阁成员似乎完全理解了他的意思，他们连他说"我的造物主"之前的迟疑都感觉到了。这是个伟大的时刻，人民和历史都不会忘记这一刻。一位西部来的律师，用自己满腔的热忱为千千万万的奴隶争得了自由的权利。人民不会忘记他，历史更不会忘记他。

同时他也宣布，将在 1863 年元旦正式发表《解放奴隶宣言》。


# 十九、宣言风波


《解放奴隶宣言》的发表，带来了灾难性的后果。北方一片混乱，证券交易跌价，选举结果也不尽如人意。民主党人也在一旁添油加醋：成千上万的白人，不会坐视自己的国土和财产成为他人的囊中之物！南方一直按兵不动，他们根本不需要对奴隶实施镇压，因为奴隶们依然在为他们做工。南方的报纸也在极力宣传：奴隶们现在过得很开心，他们并不需要自由。欧洲各国也纷纷给北方施加压力，只有英国的数千名纺织工人对林肯的举动表示了赞同。虽然因棉花的供应量不足，他们失去了自己的工作，但只有他们理解林肯。他们有着相同的价值观，因为林肯曾经说过："钱财只是身外之物，有时对我们一点用都没有。"

但是这时，麦克莱伦的狐狸尾巴已经逐渐显露了出来。在安提塔姆战役之前，他就已经跟民主党有了接触，当时民主党承诺要推举他为1864年的总统候选人，交易的筹码就是他要想办法尽早结束或者和解南北方之间的冲突。麦克莱伦经过一番深思熟虑，决定书面接受对方的建议，但后来在另一位军官的劝说之下，他又销毁了那封信。麦克莱伦的叛国行径到底严重到了什么程度，通过这场内战很难衡量清楚，但如果林肯想要在后面的战争中取得胜利，就必须铲除这只蛀虫。有一次，林肯跟一位朋友在军营中过了一夜。第二天早上，他们一同前去观察士兵起床的情况，林肯指着前面的一队士兵问道：

"那是什么？"

"那不是波托马克的军队吗？"

林肯说道："不，那都是麦克莱伦的卫兵。"

5个星期之后，麦克莱伦还是没有试图进攻的迹象。他的理由是：战马困乏，不宜作战。林肯给他发了一封简要的电报："请原谅我的直爽，我想要知道，自安提塔姆战役以后，战马都作了什么事情呢？"他又写道："敌人的路线是弧形的，而我们的路线却是一条直线。我们的路都是相对比较平坦的，如果是我，我一定会逼近他们，给他们施加压力，然后寻找机会在里士满对他们发起进攻。如果我们什么事情都不做，怎么能够取得胜利呢？"在结尾他又说了一句："这封信并没有命令您的意思。"

同时，林肯让哈拉克给麦克莱伦送去了继续进攻的命令。到了11月份，林肯终于下令撤销了麦克莱伦的职务，由共和党人伯恩赛德顶替他的位置。但这时已经错过了最佳的进攻时机，叛军的实力也得到了有效的恢复，以至于到了12月份，伯恩赛德在弗里德里克堡吃了败仗。

这时的林肯也并非顺风顺水，内阁再次爆发了危机。国会对于苏华德不冷不热的态度非常不满，要求罢免苏华德，而苏华德随后就递交了辞呈。苏华德的辞职引发了一系列的问题，蔡斯和斯坦顿也相继提出了辞职申请。林肯不想因为一件事而损失三位得力干将，尤其是蔡斯和斯坦顿，他们是不可多得的人才。

林肯只能在其中巧妙周旋，像一位外交家一样平息了这场内阁风波。

# 二十、签署《解放奴隶宣言》

军队的表现让林肯有些灰心，但同时也让他知道了纪律严明的重要性。一位旅长由于粗心大意损失了一队骑兵，自己也被敌人俘获了。林肯沉痛地说道："我随时都可以任命一位旅长，但却找不回那些战马了。"

他还写信给一位西部的官员："您要求我命令莫尔甘将军对在肯塔基作战的部队作一些通融，因为他们刚从肯普兰峡谷里走出来。您可能没有考虑到，如果我开了这个先例，军队的士气一定会受到严重的打击。我衷心希望我们能轻松地应对这场战争，但战争是残酷无情的，也容不得我们有半点懈怠，更不会给我们休假的时间。"

有人向林肯报告说，一位少校曾经说过，这将是一场没有胜利者的战争，直至最后，双方都被搞得精疲力竭，奴隶制的地位却丝毫没有被撼动，双方只能随便签署一份折中的协议，草草结束这场战争。林肯听罢，马上下了一道命令："这种说法让我有些无法容忍，作为一位联邦军队的军官，怎么能说出这样一番意气用事的话呢？我建议免去这位少校的职务。"还有一次，一个被判了死刑的奴隶贩子，想请求总统赦免自己的罪行，被林肯断然拒绝了。但当时他的心情，似乎比那个死刑犯还要沉重。

而另一方面，林肯对于奴隶和印第安人又极富同情。无论是在种族间的斗争上，还是在阶级间的斗争上，林肯总会站在弱者的一方。一位德高望重的牧师在新年之前来拜访林肯，并郑重其事地问他，会不会在指定的日期，执行释放奴隶的决定。林肯眨了眨眼睛说道："敬爱的牧师先生，我想您非常清楚，彼得鲁一直想做却一直没有做成的究竟是什么事情。"接着他又说道："上帝允许人类奴役自己的同类，也允许发生战争，就说明他一定在这其中发现了什么不同寻常的事情。我们双方都非常渴望胜利，同时又都认为自己应该取得胜利。那上帝又该以何种姿态来面对我们呢？这让我想到了一个《伊索寓言》中的故事：几个白人把一个黑人装进了一个满是石灰和冰水的容器，希望通过这样的方式把黑人变白，但最后他们发现，黑人已经被冻死了也没有变白。恐怕等这场战争结束以后，黑人也已经被'冻死了'。"

从这一席话中我们便能看出，林肯的内心是多么博爱与赤诚。新年马上就要到了，他在9月份作出的承诺也即将实施。

"公元1862年9月22日我曾发表如下宣言：我，亚伯拉罕·林肯，美利坚合众国总统，陆海军总司令，于1863年1月1日宣布，以下指定各州州内的奴隶永远获得自由，合众国政府将予以承认和维护……"

这是新年前夜，林肯为内阁成员们宣读大家帮他修改过的一份讲稿。新年到了，成百上千的民众来到白宫，为他送上新年祝福。过了中午，他的耳根才得以清净。苏华德的儿子早已在他的办公室等候多时了，林肯说道："在我有生以来做的事情中，从来没有一件能像今天这件事情这样重要。直到中午，我还在不停地和人打招呼、握手，胳膊都有些麻木、僵硬了。如果他们看到我签字的手在不停地发抖，他们一定会认为我对此还心存顾虑，但不管怎样，字我是一定要签的。"

他非常清楚，只有自己的名字出现在这份宣言之上，那些禁锢已久的灵魂才能得以解放，那些枷锁之下的心灵才能重获自由。于是，他坚定地握住手中的笔，缓缓地写下了：

　　亚伯拉罕·林肯。

第五章　自由之父

# 一、慧眼识珠

1860年11月，当全国人民依旧为是否支持林肯当总统的事情争论不休的时候，在伊利诺伊州的一个小镇上，一位中等身材，大约40岁左右的店员，仍在专心地向他的顾客推销皮革。他刚到此地不久，没有选举权，因此他对总统选举漠不关心，总统选举也似乎同他无关。在外漂泊了6年之久，他一直郁郁不得志，为了养活他的妻子和4个孩子，不得不经营起了这家店铺，这是他父亲和兄长的产业。

他也曾经有风光的时候。在二十几岁时，他曾担任过少尉，之后还晋升为上尉，颇受上司赏识，但面对这种军旅生活，他却没什么兴趣。据说他天生就十分勇敢干练，从8岁开始，就在父亲的农场里料理农事，后来考入了著名的西点军校。在墨西哥的战场上，他因为高超的骑术而引人注目。即使通过战斗收获了很多荣誉，他依旧厌恶战争，这也是他与生俱来的个性，不喜欢残暴和杀戮、武装和血腥。此外，他还有些女性的腼腆，非常不喜欢在其他人面前裸露身体，而且他的双手十分柔嫩，根本不像是操控过武器的手。所以，大家封给他一个"小美人"的称号。

可能是因为受母亲的影响，他做事总是显得有些被动。作为一个虔诚的卫理会教徒的儿子，他相信机遇可以改变命运。他刚出生时还没有名字，直到他出生后6个星期，他的父母才给他起了第一个名字尤利西斯，之后他们又改叫他赫若姆。但这个两个名字都太过于稀奇古怪了，在17岁报名注册西点军校时，他终于拥有了一个比较正式的名字，他的资助人给他起名叫"尤利西斯·辛普森"，他欣然接受了。

他还有一个不良嗜好，那就是贪恋杯中之物，这好像是他在参加墨西哥战争时养成的习惯。那时他大概 25 岁，担任上尉的职务。为了戒掉酒瘾，他甚至加入过一个禁酒会，却没有收到什么成效，最后反而严重到整日与酒精为伍，萎靡不振。在 32 岁时，他迫于压力，不得不辞掉了官职，向同僚们借了一些路费，便踏上了回家的路。他的父亲感到万分遗憾，写信给儿子的司令官，请求他收回成命，让他的儿子官复原职，但被司令官拒绝了。十几年后，这位司令官成为了南部邦联的总统——杰佛逊·戴维斯。而司令官一定会为自己那时的决定懊悔不已，因为这位当时被他拒绝的 32 岁的上尉，后来成了他的对手，并且打败了他。

在父亲的店铺安顿下来以后，他听说林肯宣布征集义勇军，于是马上召集了一队人马，并把他们带到了斯普林菲尔德。等到正式入伍的时候，他却把这些志愿军交给了一个原本是他手下的上尉来指挥训练，而他自己则跟在队伍后面，拎着一个手提袋，嘴里叼着雪茄，十分悠闲自得地散步，这个人就是格兰特。这时的他已经没有了勃勃雄心和抢风头的欲望，声誉也不是很好。但他还是决定重新开始戎马生活，尽管条件艰苦，甚至要借钱来买军服和马，但他依旧入伍了。这个决定改变了他的后半生。

因为他经验丰富、态度诚恳，很快便得到了认可，成了军队里不可或缺的一员。他晋升得很快，入伍两个月，便成了上校团长，手下有约 2000 名士兵，接下来又被任命为西南密苏里的边防司令。他夺取小城派丢卡的时候，没动用一兵一卒，仅仅靠一篇呼吁书就取得了胜利。那篇《致被占领城市居民们的呼吁书》是这样写的："我们来到这里的目的是保护人民，打击叛军，争取和平。我们会维护你们政府的威信，绝不干涉你们的决议。作为政府的军队，我们在这里惩治敌人，保护联邦。一旦你们有能力捍卫自己的家乡，政府能行使它的权力，人民能拥有政治自由，我会立即从这里撤走。"格兰特的声音很富有感染力，他的呼吁收效良好，肯塔基州的政府随即表示愿意效忠联邦。林肯则慧眼识珠，这样评价格兰特道："凭这一番话就能看出他的才干，此人有能力统领整个西部军队。"

不久之后，在进军多纳尔森堡要塞时，他又作出了一项壮举。他快速挫败了敌军，对方的指挥官派人前来询问，什么条件才能使他退兵，他坚决地回答说："没有任何条件能使我退兵，如果不放下武器立刻投降，我便会发动总攻，直到我夺取要塞为止。"这种强硬的回答，使得他威名远扬，人民称他为"让敌军无条件投降者"。只用了一年的时间，他便从一个皮匠升为了少将，并且取得了骄人的战绩。他和林肯素未谋面，但林肯却成为了他的后盾，一直支持他，后来又举荐他为田纳西军区总司令。虽然有不少人在林肯面前挑剔格兰特的缺点，林肯却置若罔闻。格兰特和林肯有一个共同点，那就是他们向来不注重仪表，格兰特从来不戴手套，经常穿着便服上战场，而林肯则常常穿着皱皱巴巴的裤子参加国事活动，而且他们一直保持着这样的习惯。


# 二、战势好转


就这场战争而言，如果只凭武力，北方军绝对不是南方军的对手。北方的优势，完全来自于它对南方施行的封锁战略。南方无法获得原料和从欧洲运来的军火，也不能通过出口商品得到经济支援。但封锁并不完全，他们依旧可以通过两三个海口在北方的监视下进出少量的商品，而且密西西比河河道畅通，他们还可以从那里绕道墨西哥，向欧洲出口粮食。在这种情况下，夺取南方的维克斯堡，切断这个南方同欧洲联系的门户，对北方来说十分重要。

要想攻占维克斯堡并不是件容易的事，必须水陆并进。格兰特果断地截断了城外通往北方的道路，然后像当年拿破仑攻打意大利时一样，连续打败了两个军团的敌军，并包围了城市，使城里的人无法获得食物等必需品。之后他继续用炮火不停地进攻，最终逼迫对方于美国独立纪念日宣布投降，俘虏了 3 万人，收缴了他们的武器。他又一鼓作气拿下了休得森堡，为北方打通了密西西比河的运输通道。之前北方已经停运了整整两年，当林肯听说第一艘北方的邮轮从圣路易斯开往新奥尔良时，欣喜地说："密西西比河又投入了大海的怀抱，看来形势已经有所好转了！"

但遗憾的是，并不是所有的北方将领都像格兰特这样优秀。同年的 1 月份，胡克接替了毫无军绩的伯恩赛德，当上了北方军的总司令，但在 5 月份，他就在钱瑟勒斯维尔战役中败给了李将军。他过于急躁鲁莽的性格，导致了这次失败，使得李将军一直将他的人马赶到了宾夕法尼亚的边境。北方人意识到了问题的严重性，他们恳请林肯用麦克莱伦接替胡克，但由于胡克的坚决反对，林肯最终任命了米德，一个瘦弱呆板的人，看上去像一位教书先生。

李将军迎来了他的新对手，南北两军陷入了对峙的局面，但连他们自己在内的所有美国人都意识到，战争可能很快就会结束。如果南方再取得一次胜利，那些欧洲国家便会承认美国南部同盟为合法的国家，而一直提倡和平、反对战争的北方民主党也会获得人民的拥护。

在战役打响后的第三天，米德不负众望，赢得了战争的胜利。与此同时，格兰特也传来了捷报。1863 年 7 月初，这场旷日持久的战争终于要收尾了，在葛底斯堡和维克斯堡两场战役中，北方均打败了南方，取得了绝对的优势。南方军队退到了大西洋沿岸，而北方的首都华盛顿也不再受敌军的威胁了。南方军的总司令杰克逊将军在战争中阵亡了，但李将军依靠自己的声威，仍旧组织南方军队顽强地抵抗了两年的时间。

在这段时间里，林肯不断同各位将军通信，他比以往更加善于剖析别人，为人处世也圆润了不少。他更加了解身边的人，也认识到过分地干预和关注可能会让别人感到惊恐不安。

# 三、南北统一才是美利坚

在北方的封锁下，最后一条通往欧洲中立国的道路也被切断了，南方彻底成为了一座孤岛。几乎没有商人愿意冒险冲破封锁线，这也导致了南方物资的匮乏，无论食物、衣服还是火药都严重缺乏，甚至连食盐的供应都遇到了困难。冬天没有煤取暖，夏天没有冰降温。人们开始穿木头的鞋子，病人们连吃的都没有，药物就更难以获取了。征兵的年龄范围也开始扩大，凡是17岁至50岁的男子都被迫入伍，这种情形在以前是绝对不允许的。到了战争后期，南方人民的战斗热情已经消失殆尽，北方释放了4000名南方的俘虏回家乡，这些人虽然保证不再加入战斗，但是有很多人依旧被强制重新编入了军队。

随着战争的深入，一些秘密的社团成立了。他们自己武装自己，有各自不同的道德准则，还有一些秘密的间谍。林肯也派人秘密侦察过这些组织，甚至还抓捕过几个头目，但他并没有公开清除他们。相对于武力，他更喜欢用智慧、耐力和嘲讽征服他们。他并不认为这些人是南方的"叛徒"，反而称他们为南方的"绅士"。在林肯眼中，南方是合众国不可缺少的一部分。曾经有一位将军说，"将敌人驱逐出我们的领土"，林肯纠正道："南方的土地也是我们的领土，也是属于美利坚的。"

麦克莱伦将军打败了李将军后，放弃了追击，这无疑相当于放虎归山，他的这个决定让林肯私下里很不满意。米德将军战败之后，便提出了辞职申请。林肯十分愤怒，写了好几封斥责这些将军的信件，但他最终还是理智地一封都没有寄出去。他知道这些将领的错误行为给国家带来了不少损失，他甚至在几年的时间中，对多位将领产生过怀疑，但最终他都没有表现出来。他希望这些曾取得过功绩的将领，未来还能为国家服务。

作为北方联邦的总统，他也从不阻止任何试图调停战争的人。他同意两位反战派的领袖越过边界去和南方的戴维斯谈判。但是在和对方探讨了宗教和对法宣战的问题后，这两个人改变了反战的观点回到了北方。主和派的代表格里利，经常对林肯的政策提出异议，在林肯没有宣布废除奴隶制之前，他通过《纽约论坛报》向民众施加影响，积极主张释放奴隶。而当林肯宣布释放奴隶时，他又主张采取折中的办法，林肯对他的这种反复无常早已失去了耐心。于是，他给这些爱出谋划策的"相关人士"写了一封公开信。信中说："所有希望恢复和平，统一国家，废除奴隶制的人们，即使是反对政府军队的人，他们提出的建议政府都应该酌情考虑。"他希望能借机否定所有主和派的意见。

此信刚刚发出，很多人便前来议和。林肯的一位老朋友，现任南方邦联副总统、民主党温和派领袖的斯蒂芬斯，来到了华盛顿，携带杰佛逊·戴维斯"总统"的信函来同林肯议和，林肯坚决简短地说："戴维斯的愿望恐怕难以实现，联邦和叛军之间的谈话可以通过其他途径进行。"

# 四、祸起萧墙的南方

林肯曾经说过一句冠冕堂皇的话："上帝是爱普通人的，不然他就不会创造这么多人。"这句话不会触怒任何人，无论是黑人还是白人。他还说过这样一句话来反驳奴隶制，他说："我想上帝要是想让一些人只吃饭不劳作，那他只要造嘴就好了，根本用不着给他们双手；如果他希望另一些人只劳作不吃饭，那只要给他们双手就行了，不用造嘴。"

林肯需要处理很多日常琐事。他时而顺利时而遭受挫折，面对混乱的党派纷争，他也一直保持着清醒，时刻仰望自己夜空中的北极星，高瞻远瞩，从未失去方向。在战争即将结束时，他发表了这样的演说："这个世界可能缺少对'自由'的准确定义，我们对'自由'的见解各不相同。有人认为自己可以随意处理财务就算自由；有人认为可以支配其他人做他喜欢的事情就算自由。举一个例子，一个牧人从狼嘴里救出了一只羊。狼可能会说：'你干涉了我的自由，因为你夺走了我口中的食物。'如果那只羊是黑色的话，狼会觉得自己更加委屈。"这就是林肯的逻辑，他主张人人平等。

林肯还提倡给黑人俘虏和白人一样的待遇。在很多地方都发生了黑人叛乱，白人军官被杀，这导致一些人对黑人军队的印象极为糟糕。他们向林肯发泄这些不满，林肯则写了一封公开信回复他们说："有些人对我不满意，对我说他们想要和平，你们斥责我说我没能带来和平，但是你们有没有想过，怎样才能达到和平呢？我可以告诉你们，只有三种方法：第一，通过武力来镇压叛乱。你们赞成这种方法吗？若是你们赞成，我便这样做。若是你们反对，那还有第二种方法，就是解散联邦。我不赞成这种做法，你们同意吗？如果你们同意，那请给出能说服我的理由。如果这两种方法你们都不赞成，那只有最后一条路可走了，那就是争取议和……你们曾口口声声说要为解放黑奴而战斗，现在却又退缩了。但黑人没有放弃，他们中有很多人都愿意为你们战斗，愿意为保卫联邦而战斗。我发表这个宣言的目的是想尽我的微薄之力来保卫联邦。因为一旦释放了这些奴隶，他们就会站到我们这边，不再帮助敌人攻打你们。虽然我们向他们许诺给他们自由的权利，但他们依旧承担着很大的风险，因此我们必须兑现自己的诺言，满足他们的要求。"

在这里，林肯用了一种苏格拉底式的论调，展示了他的威严与庄重。他向人民宣布说："我信任这些黑人，我的责任心异常坚定，我将对全体美国人民、对基督教、对世界和历史负责，在我生命结束的时候，我还将对上帝负责。"

# 五、将才格兰特

在格兰特就职之际，首都华盛顿热闹极了，各方人士都汇集到了白宫。他将被授予总司令的职位，此前只有华盛顿获得过这样的殊荣。1864 年 3 月，战争的阴云已经散去，形势变得对北方大为有利，街头巷尾也开始传诵这样一首歌谣："亚伯拉罕·林肯，给我们一位总司令！"

那天晚上，格兰特同几年前的林肯一样，避开了人们的视线，神不知鬼不觉地来到了首都。他的小儿子一路陪伴着他，这是他最疼爱的儿子，即使是在前线，他们父子两人也形影不离。他们秘密地住在了一家旅馆中，一切都无人知晓。在一切都安排妥当之后，他首次踏进了白宫的大门，尽管林肯和他从未谋面，但依旧凭借锐利的目光一眼就认出了他。很多人都赶来看他，将他团团围住。因为格兰特身材不高，所以只能站在沙发上，方便与大家交流。林肯给他预备了一份演讲稿，并这样嘱咐他说："我担心你不像我那样习惯在公共场合演说，因此请你注意两个要点：第一，不要让其他将军嫉妒你能获得这样的荣誉；第二，要对波托马克军团表示赞赏。"但是格兰特发表演说的时候，却把这一切都忘在了脑后，只是简单地说了两三句话。之后，林肯夫人邀请他参加宴会，也被他婉言谢绝了。他对第一夫人说："我必须尽快赶回田纳西州，因为我一天不回去，政府就要为此多付出 100 万元。"

其实，作为战略统帅，格兰特并不及李将军。但是格兰特主张穷追猛打的战术，在任何时间任何地点消灭遇到的敌人。这就使得北方所占领的军事要地逐步增多，但李将军仍然占领着很多有利的区域，这些地方离首都都很近。他们之间的战争就像在博弈，格兰特布置了很多棋子，而李将军就用三五个剩余的棋子跟他不断地周旋，显然后者的技艺更为高超。

有一次，格兰特带兵出征，敌人乘虚而入，进攻华盛顿附近的一个要塞。林肯只好亲自出马，枪声不断在他耳边响起，人们打算万一形势不好，就将总统送上一艘事先预备好的轮船。林肯却发电报给前线的将军说："我们要保证清醒的头脑，还要谨慎小心。"最终，格兰特将军派来的救兵如期赶到华盛顿，敌军被迫撤退，林肯才脱离了险境。

# 六、大选前夕危机四伏

似乎一切都开始好转的时候，合众国再次面临危机。因为总统大选开始了，这将在一定程度上关系到国家的命运。上一次的大选矛盾重重，这次虽然同时在和南方人作战，但是矛盾并没有集中在战争上，局势反而更加紧张了起来。若是主张和平的民主党在选举中取得了胜利，那很可能就会改变整个战局，北方的士气也可能会遭到打压，南方的势力也会因此崛起。

但这个时候，林肯所属的共和党内部却出现了一些分歧。一些激进派成员认为他的政策含糊不清，当他终于坚决地废除了奴隶制时，这些人又分析说，这只是他为了赢得战争胜利而采取的非常手段，并不会长久地实施。格里利等人则明确表示说，他们会支持其他的总统候选人。一开始他们推荐巴特勒·罗斯克兰，但到了后来，他们又希望弗莱芒特能当选下一届总统。对于这种事情，林肯只是评价说："杰佛逊·戴维斯看到我们北方这种混乱的局面，一定乐不可支了吧。"

因此林肯面临的最大困难不是在前线，也不是在军官身上，反而是在内阁。还有一位卓越的财政专家——蔡斯，曾给国家作出很大贡献。此人十分有野心，也想当上总统候选人，力争登上总统的宝座。但后来，他却向林肯递交了辞呈，并在党内发布了一篇公文，说他并没有想当总统的意愿。林肯答复他说："我的朋友们带给我一些公文，但是我还没有阅读它，我知道他们只是挑选了一些合适的内容给我看，但即使是这样，我也认为没有变更你职务的必要。"

　　同平时一样，林肯一直冷静地处理事情。对于他的决策，他解释说："蔡斯是一个好的财政部长，我想要留任他，因此我必须选择看不到一些东西。如果他想要竞选总统，我也会同意，我欣赏他的才干，更不希望与他为敌。"在一段时间内，林肯和蔡斯若即若离，一直维持着不冷不热的关系。有一次林肯跟一个朋友闲聊，他说："我知道你在乡间长大，我给你讲一个故事。有一次我和兄弟一起耕田，那匹马动作很慢，但突然间它却飞奔了起来，我一直追到田地的尽头才追上它。我看到马的身上布满了马蝇，我便把这些马蝇全部打死了。兄弟问我说：'你为什么这么做呢？'我说：'我觉得那马被咬得真可怜。'兄弟说：'可正是因为马蝇咬他，它才能跑得飞快啊！'蔡斯就如同这匹马。他时常想着自己可能竞选总统，这只马蝇不断地咬他，才能使他更好地处理手头的事情。"

　　到6月份，在巴尔的摩举行的提名大会上，蔡斯和其他候选人竟然都退出了选举，这让人们大为震惊。对此他们解释说："林肯是不屈不挠的宪法拥护者，他毫无保留地热爱这个国家，他值得我们托付重任，我们也拥护他的《解放奴隶宣言》！"

　　但一些居心叵测的人要推选格兰特为总统。他站起来拍着椅子的扶手抗议道："你们不能强迫我当总统。"后来有人问格兰特："你要不要把这件事通报总统？"格兰特答道："没有这个必要，林肯取得选举的胜利就等同我在战场上获胜，这两者对国家而言同等重要。"这话最终还是传到了林肯的耳朵里，让他深受感动。

他的老朋友斯维特从纽约写信给他说："他们在巴尔的摩举行了提名大会，你的老对头西蒙、蔡斯和弗莱芒特密谋了一项计划，他们想提名一位新的总统候选人。而民主党人则可能进行武装反抗。今早，我们在印第安纳截获了 3000 支枪，如果他们和南方的部队联合起来，那我们将面临天大的灾难。"

最可怕的东西就是阴谋诡计，还不如暗杀更为干脆。林肯平静地说道："即使我被暗杀了，他们也很难保证我的继任者会遵从他们的意愿，那他们暗杀我又有什么意义呢？但在美国这个没有什么传统观念的国家，一旦人们下了决心，那暗杀便很可能发生。"

直到 8 月中旬，这场选举危机依然没有过去。面对紧张的局势，人们开始怨声载道。一天早晨，在宾夕法尼亚州的一个小镇上，一家小旅店店主睡眼惺忪地发现了这样一件事情，有人用金刚钻在他的旅店玻璃上刻下了这样的字句："1864 年 8 月 13 日，亚伯拉罕·林肯服毒身亡。"但他并没有太在意，因为 8 月 13 日已经过去了，那件事并没有发生。但当 8 个月后，全国的民众都在诅咒那个刺杀林肯的刽子手时，他才想起来，1864 年 8 月中旬，一位名叫布斯的演员正是住在这个房间里。

# 七、再次当选

夏天时，林肯住在一个简朴的士兵疗养院里，这里的供给时常不足。一天晚上，卡尔·舒尔茨修士坐在他的对面，倾听他的独白。这位修士后来回忆说："林肯当时的话语极为诚恳，他似乎想把淤积在心中的话一吐为快，摆脱忧虑的情绪。他说有一些人劝他卸任，放弃竞选总统，让位给贤者。'尽管我是被一致提名了的，但如果遇到更适合当总统的人，我一定会这么做。我不想否认有人可能比我做得更好，但是人民的幸福，永远都是我最先考虑的。'"在他们交谈的时候，外面的天色渐渐暗了下来，有人送了一盏灯过来，这时舒尔茨发现林肯的眼角已经湿润了。时隔不久，一位州长劝说林肯休假一两周。林肯回答说："休假一两周对我没有一点用处，我的头脑已经被这些事情束缚住了，等到 11 月吧，我觉得国家的命运在那时就能被决定下来了。"

但是突然间，林肯面前又出现了一位有力的竞争对手，那就是也赞成以武力镇压反叛的麦克莱伦。若是他当选了，国家很有可能会回到 4 年前林肯刚当选时的境况。面对这种可能，林肯有些灰心丧气，但他还是在全体阁员签字同意下，组建了临时政府。他说："现在看来，我好像不太可能连任，但在新总统上任之前的这段时间，我仍需履行我的责任，我必须组织临时政府，这 4 个月期间的国家事务不能怠慢。"这一措施大大稳定了当时的局势。

捷报再次传来，谢尔曼攻占了佐治亚州，紧接着又攻克了亚特兰大，林肯终于可以给反战的民主党人一个答复了。他下令全国人民祈祷一日，感谢并纪念最近他们取得的这些胜利。

在公布大选结果的那天，林肯和往常一样，坐在陆军军部里等待战争的电报。那情形就跟 4 年以前，他在家中等待消息一样。结果林肯以绝对的优势再次当选总统，在全部 233 票中他获得了 212 票；在所有的选举州中，只有 3 个州没把票投给他，这其中就包括他的第一故乡——肯塔基州。晚上，他在一个集会上说道："我感谢上帝，感谢人民的支持，感谢他们对我的信任。我完全了解自己的内心，我的感谢不掺杂任何个人的沾沾自喜，我更不会以击败他人为乐。"

"从这次选举我们可以看出，人民可以维持一个政府。即使是在内战中，全民选举仍然可以照常进行，这也说明人民政府是非常稳妥和坚强的。"在演讲最后，林肯用鼓励三军之词作为结束语："现在，让我们为忠诚英勇的陆海将士以及精明强干的指挥长官高呼万岁！"

在庆祝选举胜利的演说中，我们看不出林肯有丝毫的得意。他只是向人民提出了一个要求，希望大家能同舟共济，不要再争吵不休了。

# 八、"他们都是自由的选举人"

"我愿意依照我的良心和判断力来领导政府，即使最后我下野了，失去了所有的朋友，但我依然拥有我的良心。"这就是他处理政府事务参照的原则，他也因此遭受了不少攻击。若不是北方军近来在战场上经常取得胜利，林肯很有可能因为这种执政原则而无法连任。而在他任期的最后一年，有人在议会上攻击他说，在重建国家这个重要问题上，他超越了自己的职权范围，经常擅自行事。

从 1863 年开始，路易斯安那州和田纳西州就想要组建新的政府，再次加入联邦，事实上他们确实也这么作了。但这与现有的政体是矛盾的，林肯谨慎行事，采用了外交家的灵活手腕，才避免了各州同联邦国会的争执。那年夏天，他给路易斯安那州的一位将军写信说："……我确信我知道路易斯安那州怎么做才算正确，但是我不能插手此事，我希望你们能制定新的宪法，承认《解放奴隶宣言》的合法性并予以实行，如果这两个种族能建立一种新的关系，那我会非常高兴……"

等到事情有了一定的进展时，他又写信给那位州长，语气十分委婉："听说你们最近要讨论选举权的问题，我给您提个建议，那些有智慧的黑人曾经在战场上立过战功，能否让他们也拥有选举权呢？如果给予他们这项权利，那他们将在未来的岁月里，帮助我们保护自由的权利。"但他写给田纳西州长的信，语气则十分强硬，他说："田纳西的叛乱已经被镇压下去了，你必须马上成立一个忠于联邦的政府，片刻不可耽搁。你一定比我更清楚现在我们面临的情况。"

与此同时，国会里又发生了一些事情。有人开始反对新的建设计划，矛头直指林肯，但林肯依旧坚持自己的意见，尽管有将近一半的人反对他。林肯一直胸怀宽广，他发了一道训令："在被占领的各州里，只要政治犯宣誓保证以后拥护宪法、法律，并释放奴隶，便可以被赦免，不受刑责。"很多议员都认为这些措施过于温和，并不赞成，但林肯依旧坚持，并一再敦促议会，希望他们能尽快通过这项提案。

"战争很快就要结束了。北方军从南方各州撤退是早晚的事。我希望你们尽快让被解放的奴隶们拿到投票权，这是他们保护自由权利的根本保证。在完全撤军之前，我们必须保证他们都是自由的选举人。"

林肯很清楚他在和平时期的责任，保证人民的利益、保证和平是他必须做的。


# 九、"一切都还没有结束"


林肯已经完全没有私人空间了。紧张的工作、挑战、内外敌对势力的威胁，已经使他不得不停止所有的私人活动，用全部的精力来应对。这样的情形已经持续三四年了，这位高大的伐木工人，现在已经心力交瘁，身体虚弱。他到前线去参加阅兵，却意外染上了天花，休息了几个星期之后，仍然觉得自己双腿寒冷，但依旧不能停止工作。他说自己十分劳累，但这种疲乏是源于内心的，根本无法消除。

这段时间，骑马成了他唯一的运动。他总是骑得很快，累坏了不少马匹。斯坦顿屡次叮嘱他骑马要带卫兵保护自己，可是这个夏天，战场上的局势非常危急，林肯常会因为一封不利的电报而彻夜不眠，他便在夜间骑马出去，所以战争部并不知晓。这也给暗杀者提供了很好的机会。

在 8 月份的深夜，一位值班的士兵听见了一声枪响，他马上向上级报告。士兵们马上就出动了，大约 3 分钟后，他们看见一个人骑着一匹马匆忙地跑了过来，眼尖的士兵认出那是总统，只是没有戴帽子。士兵们拉住了林肯的马缰，林肯气喘吁吁地说："马惊了，我差点没拉住缰绳。"士兵们又询问他的帽子跑哪去了，他说："有人在山下放枪，马受惊了，我的帽子估计是丢在那里了。"士兵们一路寻去，在山下发现了那顶帽子，上面竟然有一个弹孔。

林肯多数时间都呆在白宫，有时也会去伤兵医院。一天，一位议员来和他谈论重要的事情，林肯给他讲了一个可笑的故事。那人说，我不是来听笑话的，林肯笑道："我知道你是一个诚恳的人，但你知道战争让我十分焦虑，如果我的生活中没有欢颜笑语来排遣一下忧愁，那我可能早就死掉了。"尽管工作繁忙，读书的时间少之又少，但他闲暇时还是会同儿子泰德一同读书，对林肯来说这也是一段欢乐的时光。

在平常的演说中，林肯时常能迸发出智慧的火花。有一次，林肯登台演讲，观众们听了前一位演说家的长篇大论已经十分不耐烦了，林肯不紧不慢地从衣袋中掏出一张纸，戴上眼镜说道："87 年前，我们的祖辈在这个大陆上创立了一个新的国家，它孕育于自由之中，奉行人人生而平等的原则。

"我们正从事一场伟大的内战，以考验这个国家，或者任何一个孕育于自由和奉行上述原则的国家是否能够长久存在下去。我们在这场战争中的一个伟大战场上集会，烈士们为使这个国家能够生存下去而献出了自己的生命，我们来到这里，是要把这个战场的一部分奉献给他们作为最后的安息之所。我们这样做是完全应该而且非常恰当的。

"但是，从更广泛的意义上说，这块土地我们不能够奉献，不能够圣化，不能够神化。那些曾在这里战斗过的勇士们，活着的和死去的，已经把这块土地圣化了，这远不是我们微薄的力量能增减的。我们今天在这里说的话，全世界不大会注意，也不会长久地记住，但勇士们在这里做过的事，全世界却永远不会忘记。毋宁说，倒是我们这些还活着的人，应该在这里把自己奉献于勇士们已经如此崇高地向前推进但尚未完成的事业，倒是我们应该在这里把自已奉献于仍然留在我们面前的伟大任务——我们要从这些光荣的烈士身上吸取更多的献身精神，来完成他们已经完全彻底为之献身的事业；我们要在这里下定最大的决心，不让这些死者白白牺牲；我们要使国家在上帝福佑下自由地新生，要使这个'民有、民治、民享'的政府永世长存。"

这便是被后人啧啧称赞的葛底斯堡演说。

# 十、混乱的生活

时间一天天过去，玛丽对现实更加失望了。她曾经多么向往白宫的辉煌，可在这炮火连天的岁月里，白宫是无法整日歌舞升平的。有时可能借某个节日举办个聚会，但她总能听到批评的声音。她有些神经质，可她的丈夫却不拘礼节，这使得他们没法合作招待上百个友人。若是她没有什么野心，对权力没什么追求，只是忠心耿耿地做林肯的妻子，那这对夫妻可能会过得轻松些。

玛丽出身南方，当时许多人都很在意，甚至有人怀疑她更倾向于南方。她的兄弟和亲属都在南方的军队中任职，也难逃别人猜疑。有些不安分的人还胡编乱造了一些针对她的歌谣，还有她和情人们的故事，甚至还有人说她和杰佛逊·戴维斯关系暧昧。这些流言蜚语让玛丽觉得自己和北方人格格不入。

当她听到自己的兄弟在战场上阵亡时，也不能表现出悲痛的样子，她还要出席庆祝北方胜利的宴会。在维克斯堡战役中，她的二哥中弹身亡；之后，当北方第三次胜利的消息传来时，她又得到了第三个兄弟牺牲的噩耗；紧接着，她的妹夫也战死了。玛丽在南方的妹妹想去肯塔基州探望母亲，格兰特将军准备给她签发通行证，她却拒绝宣誓。最后林肯只好发电报过去解围："把她送到华盛顿她姐姐这里。"于是这对姐妹便在华盛顿团聚了，因为南北战争，她们分别了3年，痛失了3个兄弟。

然而，第二年夏天，她在肯塔基州的行为却引起了人们的怀疑，于是林肯给当地的驻军总司令发了封电报："我听说你想逮捕赫尔姆夫人，她出示了我给她的通行证而没有成功，我想告诉你，如果她对联邦图谋不轨，那就请你逮捕她吧。"为了免除别人的怀疑，林肯要求自己的秘书必须拆开检查玛丽收到的每一封信。

有一次，林肯夫妇一同乘车外出。玛丽不顾维尔斯十几岁的儿子正好站在马车边，完全能听到他们的谈话，她不停地要求林肯提升某位军官，但当林肯三番五次地拒绝之后，玛丽便威胁道："如果你不答应我，那么我马上就跳到那片泥地里去。"于是林肯只好同意。自从他们的儿子夭折以后，玛丽的心态就有些失衡，经常歇斯底里。有时她悲痛到了极点，林肯也被她折磨得无可奈何，便指着远处的疯人院说："你看见那所白房子了吗？如果你再不能控制自己的情绪，我们就不得不把你送到那座'白宫'里去了。"

但玛丽的情况似乎没有多少好转，她经常会看到幻象。她曾对她的妹妹说，她能看到自己夭折的儿子和阵亡的兄弟们。她还一直担心林肯，一方面是因为迷信，一方面是真的害怕会有人暗杀他。有一次，他们陪同客人到福特戏院看戏，马车在路上遇到了障碍物，颠了一下，她便怀疑这是刺客所为，马上让身边的贴身护卫来保护总统。林肯则说："如果我命该绝，那没有什么方法可以让我逃脱，别人给我配备卫兵只是为了让人民安心罢了。"

让人欣慰的是，在这4年中，林肯曾多次身陷险境，但都被他侥幸逃脱了。玛丽却一直神经兮兮地为他担忧。在这偌大的白宫里，林肯的境遇非常凄凉，妻子赋予他唯一的礼物就是他们的孩子。大儿子罗伯特正在读大学，小儿子泰德则在家陪他，林肯对他疼爱有加，有一段日子总是和他形影不离，林肯简直成了他的贴身护卫。

林肯的那些老朋友很多都去世了。有3位在世的好友，都住得离他很远。有一次，他写信给纽约的维德说，希望能同他见一面。而赫恩登和斯皮德两位好友则一直与他风雨同舟，却对他一无所求。林肯连任后，他任命斯皮德的兄弟当了总检察官。他总是竭尽所能地帮助身边的人。

直到林肯年老，他都一直存在着迷信思想，这其实跟他信仰的宿命论是相冲突的。一次前线失利，他说他早就料到了："我早就知道这件即将发生的事情。"有一年7月4日国庆节，他说："在《独立宣言》上签字的55位伟人之中，杰斐逊和亚当斯后来当上了美国总统。在这一文件被签署了50年后的那天，他们中的一个人被上帝带走了，又过了5年，另一个也在同月同日去世了。7月4日真是一个奇特的日子。"

玛丽在一天早上接到了林肯的电报，上面只有简短的几句话："我觉得你最好把泰德的手枪丢在旅馆，因为我作了一个关于它的噩梦。"玛丽便把手枪丢在了旅馆，然后立刻带着泰德回到了华盛顿。


# 十一、最宽容的总统


持续了4年的战争，让林肯一直忙于履行总统的职责。他一直愿意维护法律的尊严，然而有的时候，他的同情心却会战胜正义感。

纵观历史，肯定没有第二位总统会像他这样宽容。他经常赦免一些违反军纪的士兵，很多将军对此颇有怨言，认为他过多地干预军事。有的将军问他："如果我在战场上也当逃兵，您是否也会赦免我？"林肯回答说："既然上帝给了人类两条胆怯的腿,人就难免会用它逃跑。"后来,他又在议会会议上发言说："最严格的公正,不总是最好的措施。"他特别袒护青年士兵,有一位老者的独子因为违背军法被判了死刑,林肯请求赦免他,理由是："我认为让这位青年在地上做事,一定比送他去地下做事好。"巴特勒将军十分气愤地回了他一封电报:"我请求您,不要再干涉军法了,您完全破坏了军队的纪律。"那位老者读了这份电报后泣不成声。林肯见此景站起来说:"让巴特勒见鬼去吧!"并立即起草了一封电报:"除非接到我的命令,否则不得枪决约翰·史密斯。"孩子的父亲有些疑惑,问林肯:"如果他们不执行您的命令怎么办呢?"林肯说:"我想,您应该不认识我,如果在我下枪决的命令之前,您的儿子还活着,那他一定会长命百岁的。"

还有一位叫威廉·斯科特的青年,他在前线夜间站岗时,不小心睡着了,因此被拘禁起来了。林肯在视察时问他:"我的孩子,我不会允许他们枪毙你的,我相信你是困得不行了才睡着的,但是因为这件事,我遇到了很多刁难。我想知道,为了你的性命,你愿意付出多少代价?"那位年轻的士兵困惑地说:"如果算上抵押的话,我们一家可以筹到600美元。"林肯却回答说:"不,你必须自己偿还这笔负债,我会将你重新送回军营,这次你必须尽到一个士兵的职责。"

一次,一位小姐要回里士满去结婚,她来华盛顿照顾母亲很长时间了,认为是该回去的时候了。可维尔斯怀疑她是奸细,拒绝给她签发通行证。但是林肯却不愿听这位战争部长的劝告,他认为因为战争的缘故,已经使得国家人丁稀少了,应该鼓励人们结婚生子才是,怎么还能阻止他们呢?便让米德将军给她签发了一份通行证。

还有一位妇人的5个孩子都在战场为国捐躯了,林肯知道以后,马上写去了一封慰问信:"我知道您的悲伤是任何安慰性的语言都无法抚平的,但您的儿子是为国家牺牲的,我必须要表示感谢,并祈求上苍能让您忘记悲痛。他们是为自由而战死的,这是无上的荣誉。对您无比崇敬和忠诚的亚伯拉罕·林肯。"他的这些话，人民将永远铭记。

林肯还时常帮士兵写一些推荐信给战争部长："这是一位从匹兹堡来的青年，无论您能为他做什么事情，我都在此表示感谢。"简直就是一种为民父母的语气。

# 十二、战事将终

眼看圣诞节就要到了，谢尔曼将军攻下了萨瓦纳堡，收缴了 150 尊大炮，25000 包棉花，并将此作为圣诞礼物送给林肯。他在佐治亚州发起的著名的进攻向全世界证明了，他手下的 6000 名士兵，可以所向披靡地横扫南方的任何城市。然后，他便和海军舰队联合起来，开始进攻一个新的据点。在同一时期，李将军和格兰特对垒，但两军人数悬殊，使得李将军不敢轻举妄动。2 月中旬，北方军攻克了查尔斯顿这个南方的文化重镇，李将军陷入了被谢尔曼和格兰特两面夹击的境地。格兰特借机截断了南方的主要铁路线，李将军和西南的交通联系中断了，南方军驻守的里士满成了一座孤城。大势已去，李将军面前就剩下了一个问题，到底是选择投降，还是抵抗到底？在此之前，杰佛逊·戴维斯一直把军队的指挥权握在自己手里，但到了这步田地，他不得不把指挥权推给了李将军，自己则只是宣称愿意与南方邦联共存亡。

不久后，南方通过了一项法律：只要黑奴愿意入伍，他们就可以获得自由。但南方人很难接受这个决定，最后议会凭着微弱的多数票勉强通过了这项法案。这是一个让人啼笑皆非的举动，南方企图放弃自己多年来一直坚持的制度来维持他们的政府。

林肯对于南方施行的这项措施表现得极为平静，他说："就这个问题我并不想发表什么意见，因为此事与我无关。我想南方接下来要面临的最大问题，就是那些加入军队的黑人是否会为他们卖命。而且如果他们获胜，战争结束后，这些黑人是否应该做回奴隶呢？"

3月4日，林肯发表了他的第二篇就职演说："我们军队的推进状况，大家和我本人一样了解，这是我们伟大事业依靠的根基。就目前的状况而言，我相信是会令所有人都感到满意的。战局是鼓舞人心的，不用我预测什么，我们都能看到前途是光明的……战斗的双方都读同一本《圣经》，都在祈求同一个上帝帮助自己……因为上帝让我们知道了什么是正义，让我们努力完成自己的使命，让我们先忘记国家的伤痛，替那些为国捐躯的勇士们看顾他们的寡妻，抚养他们的遗子，让我们尽自己的责任维护正义与和平。"


# 十三、南北会晤


胜利在即，首都鸣放了100响礼炮，但这并不是为了庆祝前线的胜利，而是为了庆祝林肯颁布的临时性的《解放奴隶的法规》变成了永久有效的法律。4年前，政府还禁止任何废除或干涉奴隶制的宪法修正案；7年前，人们还曾在这里，为道格拉斯在堪萨斯州作出的反黑奴决定而鸣放加农炮。但现在他们却要给奴隶永远的自由，在这天中午时，还没有人能预言这次投票的结果。

最后，表决的结果公布了，119票赞成，56票反对。在多数人的赞成下，这项法案得以通过。

这胜利也是属于林肯个人的。第二天晚上，他对人们说："通过这种方法，我们将在根源上克服人性的罪恶。"之后，四分之三的州都将采取这种法律。伊利诺伊州首先表决通过了这项法案，这让林肯喜出望外。但是当该法案在全国范围内推行的时候，林肯已经不在人世了。

到了停战之日，南方邦联的副总统斯蒂芬斯作为代表来同林肯商谈和平的条件。林肯在格兰特和苏华德两位将军的陪同下，登上了这艘谈判的轮船。在两军战势胶着的时候，他们互相以炮火攻击对方，仿佛仇敌一般。但如今他们见面以后却互相嘘寒问暖，就好像很久未见、远道相逢的朋友一样。

斯蒂芬斯询问林肯怎样才能让战争停止？林肯回答说，只要南方宣布停战，不再进攻北方，战争就可以结束。斯蒂芬斯表示，这种重要的问题他们可以延期再讨论。然后话锋一转，又诉说起南方人民的生活是如何困苦，他们自愿组成一个新的联邦。林肯马上拒绝了叛军的不合理要求。

但林肯还是对南方的人民表示出了极大的慷慨和同情。他起草了一份财政提案，让议会拨给南方400万元，补助给那些解放奴隶的奴隶主们。在4月1日时，付清半数的补偿款，另一半等到宪法修正案通过之后，即时付清。但全体内阁成员，都对此提出了反对意见，林肯叹息说："我没想到，在这件事情上，你们竟然没有一个人支持我。"他回家后，在那份提案上写道："今日提交至内阁，全票否决。"

从这件事上我们可以看出，林肯不仅仅是位政治家，他还是一个博爱的人，一个注重实践的理想主义者。


# 十四、妒妻巡营


战争就要结束了，压在林肯肩上4年的重担也终于减轻了。他的生活开始有了很大的改变，他却经常感到疲劳。他抱怨说："我的精力已经被各种棘手的事情消耗殆尽了。我这一天的工作，从一位参议员提议与法国开战开始，到一个可怜的女人想在财政部谋职为止。我感觉，这些人仿佛是跑来消耗我的生命力一样。完成一天的工作后，我经常会感到筋疲力尽，劳累不堪。"

格兰特邀请林肯列席他的军事会议，决定总攻的战略。林肯的大儿子罗伯特也在这里，这位年轻的博士一直在格兰特手下服役，为的是增长见识，积累经验。谢尔曼和谢里登也从远方赶来，同格兰特商议战事。林肯照旧喜欢待在电报室，看着格兰特的通知发回斯坦顿那里。

这是玛丽首次来到军营，她第一次有机会展示自己的风姿，但是在这段日子里，她却一直闷闷不乐。有一次，他们和一些名流出行，同行的有法国大使等名声显赫的人士，目的地是距码头20公里处的波托马克前线。林肯的夫人和格兰特的夫人同乘一辆马车，有一位将军负责保护她们。这位将军在同玛丽攀谈时，无意中提到了他们可能会遇见格利芬将军的夫人，她是格兰特夫人的好友。并且说，因为战争的缘故，妇女是禁止上前线的，格利芬夫人得到了总统的特别许可，去前线探望过她丈夫一两天。

这让玛丽非常惊讶，有一位妇女去会见她的丈夫，而她却并不知道。她沉默了一会儿说："先生您说什么？她一个人会见总统吗？您难道不知道吗？我是不允许一位女子单独会见总统的。"那位将军见她情绪激动，劝她不要介意。但玛丽却说："这可不是一个玩笑，先生。我们必须马上回去，我要质问总统，他为什么独自一人会见妇女。"

一位同行的军官看到这种情形，马上骑马报告了总统。在回来的路上他想到了一个合理的解释，他对玛丽说："这是个误会，格利芬夫人的通行证不是总统签发的，而是斯坦顿将军签发的。"这才平息了这场风波。

# 十五、夙愿如偿

几天后，匹兹堡和里士满相继陷落，李将军和戴维斯带领残军退回了南方。北方的人民都赶到里士满来参观这座被包围了很久，像特洛伊一样的城池。林肯带着小儿子泰德，在海军上将的陪同下，也来到了这里。就像平时出行一样，没有任何欢迎仪式。在这里的一周时间，林肯都沉浸在无尽的欢乐之中。他们被满怀感激的黑人们团团围住，海军大将见状，马上命令12个水兵上前贴身保护总统，但也无法阻止热情的黑奴们，一度使得林肯一行人根本无法前进。林肯只好举起一只手，大声喊道：

"我可怜的朋友们，你们现在自由了，像空气一样自由！没人会再称呼你们为奴隶，你们同其他人一样，这种自由的权利是上帝赋予你们的。请感谢上苍，感谢他给你们自由的权利。请珍惜这无价之宝，学习法律，遵守法律，用你们的善行来维护它。而我现在则必须赶回华盛顿，去巩固你们自由的权利。"这是林肯第一次向黑人群众讲话。他耗费了近10年的心血，克服了种种困难，终于实现了愿望。

后来那位海军上将说，"这种景象是难得一见的，我认为这些黑人不会伤害总统，他们反倒像护卫队一样在保卫他。"在他们参观了戴维斯的总部和南方的行政楼之后，林肯便乘着敞篷马车向河边进发。此时，上将开始有些不安了，因为他害怕会有南方人来报复这位让他们遭受了4年战争硝烟的人。

# 十六、硝烟落定

但人们并不知道，早在战争结束的两年前，一个秘密的暗杀组织就在里士满财团的资助下成立了。据说在成立一年之后，就已经有150位青年参加，并曾密谋到华盛顿去绑架林肯。虽然林肯经常收到恐吓自己的信件，但他始终不愿相信真的有人想暗杀他。

在纽约有一家叫"东院"的著名剧院。11月的一个晚上，那里上演一出名叫《尤利西斯·恺撒》的戏，由布斯三兄弟主演。这三人中有一人扮演安东尼，他26岁，有着橄榄色的皮肤，罗马式的鼻子，面貌文雅，眼睛炯炯有神，但他在本质上并没有太多的艺术天分。在第三幕的时候，他扮演的安东尼站在罗马的会议大厦上，煽动人们向恺撒复仇。他有这样一段慷慨激昂的台词：

> 如果我是布鲁图斯，
> 如果布鲁图斯是我，
> 那我就会启发你们的智慧。
> 揭露恺撒的罪恶，
> 到时，就连罗马的石头，
> 也会起来斗争！

在结尾，他又加上了一句："专制的魔王，这就是你的下场！"传说，布鲁图斯把匕首刺入恺撒心脏的时候，曾说过这句话。但它同时也是弗吉尼亚的一句俗语，南方人经常会用它来鼓舞士气。只有一个人察觉出了这其中的问题，对身边的人说，这似乎不是莎士比亚写的台词。但他们并不知道这是暗指刺杀林肯。

布斯有3个同伙，一个是退伍军人鲍威尔，一个是阿诺尔德的小混混，一个是马里兰州庄园主的妻子。他们全都是南方人，早就计划好了要暗杀林肯和苏华德。但是他们并没能按时执行计划，因为苏华德意外出了车祸，林肯则因为植树节返回了华盛顿。

就在林肯离开军营的第二天，李将军便投降了。这是复活节前的星期日，这位南方赫赫有名的将军，穿着整洁的军服，与满身尘土的格兰特将军在一个小农舍里会晤。格兰特将军保持了他一贯不拘小节的风格，衣冠不整，没有穿军服，没戴徽章，没带佩剑，脚上的靴子沾满了泥土。

这时战争还没有正式结束。几个星期后，南方的约翰斯顿将军宣布投降，战争才算完全结束。这场南北之争共有300多万人参战，其中60万人战死沙场，总共耗费了50亿美元。而南方比北方损失更惨重。作为战胜的一方，北方人在思考要不要惩罚那些南方的领导人，最后他们决定适可而止，不再刁难自己的兄弟们。

从4月9日开始，到处都能听见人们庆祝战争胜利的歌声，这个活动持续了近一个星期。首都华盛顿的人民都聚集到了白宫，应他们的要求，林肯不得不又作了两次演讲。他对过去只字不提，而是开始谈论国家的前途和建设的问题。他说："同胞们，我们今晚相聚在这里是为了庆祝，庆祝我们的胜利。但这个胜利的荣誉却与我无关，全部都应归功于格兰特将军和他手下那些骁勇善战的士兵们……因为这是场内战，所以不必同对方的机构作对，他们不是独立国家，无法给出统一的意见也是情有可原的……我们现在的首要任务，就是恢复和重建我们的国家。"

当时没有人注意，台下的两个年轻人，目不转睛地注视着林肯的一举一动，他们就是布斯和鲍威尔。当林肯的演讲快结束时，布斯嘟囔着说："这将是他最后一次演讲了。"

# 十七、弑父

4月14日中午，塞姆特城堡礼炮震天。但与4年前不同的是，鸣炮的是北方。当年曾在这里守城的安德森将军亲手升起了星条旗，军乐队奏乐，人民高声欢呼。在庆祝活动上，演讲者致辞说："我要向我们崇敬的总统表示祝贺，我们感谢上帝，让他度过了这4年风雨飘摇的日子，让他亲眼看到了国家统一。他付出了自己所有的努力，动用了他那伟大的智慧，完成了这项宏伟的事业！"

那天上午，林肯同内阁的成员在办公室开会。早上，他拒绝了所有来访者，同他的大儿子交谈了一小时之久。他从罗伯特那里，得知了投降的敌军的具体情况，也顺便了解一下儿子离家这么多年有没有什么长进。当儿子递给他李将军的照片时，他把照片放在桌上，细细端详了许久，然后他说："看得出李将军是一个善良的人，而且勇敢高贵，我很高兴战争结束了，我们不再是敌人了。"然后林肯召开了北方战胜后的第一次内阁会议，苏华德因故未到，但格兰特参加了。跟林肯共事了4年的威尔斯回忆说："我之前从没看见过总统如此高兴，他对未来充满了憧憬。"

布斯得到了消息，总统今晚会去剧院看戏，格兰特将军将作为陪同。这是一个千载难逢的机会，因为明天格兰特就要赶回前线去了，他来华盛顿只不过是探望妻子，他不喜欢呆在这里。剧院的经理早已把总统和总司令将莅临剧院的消息散布了出去，人们在林肯预约的包厢里挂满了国旗。

布斯决定执行自己的计划。他雇用了一匹马，准备亲自去刺杀林肯。

那天下午，林肯夫妇驾车出去兜风，沿途遇见的人都冲他们欢呼。玛丽兴奋极了，她终于等到了胜利的这天，作为第一夫人的她，终于可以在白宫愉快地生活了。他们还可以旅行，玛丽想要去环游欧洲，林肯却更愿意去加利福尼亚或者是西部。

可让大家没想到的是，本来林肯去剧院看戏是因为格兰特的缘故，但格兰特却最终取消了这个行程，他的夫人后来解释说，他们之所以不去，是因为两星期前，玛丽在马车上醋意大发、大动干戈的事情。如果全体观众向他们致敬，她怕和丈夫抢了总统夫妇的风头，担心玛丽又作出什么骇人的举动。于是，一位将军和他的未婚妻，以及其他的几位朋友取代了格兰特的位置。布斯先在附近的酒馆里饱餐了一顿，当戏剧演了近两个小时之后，也就是10点钟左右，他坦然地来到二楼林肯包厢的门口。他表现得就像一位普通的观众，没有人怀疑他。他给守卫呈上一张卡片，说他替总统带来了消息。大家以为他与总统事先有约，便请他进去了。在关上外门的那一刻，他便把门反锁了。走到内门的时候，他停下了脚步，从门上早已打好的小孔中向包厢内窥视。林肯就坐在靠近门的位置，旁边是他的夫人，以及将军和他的未婚妻。包厢离舞台很近，事成之后，他顺着舞台出口逃跑就可以了，外面还有仆人牵着骏马等他，然后，他就可以成为英雄了！于是他走进包厢，对准林肯的头部开了一枪，那位将军听到枪声起身反击，结果被他捅了一刀。刺客跳上了舞台，但鞋上的马刺却缠在了国旗上，他跌落在舞台上，摔断了胫骨。但他仍然挣扎着爬起来，舞动着手中的匕首，朝观众们大喊道："专制的魔王，这就是你的下场！"然后便从两个吓呆了的演员身边逃走了。

观众们听到了玛丽的尖叫："林肯中弹了！"现场变得混乱起来，那位将军虽受了伤，但是还能走动。他奔向门口，却发现外面被闩住了。一阵慌乱过后，人们打开了门。士兵们把林肯抬进了剧院对面的一户人家，这时他的头部已经血流如注，早就失去知觉了。

此时，在城市的另一端，布斯的同伙闯进了苏华德的家，接连刺伤了4个人，并且在已经受重伤的国务卿脸上又划了几刀之后，狼狈而逃。

次日早上7点，林肯与世长辞。他同耶稣一样，在星期五去世。美国人为这位伟大的领袖举行了国葬，将他的棺椁运回了故乡，葬在了他儿子的墓旁。

随后，便展开了对布斯的全国通缉。因为他受了伤，一定会请医生治疗，侦察兵也因此发现了他。最后，他逃到农场的一个粮仓里，因为始终拒绝投降，被战争部的士兵当场击毙了，几个同谋也都被执行了绞刑。南方也同样意识到了林肯的存在对他们的重要性，甚至有人认为这次暗杀简直就是"弑父"。

后来，李将军在大学教了好几年书；戴维斯又活了25年之久，并创作了他的回忆录；格兰特将军成为了总统。玛丽承受不了这样的打击，变卖了自己所有的衣服，在疯人院中度过了13个月后，死在了她跟林肯举行婚礼的房子里。

对此，最悲痛的莫过于黑人同胞了。他们用歌曲来纪念林肯，并认为他们的救世主身在天堂，林肯的小儿子泰德对此也深信不疑。他曾站在林肯的棺木旁说："父亲是去了天上吗？那太好了，因为他在地上并不快乐。"几年之后，泰德也死了。

在亚伯拉罕·林肯死后，美国再没有一个无辜的人被戴上铁链。在他出生、工作和死去之后，美国宪法这样规定："人人生而自由，这是上帝赋予的权利！"